DIE ZEHN GEBOTE DES ERFOLGS

ALFRED R. STIELAU-PALLAS

Wichtig!

Bevor Sie beginnen, dieses Buch zu lesen!

Nachdem es nicht nur immer mehr Menschen gibt, die bereit sind, in ihrem Leben Selbstverantwortung zu übernehmen, sondern auch immer mehr Menschen, die - aus welchen Gründen auch immer - anderen die Schuld für ihre Unzufriedenheit geben wollen, weise ich Sie vor dem Lesen dieses Buches darauf hin, daß ich keinerlei Verantwortung dafür übernehme, wie Ihr Leben verläuft.
Ich habe dieses Buch in bester Absicht geschrieben, Ihnen den Schlüssel für ein erfolgreicheres Leben aufzuzeigen. Es liegt aber völlig an Ihnen selbst, mit welcher Einstellung und Aufmerksamkeit Sie dieses Buch lesen werden. Ich empfehle Ihnen, aus dem Buch nur das für Sie als richtig und/oder wichtig anzunehmen, was Sie für sich als richtig und/oder wichtig annehmen können und/oder wollen.
Und nun wünsche ich Ihnen nicht nur viel Freude beim Lesen, sondern auch viele tiefe Erkenntnisse, damit Sie Ihr Leben Schritt für Schritt mehr auf die Sonnenseite stellen können.

Dieses Buch wurde nach den derzeitig neuesten Erkenntnissen umweltfreundlich produziert.

1. Auflage 1978
diese 7. Auflage 2006

Satz: Lichtsatz Jürgen Gluske, Köln
Umschlaggestaltung/Grafik: Alexander Pallas
Druck: Ebner & Spiegel GmbH, Ulm

PALLAS-SEMINARE®, Ulrike & Stefan Stadler GmbH
Riemenschneiderstraße 2a, D-97072 Würzburg
Tel.: 0931-880730, Fax: -8807316
www.Pallas-Seminare.de
Email: Stefan.Stadler@Pallas-Seminare.de

ISBN 3-936521-19-0

WIDMUNG

Ich kenne Dich nicht,
aber Dir widme ich dieses Buch.

Vorwort zur 5. Auflage

Als ich 1977 begann, dieses (mein erstes) Buch zu schreiben, hätte ich nicht im Traum daran gedacht, daß es 20 Jahre dauern würde, bis alle führenden Management-Experten weltweit übereinstimmen würden, daß unser Planet an erster Stelle Ethik braucht. Weiterhin bin ich positiv überrascht, daß sich Zeitmanagement-Experten heute darüber einig sind, daß die 4. Generation von "Zeitplan-Methoden" angebrochen ist und es nun nicht mehr gefragt ist, in weniger Zeit noch mehr Arbeit leisten zu können, sondern sich an erster Stelle einmal darüber klar zu werden, was einem im Leben überhaupt wichtig ist oder was überhaupt einen Sinn hat.

Ein führender Experte in Amerika zeigte dies anhand eines Beispieles auf. Er brachte ein leeres großes Bonbon-Glas mit zur Vorlesung und legte 7 größere Steine hinein, sodaß für einen weiteren Stein kein Platz mehr war. Er fragte seine Hörer: "Na, paßt noch was rein?" Worauf die Antwort "nein" lautete. Nun füllte er die Leerräume mit Kieselsteinen und stellte die gleiche Frage erneut, worauf die Antwort lautete: "Nur noch Sand oder Wasser." Er füllte das Glas mit Sand und Wasser.

Dann fragte er: "Angenommen, ich hätte erst Wasser, Sand und Kieselsteine eingefüllt, hätten dann die größeren Steine noch Platz gehabt?"

Die Antwort lag auf der Hand.

Die meisten Menschen wissen nicht einmal, was ihre größeren Steine sind, was sie wirklich in diesem Leben erreicht haben wollen. Und wenn wir uns jeden Tag nur mit den kleinen 'Notwendigkeiten' beschäftigen, dann haben wir weder Zeit noch Energie, uns um das zu kümmern, was uns im Leben wirklich erfüllt, um das also, was das Leben erst lebenswert macht.

Ich bin froh, daß ich diese Erkenntnisse schon 1977 hatte und diese in Form dieses Buches festgehalten habe ...

BEGINN

Sollte Ihnen dieses Buch bereits gehören, so lesen Sie ruhig weiter.
Sollten Sie sich dagegen »nur einmal informieren wollen«, dann bedenken Sie bitte einmal, was Sie in Ihrem Leben bereits alles *ohne Erfolg* getan und investiert haben.
Wenn es Sie tatsächlich und ohne Einschränkungen interessiert, wie Sie Ihr Leben ab heute entscheidend zum Positiven verändern können, dann sollten Sie keine Zeit damit verlieren »nur zu blättern«; denn das wird Ihnen *nichts* nützen! Geben Sie sich einen Stoß, und sagen Sie »ja« zu ihrem Leben – dieses Buch wird Sie dabei in allen Lagen unterstützen.
Erwarten Sie bitte keine theologische Abhandlung in diesem Buch, die nur für »studierte Leute« geschrieben ist, und seien Sie nicht enttäuscht, wenn Sie auf den nächsten Seiten *kein* Fremdwort finden werden, mit dem Sie nichts anfangen können. Wundern Sie sich bitte auch nicht, 11 Kapitel vorzufinden, obwohl es nur 10 Gebote gibt. Doch die Bibel-Übersetzer sind sich teilweise nicht ganz einig darüber geworden, welcher Text welchem Gebot zuzuordnen ist, und ich wollte mich auf keine Übersetzung festlegen.

Hier geht es nicht um »Beweise« oder »Gegen-Beweise«, nicht um »Und die Bibel hat doch recht« oder auch nicht, sondern hier geht es um weiter nichts anderes als um Ihre Zukunft, die in diesem Augenblick für Sie beginnt!

Es liegt einzig und allein *an Ihnen selbst*, wie diese Zukunft aussehen wird. Weder die »Umstände« noch Ihre Mitmenschen, weder Ihre Erbmasse noch irgendwelche anderen Faktoren bestimmen Ihr Leben – Sie sind es, mit Ihren Gedanken, der Ihre Zukunft in den Händen hat. Wenn Sie endlich beginnen möchten, Sie selbst zu sein, Ihr Lebensschiff selbst zu steuern, anstatt auf dem Meer der Mittelmäßigkeit dahinzutreiben, dann ist es kein Zufall, daß Sie dieses Buch jetzt in den Händen halten, sondern ein tief in Ihnen verborgener Wunsch, der in diesem Augenblick beginnt, sich zu realisieren.

Auch, wenn dies nur die einzigen Zeilen sind – die Sie von diesem Buch gelesen haben werden – dann werden Sie nie wieder die Ausrede gebrauchen können »ich hatte keine reelle Chance«, wenn man Sie danach fragt, warum Sie nichts Besonderes mit Ihrem Leben angefangen haben!

Wir Menschen haben viele Gesetze bereits erkannt, die in diesem Universum gelten und nicht zu umgehen sind. Die meisten davon haben wir uns bereits zunutze gemacht. So würde z.B. kein Mensch auf die Idee kommen, alle beweglichen Dinge anzuketten oder festzubinden, nur weil er das Gesetz der Erdanziehungs-Kraft nicht ausnutzen will.

Die wenigsten Menschen dagegen nutzen die ebenso ge-

gebenen Gesetze aus, die uns Menschen in den Augen anderer fast übermenschliche Kräfte verleihen.
Es liegt an Ihnen, ob auch Sie sich in Ihrem Leben selbst versklaven wollen oder ob Sie die gegebenen Gesetze nutzen und damit sich selbst zu der Ihnen größtmöglichen Entfaltung emporschwingen wollen!
Übrigens: Auch Gott will Sie erfolgreich sehen!
Und schließlich:
Mit diesem Buch ist nicht beabsichtigt, die Zehn Gebote neu oder gar »richtig« zu interpretieren. Es sollen nur mit ein wenig Fantasie und Freude Lebensregeln abgeleitet werden, die Ihnen ein erfolgreicheres und erfüllteres Leben ermöglichen.
Alle Namen sind frei erfunden und hätten nur zufälligen Bezug zu lebenden Personen.
Das Buch wurde bereits 1977 geschrieben, also noch zu einer Zeit, als kaum ein Buchhändler bereit war, solche Bücher zu verkaufen oder gar ins Fenster zu stellen! Alle statistischen Zahlen stammen also aus dieser Zeit.
Inzwischen hat Alfred R. Stielau-Pallas 7 Bücher geschrieben, 5 Seminar-Programme entwickelt, über 20 Videos und über 30 Audio-Cassetten produziert.

ICH BIN DER HERR, DEIN GOTT. DU SOLLST KEINE ANDEREN GÖTTER NEBEN MIR HABEN!

Wie kam es eigentlich und kommt es inzwischen immer wieder, daß der Mensch mehr als einen Gott brauchte, um glauben zu können? Nun, ist es nicht auch unglaublich, daß ein Gott allein so viele Aufgaben gleichzeitig auf der ganzen Erde, im Himmel und meinetwegen auch in der Hölle – Sie mögen das glauben, was Sie glauben – erfüllen kann? Lange hat man es auch nicht durchgehalten, ihm soviel Macht und Kraft zuzubilligen. Das kann doch nicht wahr sein!

Welche Konflikte müssen Menschen durchgemacht haben, die vorher zig Götter brauchten, um sich die meisten der überirdischen Gewalten erklären zu können. Kriegsgötter, Gerechtigkeitsgötter, Donnergötter, Meeresgötter, Schönheitsgötter, Liebesgötter, Wettergötter – für alles mögliche und unmögliche Götter, sozusagen Spezialisten, Fachgötter – und trotzdem, es konnte noch so viele Götter geben, es waren nicht genug. Denn wenn sich die Völker in Kommunikation setzten – geschah dies meist nicht, um Erfahrungen auszutauschen, sondern eher, um sich gegenseitig umzubringen. Anschließend wurde der Grund der Niederlage

oder des Sieges gesucht, der natürlich in einem Gott zu finden war, den man den anderen voraus hatte, oder bei der Niederlage fehlte er einem noch in der Sammlung. So gab es anschließend im eigenen Lager Schläge und Ratschläge (letztere richteten meist größere und nachhaltigere Schäden an, was sich bis heute nicht änderte) für und gegen die Überlegung, sich einen neuen Gott zuzulegen oder einem alten Gott – der ja eigentlich als Gott nicht versagen konnte – neue Opfergaben zu bringen. Also mußte noch mehr Blut fließen, um die Sache wieder in Ordnung zu bringen.
Hier finden wir bereits eine Logik – allerdings noch mit negativem Vorzeichen – die auch heute viele Menschen in Konflikt bringt, sie als richtig anzuerkennen und zu glauben, weil sie nicht ausführlich genug interpretiert wurde und wird. Aber davon später mehr.
Unglaublich! Nur einen Gott für alles, wenn es schon den Göttern mit kleineren Aufgaben kaum gelang, ihren Verpflichtungen nachzukommen, um allen gerecht zu werden.
Können wir uns heute noch vorstellen, was es für den einzelnen Menschen im Laufe der letzten Jahrtausende bedeuten mußte, ja, was man von ihm verlangte, nur noch an einen Gott zu glauben, wenn es vorher doch so viele gab, die alle gebraucht wurden? Können wir uns heute – mit unserem psychologischen Wissen – vorstellen, was es bedeutete zu entscheiden: entweder glaubst du jetzt an einen, den richtigen einzigen gültigen Gott oder du lebst den letzten Tag!
Wie oft werden heute noch zig Menschen in diesen

Glaubens- oder politischen Konflikt gebracht. Aber die Sache hat natürlich auch Vorteile, jedenfalls für uns. Heute lernen wir in der Schule lediglich die Götter und Götteraufgaben der Geschichte und Antike, aber niemand verlangt mehr von uns, an dieses komplizierte System zu glauben. Für uns gibt es nur einen Gott, für alles, für jeden Augenblick auf jedem Platz der Erde. Können wir das heute glauben? Können wir es uns als wahr vorstellen, sind wir ganz sicher, daß *ER* es allein schafft? Oder ist das wiederum zu simpel, zu wenig kompliziert? Oder brauchen wir wenigstens ein paar Helferchen, z.B. Engel, Himmelstorhüter, Heilige und Schutzheilige für alle möglichen Gelegenheiten, sozusagen Spezialisten, Fach... – Verzeihung, davon hatte ich schon geschrieben.

Warum reicht uns ein Gott nicht aus?

Weil *ER* nicht alle Aufgaben erfüllen kann, oder weil wir mit unserem menschlichen kleineren Geist nicht begreifen können, daß *ER* es doch kann? Nur weil wir noch nicht begreifen können, weil es nicht hineingeht in unseren Kopf, darum kann es nicht sein. Nur weil ich mir als Arbeiter oder Angestellter nicht vorstellen kann, auf ehrliche, legale Art und Weise 5 oder 10 oder 20 Tausend DM im Monat zu verdienen, kann es nicht sein! Nur weil ich es mir als Playboy nicht vorstellen kann, daß in derselben Stadt – in der ich wohne – ein anderer Mensch acht oder zehn Stunden arbeiten muß, nur um sich das Nötigste zu verdienen, kann es nicht sein. Vor 50 Jahren konnte es für die meisten Menschen »nicht sein«, daß der Mensch jemals seine Füße auf den Mond setzen

würde, so wie es für die heutige Generation »nicht sein kann«, daß man es sich damals nicht vorstellen konnte! Ende der 80er Jahre des letzten Jahrhunderts konnte in New York auch »etwas nicht sein«. Ein Zeitungsartikel aus der damaligen Zeit lautet in der Übersetzung:
»In New York wurde ein Mann von etwa 46 Jahren verhaftet, weil er versucht hatte, aus unwissenden und abergläubischen Personen Geldmittel herauszupressen, indem er ihnen ein Gerät vorführte, das nach seinen Worten die menschliche Stimme über jede Entfernung auf metallischen Drähten übertragen könne. Er nennt dieses Gerät ein Telefon – ein Wort, mit dem offensichtlich beabsichtigt ist, das Wort Telegraf nachzuahmen, um damit das Vertrauen derjenigen zu erschleichen, denen der Erfolg dieses Gerätes bekannt ist. Sachkundige Leute wissen, daß es unmöglich ist, die menschliche Stimme mit einem Draht zu übertragen und selbst dann, wenn dieses gelingen sollte, solch ein Ding ohne praktischen Wert wäre.«
Welchem Telefonbesitzer wollen Sie heute noch klarmachen, daß sein Telefon a) nicht funktionieren kann und b) keinen praktischen Wert hat?
Inzwischen ist es nicht nur allzu selbstverständlich, ein Telefon als Realität zu sehen, sondern inzwischen ist es auch möglich und normal, die menschliche Stimme ohne Draht über Satellit oder Mond sogar auf die andere Seite der Erde zu tragen. Und damit nicht genug; denn jeder kann sich sogar an die erste Stimme, das erste Fernsehbild und das erste Farbfernsehbild vom Mond erinnern. Aber, aber... gehen wir da nicht ein bißchen zu weit?

Vom Mond? Von der anderen Seite der Erde? Das geht doch gar nicht! Das kann doch gar nicht gehen, denn unter der Erde müßten doch die Menschen herunterfallen. Schließlich ist die Erde nur eine Scheibe, eine Plattform, an deren Ende jeder herunterfallen würde.
Sie meinen die Erde ist rund?
Vor weniger als 30 Generationen zurück hätten Sie diese Meinung mit Ihrem Leben bezahlt. Und noch 1642 starb ein Mann namens Galilei, der größte Schwierigkeiten hatte, zu behaupten, die Erde würde sich bewegen.
Es konnte und durfte nicht sein!
Am 22. Oktober des Jahres 1903 wurde einer der größten amerikanischen Wissenschaftler seiner Zeit, Prof. Newcomb, über die Möglichkeit menschlichen Fliegens befragt und stellte fest: »Das Beispiel der Vögel beweist noch nicht, daß auch der Mensch fliegen kann. Stellen Sie sich mal den stolzen Besitzer einer Flugmaschine vor, der mit einigen hundert Fuß pro Sekunde durch die Luft rast. Es ist allein die Geschwindigkeit, die ihn durch die Luft trägt. Wie will er wohl jemals stoppen? Sobald er seine Geschwindigkeit verringert, beginnt er abzustürzen. Wie soll er jemals den Erdboden erreichen, ohne seine Maschine zu zerstören?
Ich glaube nicht, daß auch der ideenreichste Erfinder bisher einen überzeugenden und erfolgversprechenden Weg zu Papier gebracht hat, um dieser Schwierigkeit Herr zu werden!«
56 Tage später flogen die Gebrüder Wright.
Wenige Jahrzehnte später flog sogar ein senkrechtstartendes Objekt, und wiederum nur wenige Jahre später

flog man zum Mond. Allerings gibt es heute noch Menschen, die sogar ernst genommen werden wollen, die die Mondlandung der Amerikaner bezweifeln.
Fragen Sie einen Wissenschaftler über die aerodynamische Form einer Hummel und er wird Ihnen sagen müssen, daß die Hummel unter diesen Gesichtspunkten gar nicht fliegen kann.
Nur gut, daß Hummeln nicht lesen können!
Was kann und darf auch heute noch alles nicht sein? Und was davon ist bereits wahr – vielleicht noch nicht jedem bekannt – oder wird morgen schon wahr?
Liegt es nicht also eher an unserem kleinen beschränkten Verstand, daß wir es uns nur nicht vorstellen können, daß ein Gott so großartig, so fantastisch, so allwissend, so allanwesend sein kann, daß *ER* allein alles bewältigt und »im Griff« hat?
Gibt es heute schon oder wird es jemals Existenzen geben, die in der Lage sind – und jetzt passen Sie auf – gleichzeitig folgende Abläufe, Vorgänge und Reaktionen durchzuführen, zu überprüfen und zu korrigieren:
Für die optische Wahrnehmung zwei synchron arbeitende Stereo-Farbfernsehkameras mit einem Lichtempfindlichkeits-Bereich von weniger als 0,1 Lux – 500000 Lux. D.h., daß Aufnahmen ohne Zusatzbeleuchtung auch bei Nacht und gleichzeitig auch bei stärkstem Sonnenlicht möglich sind. Vergleichsweise müßte ein in einen Fotoapparat eingespannter 21-DIN-Film bei Blende 8 und 0,1 Lux Lichtmenge 8 Minuten und 350000 Lux nur 1/2000 Sekunde belichtet werden. Die Kameras mit Monitor sind nicht größer als ein Radies-

chen, besitzen aber für eine optimale Schärfe mehr als 300 000 Bildaufzeichnungspunkte. Mit anderen Worten, wenn sich der Mond auf der Bild- (Film-) Ebene punktgroß abbildet, sind die großen Krater noch deutlich zu erkennen. Beide Kameras besitzen eine automatische Blende und Scharfeinstellung, die in Bruchteilen einer Sekunde reagieren, haben selbstreinigende Objektive und sind für bis zu 150 Jahre wartungsfrei.

Für die akustische Wahrnehmung ein Paar hochempfindliche Stereo-Mikrofone mit dem Frequenzbereich von 16–20000 Hz. Um auch kleinste Differenzen der aus verschiedenen Richtungen eintreffenden Schallwellen zu analysieren, werden noch Unterschiede von weniger als 1/10000 Sekunde ausgewertet. Jedes dieser Mikrofone ist durch mehr als 30000 Einzel-Leitungen mit der Steuerzentrale verbunden. Auch dieses akustische Wahrnehmungszentrum ist völlig wartungsfrei und besitzt ein absolut selbstreinigendes, staubabweisendes System.

Für den Geschmackssinn sind 8000 Geschmacks-Sensoren mit einem Durchmesser von weniger als 1/20000 mm vorhanden. Jeder dieser Sensoren wird automatisch nach wenigen Tagen durch einen neuen ersetzt.

Diese Existenz besitzt auch einen Geruchssinn, dessen Sensoren auf 5 qcm untergebracht sind. Jeder dieser Sensoren hat einen Durchmesser von weniger als 1/5000 mm, so daß ca. 1 Mio.–5 Mio. Platz haben. Durch dieses System sind ca. 350–700 verschiedene Gerüche wahrnehmbar. Die Qualitätskontrolle dieses Systems erwartet, daß 0,000000002 g synthetisches Vanillin – die sich

in 1 cm^3 Luft befinden – als Vanillingeruch identifiziert wird.
Für die Druckempfindlichkeit werden 4 Mio. – auf den geringsten Druck empfindsame – Sensoren auf 2 qm Oberfläche verteilt. Für die Kältekontrolle des gesamten Systems sind 300000 und für die Wärmekontrolle 60000 einzelne Temperaturfühler angebracht, die bereits sehr geringe Temperaturunterschiede an das Zentrum melden.
Ein Fernsehtechniker, der einen ganzen Tag damit beschäftigt ist, den Schaltplan eines 300–400 Schaltelemente umfassenden Schwarz/Weiß-Fernsehers aufzuzeichnen, würde vergleichsweise ca. 40000 Jahre benötigen, um den Schaltplan der Zentrale unserer imaginären Existenz aufzuzeichnen. Diese Zentrale, für die mehrere Milliarden Einheiten harmonisch zusammenarbeiten und untereinander in Bruchteilen 1 Sekunde in Kommunikation treten können, müßte nach den heutigen Kenntnissen der Technik einen Raum von der Größe des Empire State Building beanspruchen und bräuchte zu dessen Kühlung das gesamte Wasser der Niagarafälle (dieser Vergleich ist mit der 2. Generation der Computer aufgestellt worden). In unserem Beispiel aber soll es nicht mehr Platz einnehmen als ein kleiner Kohlkopf groß ist.
Der Aufgabenbereich dieser gesamten Existenz ist jedoch noch um ein Vielfaches umfangreicher als hier aufgeführt und kommt mit einem Energieverbrauch von 2500 kcal. – das entspricht dem Verbrauch einer 120-Watt-Glühbirne – aus.

Sie sind der beste lebende Beweis, daß seit Tausenden von Jahren eine solche Existenz möglich ist — der menschliche Körper und Geist.
Unter diesem Gesichtspunkt, daß Milliarden Einheiten miteinander harmonisch zusammenarbeiten – auf unserer Erde leben z.Z. ca. 4 Milliarden Menschen – wollen wir uns einmal in die Aufgabe und »Denkweise« einer Zelle in unserem Körper versetzen. Also, angenommen zwei Zellen Ihres Körpers, z.B. im großen Zeh – die übrigens jede einzeln den gesamten Konstruktionsplan Ihres Körpers als Information gespeichert hat – würden sich darüber unterhalten, wieviele »Götter« es wohl geben muß, um den ganzen Körper zu überwachen und am Leben zu erhalten. Mit Sicherheit würden diese beiden Zellen zu der Ansicht kommen, daß es mindestens einen »großen Zeh-, mittleren Zeh-, kleinen Zeh-, linken Fuß-, rechten Fuß-, Bein-, Leber-, Herz-, Nieren-, Augen-, Nase-, Ohren-, Kopf-, Haar- und Haut-Gott« geben muß. Es wäre so gut wie unmöglich für diese beiden Zellen sich vorzustellen, daß ein Geist gleichzeitig und allein alles steuern kann.
Liegt es also an dem Unvermögen Gottes oder an unserem Unvermögen, es uns vorstellen und glauben zu können, daß *ER allein* ausreicht?
Damit möchte ich auf keinen Fall gesagt haben, daß wir es waren und sind, die unseren Körper auf eine so großartige Weise geschaffen haben und erhalten können. Wir wollen nun diesen Blickpunkt verlassen und untersuchen, ob es nicht möglich ist, dieses »Gebot« als universales Gesetz zu betrachten und andere Richtlinien

und Erfolgshilfen davon abzuleiten. Es ist nicht einzusehen, warum uns dieser Satz nicht auf die Idee bringen sollte, andere – uns Vorteil bringende – Verhaltensweisen zu erkennen und noch wichtiger, in die Tat umzusetzen.

Gott will uns erfolgreich sehen!

ER gab uns unsere Fähigkeiten, sie auszunutzen und etwas damit anzufangen, damit wir am letzten Tag unseres jetzigen Lebens eine Bilanz vorzeigen und aufweisen können, die positive und gewinnbringende Resultate zeigt.

Ich sehe es nicht nur als unser Recht an, etwas »auf die Beine zu stellen« und Geld zu verdienen, damit es uns und unserer Familie so gut wie möglich geht, sondern fasse es als unsere Pflicht auf, die Fähigkeiten – die wir durch und mit unserer Geburt erhalten haben – voll auszuschöpfen.

Was kann es im übertragenen Sinne also noch heißen, Du sollst nur einen Gott haben?

Napoleon Hill interviewte für seinen Millionen-Bestseller »Denke nach und werde reich« die in seinen Augen erfolgreichsten Amerikaner und stellte unter anderem fest, daß es zu den wichtigsten Erkenntnissen dieser Menschen gehörte, nur *ein* Ziel im Auge zu haben.

Nur der Mensch, der heute in der Lage ist, sich frei zu machen von den verlockenden Angeboten der Werbung und nicht heute dies und morgen das will, sich frei zu machen von der Verlockung, sofort viel Geld zu verdienen – der es also schafft, *ein* Ziel, *eine* lohnende Aufgabe anzusteuern – hat eine Chance, Großes zu erreichen. Ich

war so lange in meinem Leben unglücklich und unzufrieden, solange ich keine konkrete Vorstellung von meinem Lebenszweck hatte.
Was schwebt Ihnen als Lebensziel vor?
Ein altes chinesisches Sprichwort sagt:
»Wenn du eine Stunde lang glücklich sein willst: schlafe.
Wenn du einen Tag lang glücklich sein willst: geh fischen.
Wenn du eine Woche lang glücklich sein willst: schlachte ein Schwein und verzehre es.
Wenn du einen Monat lang glücklich sein willst: heirate.
Wenn du ein Leben lang glücklich sein willst: liebe deine Arbeit.«
Nun, liegen Sie bereits richtig?
Geben Sie die Hoffnung auf, daß es morgen noch früh genug ist zu beginnen; denn dann beginnen Sie nie.
Ich will Ihnen berichten von Dieter, Ullrich und Karsten, von jungen Menschen, die gestern noch — gemeinsam mit mir — die gleichen Träume träumten und auf »irgend etwas« warteten, um dann neu anzufangen, damit alles ganz anders wird. Dieter, acht Jahre älter als ich, der schon »vieles versucht« hatte, vertrat in den meisten Fällen bereits die Meinung »es geht nicht«.
Genau wie der Hecht im Aquarium, in das man eine Glasscheibe setzte und ihn damit von einem lecker aussehenden Karpfen trennte. Auch er hatte schon »alles versucht«, um den Karpfen zu fressen. Jedesmal, wenn er einen neuen Anlauf schwamm, um den Karpfen anzuknabbern, schwamm er mit voller Geschwindigkeit — das empfindliche Maul vornweg — gegen die Glasschei-

be. Zehnmal, fünfzigmal, hundertmal — bis es in seinem Hirn gespeichert war: »es geht nicht«. Die Glasscheibe wurde herausgenommen und der Hecht — der keinen tatsächlichen Grund mehr hatte, nicht zuzubeißen — wußte, wenn du es wieder versuchst, bekommst du wieder so furchtbar etwas vor das Maul, daß es keinen Zweck hat.

Also, Dieter hatte es auch nicht gemerkt, daß viele Glasplatten schon gar nicht mehr existierten, viele Möglichkeiten heute ganz anders aussahen als gestern, als man sich noch »die Finger an ihnen verbrannte«. Und, anstatt alte Versuche unter den heutigen Gegebenheiten neu zu beleuchten, träumte er nur wieder von neuen Möglichkeiten, bei denen es scheinbar keine Hindernisse gab — ohne zu begreifen, daß er sie nur aufgrund seiner Unkenntnis auf diesem Gebiet nicht vorher sehen konnte.

Wieviele Menschen begehen wohl den Fehler, anstatt hier und jetzt und heute auf ihrem jeweiligen Neigungsgebiet etwas *anzufangen*, dort und morgen auf fremdem Boden sich nur Gedanken zu machen – also zu träumen? Wieviele Menschen suchen dann, wenn das Glück an die Türe klopft hinter dem Haus im Garten nach 4-blättrigen Kleeblättern und überhören das Klopfen?

Ullrich, ein ganz anderer Mensch — der mich immer davon überzeugen konnte, daß es diesmal bestimmt »die große Sache« ist. Bei ihm war ich sicher, daß er es schafft. Und damit Sie ihn kennenlernen, stelle ich ihn vor:

Wir hatten uns wieder einmal von unserem Brötchenge-

ber, den Rollei-Werken, über das Wochenende eine Profi-Kamera geliehen und experimentierten und fotografierten, bis Ulli – der nicht gern kostenlos experimentierte – die Idee hatte, daß damit Geld zu verdienen sei. Diese Idee war seine Lieblingsidee. Durch die Zeitung wurden wir darauf aufmerksam gemacht, daß in einer Woche Konfirmationen bevorstanden. Das ist doch eine Chance! Ulli fing an zu rechnen: wenn wir die Bilder selbst entwickeln könnten – »Alfred, das hast du doch mal irgendwo gesehen, wie das geht« – könnten wir auch die Konfirmationen in der Andreaskirche um 10.00 Uhr, in der Paulskirche um 10.30 und in der Martinskirche um 11.00 Uhr fotografieren, uns die Adressen der Konfirmanden vorher vom Kirchenamt besorgen und die Bilder nachmittags verkaufen. Drei Konfirmationen à ca. 30 Konfirmanden sind rund 90 Personen. Pro Person ein Bild à DM 3,– sind DM 270,–, geteilt durch zwei sind DM 135,– an einem Tag. Das Material kostet etwa DM 30,–, und wenn jeder noch DM 20,– für Sprit rechnet, dann bleiben DM 100,– über. Das wäre genau doppelt soviel dessen, was wir normalerweise an einem Tag verdienen. Also los!«
»Ein Verwandter in Hamburg von dir«, erinnerte mich Ulli, »hat doch so eine Ausrüstung — die er dir angeboten hat, weil er selbst nicht mehr dazu kommt, Fotos zu entwickeln.« Also wurde der gute Heinrich in Hamburg angerufen und gab sein o.k., am nächsten Samstagvormittag zu Hause zu sein, um uns die Ausrüstung zu übergeben. Freitag hatten wir bereits alle Adressen. Samstag hatten wir — nach 400 km Fahrt auch ein Ver-

größerungsgerät, Schalen, Entwicklerdosen, Spiralen, Entwicklerzangen und sogar 300 Blatt Fotopapier in der richtigen Größe. Die Chemikalien für die Filmentwicklung mußten wir noch selbst besorgen. Abends zurück, wurde alles vorbereitet und die Gebrauchsanweisungen studiert. Der Sonntag kam, das Wetter »spielte mit«, die großartigste Rollei — frisch auf dem Markt — hatte ich bereits um den Hals. Ein Profifotograf zeigte uns — wenn auch ungewollt — wie so etwas gemacht wird. Er trug Stühle vor das Gemeindehaus und gab sich unendliche Mühe, die Konfirmanden richtig zu stellen und zu setzen. Die Gruppe war in Pose. Bevor er selbst unter dem schwarzen Tuch seiner Linhof verschwunden war, hatten wir bereits 3 Fotos auf der Filmrolle und waren auf dem Weg zur nächsten Kirche.

Auch hier gab man sich große Mühe, die Gruppe zu posieren – was uns sehr recht kam; denn bei der 11-Uhr-Konfirmation mußten wir, weil die Betreuung eines Profis fehlte, selbst diese frisch erlernte Tätigkeit übernehmen. Staunen Sie nicht über das Wort »erlernt«; denn was der Ulli einmal sah, das konnte er gleich.

Ab ging es nach Hause in das Labor. Der erste Film sollte entwickelt werden – genau nach Anleitung: Temperatur auf ± ein Grad genau und die Zeit auf die Sekunde eingehalten.

Wir konnten es kaum glauben, nachdem wir den Film ans Licht brachten – es war gelungen – jetzt die Vergrößerungen, genau wieder nach Anleitung. Ulli las, ich setzte in die Tat um. 14.10 Uhr, ca. 150 Vergrößerungen waren fertig. Ab ins Auto und zum Kunden. »Was, schon fertig? Geben Sie drei Stück.« »Das ist ja toll, kommen Sie rein, wir sitzen gerade alle zusammen.« Die Verwandtschaft wollte auch Fotos, natürlich sofort. Nach zwei Stunden waren wir ausverkauft. Also wieder ins Labor und wieder los zur Kundschaft. Einer der glücklichsten Tage unseres Lebens. Es hatte funktioniert, und zwar besser als wir uns vorgestellt hatten. Ein Gewerbe sollte angemeldet werden. »Haben Sie Ihren Fotografenmeisterbrief mitgebracht?« Wir hatten nicht. Aufgeben? Da kennen Sie Ulli schlecht. Wir meldeten einen Einzelhandel mit Waren aller Art an, spezifiziert auf Fotoartikel, und so fielen die handwerklichen Fotoarbeiten – die nach unserer Beteuerung keine 5% des gesamten Umsatzes ausmachten – in eine sogenannte Unerheblichkeitsklausel.

Nun wurde investiert. Eine Laboreinrichtung mit zwei Arbeitsplätzen, Entwickler-Großtanks, Trockenmaschine und Belichtungsautomaten zum Gebrauchtpreis von nur DM 3500,–, ein Witz, denn der Neuwert lag beim 5–6fachen, und die Geräte waren einwandfrei. Es lief. Aufträge zum Entwickeln von Filmen hatten wir schon durch die 600 Arbeitskollegen, und es wäre Grund genug anzufangen, eine eigene Existenz aufzubauen. Aber für Ulli war das Erreichte ausreichend. 1. hatte man gesehen, daß es funktioniert (auch mir fällt es bis zum heutigen Tage schwer, diese Erkenntnis nicht ausreichen zu lassen) und 2. war es mit Arbeit verbunden und darum nichts für Ulli.

Er suchte Neues, Interessanteres – allerdings noch heute. Geändert hat sich nichts bei ihm; denn auch noch heute arbeitet er bei den Rollei-Werken – inzwischen nicht mehr im grauen, sondern im weißen Kittel – und nicht mehr mit 65 kg, sondern mit ca. 80 kg Lebendgewicht.

Und nun will ich Ihnen erzählen von Karsten, der als gelernter Elektriker sich einen Beruf als Hausverwalter aussuchte und auf dem besten Weg war, im Alter von 27 Jahren eine Aufgabe fürs Leben darin zu sehen. Am 22. Oktober 1973 lernte ich eine verrückte Gruppe junger Menschen kennen, die einerseits persönlichkeitsbildende Seminare besuchten und — einige von ihnen — andererseits als Nebenbeschäftigung diese Seminare auf Provisionsbasis vermittelten. Die lustige und fröhliche Art und Weise, diese Seminare durchzuführen, begeisterte mich sofort, und ich möchte dem Mann — der mich damals damit bekanntmachte und mir DM 1500,— + Mehrwertsteuer für den Besuch der Seminare aus der Tasche zog — an dieser Stelle herzlich danken. Es ist Karl Vietje, einer der großartigsten und freundlichsten Verkäufer, die ich kenne. Ca. vier Wochen später gelang es mir, Karsten einmal zu einem Seminar mitzunehmen und auch seine Frau Christel von den vielen Vorteilen zu überzeugen. Beide wollten nicht nur Seminare zur Persönlichkeitsbildung besuchen, sondern entschlossen sich, auch das angebotene Verkäufertraining zu belegen — durch das sie auch selbst anschließend Seminare vermitteln konnten. Sie investierten noch in derselben Woche und bezahlten DM 6000,— in bar. Schon nach wenigen Wochen hatte Karsten die Investition zurückverdient und fing an, sich eine Verkäuferorganisation aufzubauen – allerdings mit Leuten, die weder Ahnung noch Einstellung zum Verkauf hatten. Das brauchten sie auch nicht; denn Karsten war ein gutmütiger Mensch und half jedem – auch bei den geringsten Tätigkeiten. Es ging mit Karsten finanziell genauso schnell bergab wie vorher bergauf. Er hatte nach kurzer Zeit einige Tausend DM Außenstände, auf die er heute – ich habe gestern mit ihm telefoniert – noch wartet. Anstatt sich auf eine Aufgabe zu konzentrieren, war er 12–14 Stunden pro Tag unterwegs, um jedem seiner Mitarbeiter bei jeder kleinen Tätigkeit zu helfen. Er verzettelte sich dadurch von Tag zu Tag mehr, ohne überhaupt noch die Möglichkeit zu haben, an einem konkreten Ziel zu arbeiten.

Kurze Zeit später – die 5 Gesellschafter der Seminarfirma waren sich uneinig geworden, weil sie mit ... – aber das ist im Augenblick egal – ging die Firma in Liquidation. Karsten hatte seine Hausverwaltertätigkeit und die damit verbundene Wohnung längst aufgegeben. Selbstvertrauen hatte er genug, und so bewarb er sich bei einer Versicherungsgesellschaft – die ihn nach kurzer Umschulung als Bezirksleiter mit einem festen Einkommen und zusätzlicher Provision einstellte. Er verdiente sehr gut, doch befriedigte ihn die Aufgabe nicht, so daß er sich mit Plänen beschäftigte – eine Organisation aufzubauen, in kleineren umliegenden Orten verschiedene Produkte zu vertreiben und Dienstleistungen anzubieten. Er tat sich mit einem jungen Mann zusammen – der das sagenhafte Talent hatte zu spüren, wo jemand sein Geld loswerden will, ohne dafür Gegenleistung zu erwarten. Sie werden von diesem Mann noch lesen; denn die Bekanntschaft mit ihm kostete mich selbst mehr als DM 30000,–. Karsten plante, probierte, investierte und vergaß seine Arbeit und ging innerhalb weniger Wochen finanziell tief in den Keller. Alles was er anfaßte, schien jetzt schiefzugehen. Wir trafen uns und versuchten zu analysieren; denn mir ging es zu jener Zeit genauso schlecht wie ihm. Wir machten uns deutlich, daß es nicht daran liegen kann, womit wir unser Geld verdienen wollten, sondern mit welcher Einstellung und Zielsetzung. Wir nahmen jeder *ein* Ziel und *eine* Aufgabe in Angriff. Mit Karsten telefonierte ich gestern und vor einem Monat. Vor einem Monat erzählte er mir stolz, nicht nur seine Verpflichtungen bezahlt zu haben, sondern auch das erste Mal innerhalb eines Monats fast DM 10000,– verdient zu haben. Gestern konnte er mir berichten, im April sogar die 10000,– DM-Grenze überschritten zu haben.

Sie fragen womit?

Diese Frage bringt Sie nicht weiter; denn es ist völlig gleichgültig. Fragen Sie lieber: »*WIE?*« Er gehört zu den ehrlichsten, aufrichtigsten und gemütlichsten Menschen, die ich kenne, und arbeitet in einer seriösen Tätigkeit für den Norddeutschen Rundfunk mit der *richtigen* Einstellung, nämlich der Menschheit zu dienen und der richtigen Zielsetzung, nämlich sich nur für *eine* Sache einzusetzen.

Zu welcher Gruppe Menschen möchten Sie gehören? Zu denen, die alles auf einmal und damit nichts konkretes wollen oder zu denen, die ein realistisches Ziel vor den Augen haben und die dann auch wirklich dabei bleiben?

Wie sieht es in unserem Inneren überhaupt aus, wenn wir viele verschiedene Dinge – Ziele, Wünsche und Ideen – in unserem Kopf haben? Sind wir überhaupt psychisch in der Lage, eine solche Unklarheit zu verkraften und zu verarbeiten?

Sie werden in einem späteren Abschnitt über Zieldenken und Programmierung des Unterbewußtseins lesen. Dafür ist es notwendig, daß Sie bei den folgenden Ausführungen einen kleinen – aber wichtigen – Unterschied beachten, der Ihnen allerdings selbst bewußt wird, wenn Sie dieses Buch gelesen haben.

Haben Sie sich schon einmal erwischt, liebe Dame, daß Sie vor einem Modegeschäft stehengeblieben sind, um ein gewisses Kleid zu beschauen oder ein Paar besonders schöne Schuhe – obwohl Sie weder Zeit noch Geld hatten, sich in diesem Augenblick dafür zu interessieren?

Haben Sie sich schon einmal dabei erwischt, lieber Herr, daß Sie vor einem Radio- oder Fotogeschäft stehengeblieben sind, um sich eine bestimmte Stereoanlage oder Kamera zu beschauen – obwohl Sie weder Zeit noch Geld hatten, sich in diesem Augenblick dafür zu interessieren?

Haben wir uns schon einmal dabei erwischt – ist es uns bereits bewußt geworden, daß wir an manchen Geschäften einfach nicht vorbeigehen – oder, daß es – wenn wir überhaupt keine Zeit haben – innerlich in uns zuckt und zum Anschauen bewegen will?

Kennen wir die Situation: das Telefon klingelt, die

Haustürglocke schellt und die Milch auf der Herdplatte fängt jeden Augenblick an zu kochen, doch wir sitzen gerade auf der Toilette?
Jetzt kommt es darauf an, ob wir gelernt haben, Entscheidungen zu treffen!
Da gibt es den »was-soll-ich-bloß-zuerst-machen-Mensch« – der sich nicht einmal die Hose hochzieht, an die Tür läuft, um dem Besucher zu sagen, daß das Telefon klingelt – an das Telefon stolpert, um sich zu entschuldigen, daß die Milch überkocht – und letzten Endes eine halbe Stunde in der Küche damit beschäftigt ist, die inzwischen hart und schwarz gewordene Milch von Stellen zu entfernen, die nicht dafür vorgesehen sind.
Oder den »im-Augenblick-ist-mir-alles-egal-Mensch«, der sich beim Entfernen der Milchreste sagt: »Das habt ihr nun davon, mich jetzt besuchen oder sprechen zu wollen. Wartet, bis ich fertig bin oder geht wieder.«
Oder den »mit-sich-selbst-in-Harmonie-Mensch«, der – bevor er zur Toilette ging – die Milch vom Herd genommen hat und sich sagt: »Wäre ich beim Einkaufen, könnte ich weder das Telefon noch die Haustürglocke hören. Also kommt bitte noch einmal wieder.«

Hier zeigt sich wieder ganz deutlich, daß es unmöglich ist und absolut zum Streß – aber nicht zu Ergebnissen – führt, wenn man die Hoffnung hat, sich mehr als einem Ding gleichzeitig zu widmen.
Genauso ist es mit unseren Wünschen, Ideen und Zielen. Wenn ich nicht in der Lage bin, alle weiteren Wünsche – die mich von meinem Ziel ablenken – aus meiner

Gedankenwelt hinauszuwerfen, zu verbannen, dann laufe ich nur im Kreis, anstatt anzuhalten, mich zu bükken und den Wunsch aufzuheben.

Machen wir uns lieber einen Wunschzettel aller Wünsche, die wir haben, und sondieren die realistischen – also die zu verwirklichenden – Wünsche heraus. Die anderen, reinen Träume, legen wir auf einem Zettel festgehalten zu den Akten, die wir nur einmal im Jahr in die Hand bekommen. Von den realistischen Wünschen suchen wir uns die drei wichtigsten aus, die wir

1. innerhalb der nächsten 3 Wochen,
2. innerhalb der nächsten 3 Monate und
3. innerhalb der nächsten 3 Jahre

verwirklichen wollen und können.

Dann treffen wir die Entscheidung, daß wir diese Wünsche erfüllen werden und machen aus den drei Wünschen drei konkrete Ziele. Alle anderen Wünsche schreiben wir auf kleine Kärtchen und verbannen sie auf die »Wunschkarten-Warte-Insel«, die wir in Form eines Kästchens oder ähnlichem anlegen. Sobald einer dieser – auf die Insel verbannten – Wünsche durch unsere Gedankenwelt läuft, machen wir ihn höflich – aber bestimmt – darauf aufmerksam: »er möge sich auf seine Insel begeben und die Spielregeln einhalten.«

Wenn wir nun frei sind von diesen »anderen, uns von einem Ziel abhaltenden Wünschen« – denen geht es genauso wie jeder anderen Existenz, sie wollen sich alle vordrängeln – können wir uns auf ein Ziel, nämlich das nächstliegende, konzentrieren. In diese Inselfähre paßt nun einmal nur ein einziger Wunsch hinein, und sobald zwei von ihnen das Boot besteigen wollten, würde es unweigerlich versinken! Und daß die Fähre nun mal so lange braucht, um das Ufer zu erreichen, bis der jeweils darinsitzende Wunsch zu seinem Recht gekommen ist, wird den anderen wartenden Passagieren spätestens nach der 3. oder 4. Fährfahrt klar.

Jetzt ist der erste entscheidende Augenblick für Sie gekommen, ob dieses Buch einen Nutzen für Sie bringt, oder ob es lediglich eine Lektüre wie jede andere für Sie ist!

Wissen Sie, wenn Sie jetzt als Teilnehmer in meinem Seminar sitzen würden, hätte ich auch keinen »Nürnberger Trichter«, um Ihnen die Wichtigkeit dieser Wunschtrennung einzugeben. Aber ich könnte sehen, ob es für Sie wichtig ist und Sie das Gehörte erkennen und anwenden wollen.

Bitte seien Sie doch so freundlich und übernehmen Sie meine Aufgabe einmal für 3 Minuten und stehen Sie jetzt auf, um in den Spiegel zu schauen und dort festzustellen – ob Sie es ernst mit sich meinen.

Na, was halten Sie davon?

Wovon ich spreche, was ich jetzt meine? Nun, von der praktischen Anwendung, vom Realisieren dieser Zielsetzung.

Wenn Sie sich jetzt zu keinem Ziel entschließen können oder keines konkret vor Augen sehen, geht es Ihnen – dies sei zum Trost gesagt – genauso wie mir noch vor einem Jahr. Wenn Sie Zeit sparen wollen, dann treffen Sie noch heute eine Entscheidung!

Können Sie sich noch an Karsten erinnern, der mit dieser

Methode — er hat sie allerdings nicht gelesen, sondern in die Tat umgesetzt — DM 10000,— im Monat verdient hat?

Es gibt zwei Sorten von Bergsteigern, und Sie haben die Wahl zu entscheiden, zu welcher Gruppe Sie gehören wollen, Ihren »Berg der Persönlichkeitsentfaltung« zu erklimmen.

Die eine Gruppe trifft sich Tag für Tag im Bergstüberl – Sie kennen es sicher, es liegt am Fuße eines jeden Berges (und bei Ihnen um die Ecke) – und die Älteren erzählen sich, wie es angeblich war und die Jüngeren, wie es sein könnte. Sie erzählen die tollsten Sachen: »Damals, als ich allein den Grat rauf bin, wie es dann angefangen hat zu schneien und wie ich absteigen mußte über lange Eisfelder – ohne Pickel und ohne Seil.« Und sie erzählen, wie sie es den anderen »noch zeigen werden«, wenn bloß das Bein so richtig wollte, wenn sie doch nur Zeit hätten, wenn sie nicht immer Kopfweh bekämen, wenn sie erst mal... Ja, wenn der Luis Trenker das hören würde, er wäre sicher ein Waisenknabe im Bergsteigen gegen diese tollen Burschen – doch, ein kleiner Unterschied: der Luis war wirklich oben. Und damit sind wir bereits bei der anderen Gruppe.

Diejenigen, die mit Bergstiefeln, Rucksack, Kondition und *einem Ziel* vor Augen in dasselbe Bergstüberl kommen, um sich zu stärken, das Wetter zu erkunden, den Plan nochmals durchzusprechen und dann – *beginnen*! Alle anderen Wünsche, Ideen und Ziele sind von diesen Gruppenmitgliedern auf die »Wunschkarten-Warte-Insel« verbannt worden. Kein Wenn, kein Aber und kein

Falls – nur ein Ziel: der Gipfel! Und, nachdem sie nur einen Schritt aus der Hütte heraus dem Gipfel entgegen getan haben, unterliegen sie sofort und automatisch dem Gesetz des Berges.

Mit jedem Schritt geht es aufwärts! Nur ein Narr würde bei einer Besteigung glauben, es ginge nicht, nur weil man durch eine Naturbegebenheit kurzfristig zu einem »Umweg« gezwungen wird – der es erfordert, zwischendurch ein paar Meter bergab zu gehen.

Wie oft haben wir schon aufgegeben, waren der Meinung, es ginge nicht, nur weil wir den besseren, leichteren Weg nicht erkannten.

Zu welcher Gruppe wollen Sie gehören? – Zu denen, die nur erzählen und »wissen«, wie es gemacht wird und ab einem bestimmten Alter nur noch Ausreden suchen, warum sie es nicht getan haben – oder zu denen, die es tun, die sich auf *ein* Ziel, *eine* Aufgabe, *einen* Wunsch konzentrieren, daran arbeiten und ein Ergebnis *erzielen*?

Möchten Sie Ergebnisse erzielen?

Dann tun Sie es, Schritt für Schritt!

Na, haben Sie vorhin wirklich 3 Minuten vor dem Spiegel gestanden?

Sie wollen doch Ergebnisse erzielen, zu den Gewinnern des Lebens gehören, nicht wahr?

Vielleicht sind ausgerechnet Sie, lieber Leser, ein Mensch, den der finanzielle Erfolg nicht mehr interessiert, weil er für Sie bereits eine Selbstverständlichkeit ist. Dann ist es für Sie auch eine Selbstverständlichkeit, sich nur jeweils auf *eine* Sache zu konzentrieren, wenn

Sie Ihnen interessant genug erscheint. Aber für Erfolg, d.h. für privaten, persönlichen und sportlichen Erfolg, oder was Ihnen sonst noch vorschwebt, ist Geld nur Mittel zum Zweck – auf keinen Fall jedoch etwas Lohnendes, Anzustrebendes, was man nur sammeln will. Interessiert es Sie, mit Hilfe eines Zeitaufwandes von 2 Minuten pro Tag, Ihre »Lebens«-zeit – und damit meine ich bewußteres, fröhlicheres Leben – um 20–80% zu verlängern? Dann lesen Sie jetzt aufmerksam weiter; denn diese Idee ist für jeden Menschen anwendbar.
Wieviele Dinge gibt es bei Ihnen, die Sie schon seit Tagen, Wochen oder gar Monaten erledigen wollten, aber einfach »nicht dazu kommen« – ein Weg zum Amt, den Rasen mähen, den tropfenden Wasserhahn reparieren (lassen), einen Brief beantworten oder was Ihnen sonst noch an »Kleinigkeiten« das Leben schwer machen könnte?
Es ist nämlich nicht das 15minütige Kartoffelschälen, das eine Frau an den Rand der Erschöpfung bringt – denn dann hätten unsere Urgroßmütter ihren weitaus anstrengenderen Arbeitstag gar nicht überlebt – sondern es sind die 15minütigen Gedanken während des Kartoffelschälens, die eine Frau heute fertigmachen. Sie denkt nicht nur an das Eine, sondern ist bereits beim Staubsaugen; mit einem schlechten Gewissen sieht sie die ungeputzten Schuhe; voller Angst sieht sie den Mann nach Hause kommen, bevor das Essen fertig ist, und »erledigt« auf diese Art und Weise alles doppelt.
Wie oft haben wir schon unsere Steuererklärung, unsere unerledigte Post oder was sonst noch alles doppelt und

dreifach »erledigt«, ohne auch nur eins davon tatsächlich getan zu haben!

In einem deutschen Atomreaktor sitzt ein Mann in den dreißiger Jahren, der vorher im Bergbau körperlich schwer arbeitete und dann umgeschult wurde, eine Instrumententafel zu beobachten. »Früher«, bestätigt seine Frau, »war er abends oft noch aufgelegt, ›etwas anzufangen‹ und stets guter Laune und munter. Heute hat er zwar eine bestimmt verantwortungsvollere Tätigkeit, die keinerlei Kraft kostet; denn er braucht absolut nichts tun. Nur im Falle eines Falles, der hoffentlich nie eintreten wird, müßte er den Alarm auslösen. Heute aber kommt er müde nach Hause, ist abgeschlafft und schläft schon bald ein.«

Seine vielfältigen Gedanken machen ihn groggi! Er denkt über Dinge nach, die er schon zigmal durchgedacht hat, ohne eines davon zu realisieren.

Wir haben so vieles schon automatisch. Alles spricht dafür, daß es uns besser gehen müßte, daß wir das Leben *erleben* müßten. Doch das Gegenteil scheint richtig zu sein. Auch hier heißt die Lösung wieder: *Eine* Aufgabe ist Trumpf!

Und nun konkret – Sie haben an dieser Stelle wieder zwei Möglichkeiten – die erste und im Augenblick einfachste: Sie lesen weiter und nehmen das Geschriebene nur wahr.

Die zweite, die Ihnen – wie versprochen – bis zu 80% mehr aktives Leben bringen wird: Sie setzen es in die Tat um, und zwar jetzt gleich! – auch wenn Sie gerade im Bett liegen sollten und die Uhr schon zwölfmal zur

Nacht geschlagen hat. Sie benötigen ein Blatt Papier (am besten besorgen Sie sich für die nächsten Tage sog. A 7 große Karteikarten) und einen Schreibstift. Und jetzt schreiben Sie das Datum des morgigen Tages oben an, setzen die Zahlen 1–6 links untereinander und schreiben in der Reihenfolge der Wichtigkeit die Arbeiten oder Dinge – die zu erledigen sind – jeweils dahinter. Wenn es nur 3 oder 4 sind, o. k., auf keinen Fall jedoch mehr als 6. Wenn Sie am nächsten Tag – die Karte stets in der Tasche oder als Hausfrau in der Schürze – eine dieser Arbeiten erledigt haben, haken Sie dieselbe ab, und seien Sie stolz auf sich selbst, daß Sie es erledigt haben!
Wenn die zu erledigenden Arbeiten im Umfang zu gering waren, so daß Sie alles in kürzester Zeit erledigten, so bekommen Sie nach ein paar Tagen das richtige Gespür und Maß, sich selbst richtig einzuschätzen.
Sollten Sie jedoch immer nur 2, 3 oder 4 Dinge erledigt haben, so liegen Sie auch richtig. Dann schreiben Sie die unerledigten Punkte gleich wieder auf die Karte für den nächsten Tag an die ersten Stellen, solange, bis Sie es geschafft haben.
Ich habe die Durchführung und Abgabe meiner Steuererklärung einmal vier Wochen lang als Bestseller auf meiner Karte gehabt, bis es mir endlich zu dumm wurde und ich die Erledigung vorzog.
Wichtig ist dabei Eines, und das werden Sie nach kurzer Zeit erkennen, über sechs Dinge denken bringt nichts – eines dagegen erledigen bringt alles! Und jetzt treffen Sie eine Entscheidung!
Möchten Sie von der Umwelt »in den Griff genommen«

werden oder möchten Sie das tun, was uns Menschen gegeben ist – die Umwelt »in den Griff« zu bekommen? Dann tun Sie es! Aber nicht nur einmal so zur Probe, sondern weil Sie es satt haben, sich von Kleinigkeiten tyrannisieren zu lassen. Weil Sie auf der Stufe des Menschen stehen wollen! Weil Sie Gott mit Ihrem Handeln eine Ehre erweisen wollen, weil Sie sein Gesetz für sich ausnutzen wollen – sich nur jeweils *einer* Sache zu widmen.

Denken Sie jetzt bloß nicht: »ja, wenn das so einfach ist!« Gerade weil es so einfach ist, so simpel, *tun* es die Wenigsten.

Warum erleiden so viele studierte Menschen Schiffbruch, warum kommen so viele Lehrer mit den eigenen Kindern nicht klar, warum steht der Beruf des Psychologen in der Selbstmordtabelle mit an 1. Stelle? Weil sie das Erlernte bei sich selbst nicht anwenden!

Ich erwische mich heute noch dabei, meine morgentliche 5-Minuten-Frühgymnastik an manchen Tagen zu unterlassen und finde auch jedesmal eine plausible Entschuldigung. Aber die Entschuldigungen können noch so einleuchtend sein, meinen Körper können sie nicht fit machen.

Einer der blödesten Sprüche, der sicher einen großen Schaden angerichtet hat, aber um die ganze Welt ging, lautet: Wissen ist Macht!

Noch heute fragen sich Menschen, die zig Semester studiert haben und »alles wissen«, warum sie immer noch nichts sind. Sie meinen, jetzt wird man sich um sie reißen, doch nichts geschieht. Und dann bleibt diesen armen Menschen weiter nichts übrig, als entweder zu erkennen oder das ganze Leben eine Fassade zur Schau zu tragen – so zu tun, als ob, damit sie vor sich selbst eine Existenzberechtigung haben. Wann wird man, angefangen in der 1. Schulklasse bis – und dort ist es noch wichtiger – zur Universität, unserer heranwachsenden Generation klarmachen, daß erst *angewandtes* Wissen zur Macht führen kann?!

Das schon einmal im 1. Kapitel, damit Sie zum Rest des Buches die richtige Einstellung haben; denn sonst ist es nutzlos.

Was haben wir also vom 1. Gebot gelernt?

1. Allein die Fähigkeit unseres Glaubens oder Nicht-Glaubens ist es, dieses Gebot in seinem vollen Umfang zu akzeptieren.
2. Es ist ein universales Gesetz, jeweils *EINE* Sache im Kopf zu haben und sich darauf zu konzentrieren.
3. Schicken Sie Ihre vorwitzigen Wünsche zurück auf die Wunschkarten-Warte-Insel und erziehen Sie diese Burschen so, daß sie begreifen, nur einzeln die Fähre zu besteigen!
4. Es heißt nicht, Du sollst nur an einen Gott glauben, sondern: nur einen Gott *haben*. Daraus erkennen wir deutlich, daß das Wissen nicht reicht, sondern das aktive Handeln damit verbunden sein muß!

Meine Ziele sind sinnvoll und anspornend,
realistisch und erreichbar,
konkret und meßbar und
zeitlich fixiert.

Mein 1. Ziel, das ich in drei Wochen erreichen will, beschreibe ich so:

Mein 2. Ziel, das ich in drei Monaten erreichen will, beschreibe ich so:

Mein 3. Ziel, das ich in drei Jahren erreichen will, beschreibe ich so:

Eine Tages-Zielkarte könnte etwa so aussehen:

für den 7.3.19..
1. Kabel für Lautsprecher befestigen
2. Kofferraum ausräumen u. säubern
3. Brief Tante Elli beantworten
4. Rasen düngen
5. Urlaubsfotos einkleben
6. Knopf an braune Hose nähen

DU SOLLST DIR KEIN BILDNIS, NOCH IRGEND EIN GLEICHNIS MACHEN, WEDER DES, DAS OBEN IM HIMMEL, NOCH DES, DAS UNTEN AUF ERDEN, NOCH DES, DAS IM WASSER UNTER DER ERDE IST!
BETE SIE NICHT AN UND DIENE IHNEN NICHT!
DENN ICH, DER HERR, DEIN GOTT, BIN EIN EIFRIGER GOTT, DER DA HEIMSUCHT DER VÄTER MISSETAT AN DEN KINDERN BIS INS DRITTE UND VIERTE GLIED DERER, DIE MICH HASSEN, UND TUE BARMHERZIGKEIT AN VIELEN TAUSENDEN, DIE MICH LIEB HABEN UND MEINE GEBOTE HALTEN.

Es scheint tatsächlich gar nicht einfach zu sein, etwas als existent zu akzeptieren, was wir nicht sehen können. Wir können es uns also nicht nur nicht vorstellen, daß *ER* allein in der Lage ist, als einziger Gott alles »im Griff« zu haben, sondern auch sein Wesen ist für uns nicht faßbar. Alles, was wir mit unseren körperlichen Sinnen nicht wahrnehmen können, ist uns unheimlich, unglaubwürdig und unsicher. Alles dagegen, was wir sehen, hören, schmecken oder – noch besser – fühlen können, ist uns vertraut, erweckt Glaubwürdigkeit in uns und wird als existent akzeptiert.

Um diese Dinge weiß jeder gute Verkäufer, der bemüht ist, uns von seiner Ware zu überzeugen. Fliegen Sie doch einmal kurz mit mir zur nordafrikanischen Küste, sagen wir nach Tunis. Dort sind wir erst einmal besonders skeptisch; denn man hat uns gesagt: »Laß dich bloß nicht reinlegen!« Uns reinlegen? Wir sind doch viel zu pfiffig! Schließlich lassen wir uns doch nichts andrehen, was wir nicht kennen.
Aber, das weiß der junge Bursche, der erstaunlich gut deutsch sprechen kann, auch. Aus diesem Grund sagt er auch: »nur gucken, nur gucken« und zeigt uns seine Reisetasche aus echtem Kamelleder. Wir schauen uns die Tasche gern an; denn zu Hause hatte man uns ja gewarnt und außerdem ... bei denen hier ... Aber unser skeptischer Blick wird sofort bemerkt, und der junge Mann fordert uns auf, uns in die Tasche hineinzustellen. Wir lehnen natürlich aus Höflichkeit und noch mehr Skepsis ab, was er erwartete. So kommt ein kleiner Junge, der diese Aufgabe übernimmt und sich mit Tasche an deren Henkeln hochheben läßt. Wir registrieren: die Tasche hält und hätte sogar mich mit meinen 80 kg gehalten. Ich habe es selbst gesehen! Und jetzt dürfen wir riechen, und es riecht echt. Also nur noch die letzte Überzeugungsprobe, indem wir alles anfassen »dürfen«, jede Kleinigkeit, innen und außen und jede Seitentasche einzeln. Wir haben es mit unseren Sinnen erfaßt. Die Tasche ist gut, das Leder ist echt und nun spielt uns unser Gehirn den ersten Streich und assoziiert: »Dieser Bursche ist ehrlich« und »Er scheint mir wirklich nur zeigen zu wollen, welch tolle Ware er hat und wie stolz er auf

sein Produkt ist; denn wenn er sie mir verkaufen wollte, hätte er das sicher schon versucht, aber er hat ja nicht einmal den Preis genannt. Allerdings«, so denken wir weiter »interessieren würde es mich schon.« Und so fragen wir, wieviel die Tasche wohl kosten würde und erwarten – immer noch ein bißchen skeptisch – einen völlig utopischen Preis. Doch wir werden eines Besseren belehrt; denn er sagt: »Machen Sie einen guten Preis, den ich akzeptieren kann.« Ja, also, daß er so aufrichtig ist, hätten wir nun doch nicht erwartet! Es wäre nun schäbig, wenn wir jetzt einen Preis nennen, der dieses gute Produkt nicht würdigt und schätzen, wieviel die Tasche bei uns kosten würde. Davon rechnen wir die Hälfte und sagen: »60,– DM«, worauf der junge Bursche ziemlich beleidigt ist und anfängt, alle Vorteile – von denen wir uns gerade überzeugt – aufzuzählen, um uns anschließend zu fragen, ob das wirklich ein reeller Preis sei. Wir bekommen ein schlechtes Gewissen und erhöhen auf 80,– DM. Nachdem wir uns nochmals und nochmals die Vorteile angehört, angesehen, angerochen und angefühlt haben, ziehen wir mit 100,– DM weniger und einer Tasche mehr weiter, in dem Gefühl, einen guten Kauf getätigt zu haben. Wir wollen an dieser Stelle einmal offen lassen, ob der Preis wirklich gut war. Wichtig ist, daß wir der Meinung sind, gesehen, gehört, gerochen und gefühlt zu haben: diese Tasche ist 100,– DM wert. Wenn der selbe junge Mann versucht hätte, uns einen Ölfeld-Anteilschein für ebenfalls 100,– DM – aber mit einem tatsächlichen Wert von 1000,– DM – zu verkaufen, wir hätten darauf verzichtet.

Das ist auch ein Hauptgrund, weshalb Versicherungsvertreter oft einen schlechten Ruf haben. Um ihre Produkte verkaufen zu können, sahen sie sich gezwungen, »Tricks« anzuwenden; denn sie hatten ihrer Kundschaft nichts zum Riechen, Sehen — geschweige denn — zum Fühlen anzubieten. Sie sind darauf angewiesen, daß der Kunde glaubt, ohne eine handfestes Produkt präsentieren zu können. Aus diesem Grund werden in heutigen Verkäuferseminaren die Teilnehmer darauf getrimmt, »bildlich« zu sprechen oder anhand von Beispielen zu demonstrieren bzw. noch besser, in der jeweiligen Verkaufsrepräsentation möglichst viele der fünf Sinne direkt anzusprechen und damit dem Kunden die Informationen über alle fünf Informations-Eingangskanäle zu übertragen.

Modernste Unterrichtsmethoden in Schulen, auf Seminaren und Lehrgängen zielen darauf ab, den zu vermittelnden Stoff nicht nur mündlich vorzutragen und damit nur *einen* Info-Eingangskanal (in diesem Fall das Ohr) des Lernenden zu erreichen, sondern mit Hilfe von Schaubildern, Overhead-Projektor, Dias, Filmen, Video mindestens zwei Kanäle, also auch das Auge anzusprechen. Sogenannte Demonstrationen oder Experimente, bei denen auch der Geruchs- oder Geschmackssinn (wir erinnern uns noch sehr genau an Experimente im Chemieunterricht, kennen aber kaum noch eine Formel) angesprochen wird, haben eine größere Chance, eine bleibende Erinnerung beim Schüler zu hinterlassen. Und alles, was wir sogar anfassen konnten, sorgt für eine optimale Speicherung in unserem Gedächtnis.

Es scheint doch alles *dafür* zu sprechen, daß wir uns auch von unserem Gott ein umfassendes Bild machen sollten, um ihn besser als wahr und existierend annehmen zu können!

Aber sind wir wirklich auf der richtigen Spur?

Die entscheidende Frage dürfte heißen: »Könnten wir Menschen mit unseren fünf Sinnen Gott überhaupt wahrnehmen?«

Ist er überhaupt mit den Augen zu sehen, mit den Ohren zu hören, mit der Nase zu riechen, mit dem Gaumen zu schmecken oder mit den Fingern zu fühlen?

Z. B.: unsere so großartig arbeitenden Augen haben dort Grenzen, wo einige Tiere überhaupt erst beginnen, optisch wahrzunehmen. Das für uns sichtbare Licht liegt im Bereich von ca. 400 – 750 mu, das entspricht einer Frequenz (Schwingungen pro Sekunde) von 400000000000000 – 750000000000000. Der Bereich des ultravioletten Lichtes, der dicht daneben liegt, wird von uns genausowenig wie der Bereich des infraroten Lichtes wahrgenommen. Das gesamte Spektrum der elektromagnetischen Wellen jedoch fängt bei weniger als 10000 Schwingungen pro Sekunde an (Radio-Langwellen-Bereich) und geht bis über 1000000000000000000000 Schwingungen pro Sekunde (Gamma-Strahlen) hinaus.

Da die Biene z. B. das ultraviolette Licht wahrnimmt, sieht sie die Blüten völlig anders, als wir sie wahrnehmen können.

Mit unserem Gehör liegen wir Menschen ähnlich. Können wir z. B. nur einen Bereich von ca. 16 – 18000 Hertz wahrnehmen, so nehmen Hühner noch Töne bis 38000 Hertz und Fledermäuse sogar bis 100000 Hertz wahr. Technisch nachweisen konnte man bisher nur Frequenzen bis 200000 Hertz, die jedoch von Delphinen nicht nur erfaßt, sondern auch erzeugt werden! Auch mit unseren anderen Sinnen, die wir trotzdem als phantastisch bezeichnen können, nehmen wir nur einen kleinen Teil des Existierenden wahr.

Wäre es nicht auch wirklich zu simpel, zu menschlich, wenn wir Gott mit unseren Sinnen wahrnehmen könnten?

Die Intelligenz, *die* Existenz, die das alles erschaffen hat, dürfte wohl in anderen Bereichen, auf anderen Ebenen wahrgenommen werden!

Ein guter Rat also, wenn es heißt: »Du sollst dir kein Bildnis, noch irgend ein Gleichnis ...« Wir würden auch sicher damit Schiffbruch erleiden, vielleicht sogar konfus werden, und vor allen Dingen das vergessen, was das Leben von uns fordert. Und unsere eigentliche Aufgabe, unser Lebenszweck, würde in den Hintergrund treten. Geben wir also die Suche auf und lassen wir es ausreichen, *daß ER* existiert!

Aber, wir wollen auch hier versuchen, ein universelles Gesetz zu finden, das sich dahinter vermuten läßt.

Ein bekannter Millionär in den Vereinigten Staaten, der innerhalb von zwei Jahren aus 5000,– geborgten US Dollars 100 Mio. Dollars machte, sagte: »Ich habe vorher krampfhaft versucht zu ergründen, *wie ich mich* erfolgreich machen kann und ging dreimal pleite. Erst als ich anfing, *andere* zum Erfolg *zu führen*, wurde *ich* auch erfolgreich.« Ein »Umweg« zum Ziel also, nicht zwanghaft das *Wie* zu suchen, sondern lieber darauf vertrauen, daß es so ist.

Lesen Sie einige weitere Beispiele und versuchen Sie selbst, das Gesetz zu finden.

Es war vorgestern, als ich Walter Ernsting – er schreibt meist unter einem Pseudonym – einen bekannten deutschen Schriftsteller kennenlernte und ihn bat, das 1. Kapitel dieses Buches zu lesen, um mir einige Tips zu geben, den »richtigen« Verlag zu finden. Er wollte gerade zu lesen beginnen, als er merkte, seine Brille nicht auf der Nase zu haben. Und er schaute auf sein kleines Schränkchen, auf dem seine Pfeifen in einem Ständer stehen, weil er dort seine Brille vermutete. Obwohl er diese Gläser nur zum Lesen braucht und sonst recht gut sehen kann, sah er sie in diesem Falle nicht. Es dauerte bei mir ein Sekündchen, bis ich begriff, daß er sie nicht wahrnahm, obwohl er direkt darauf schaute.

Geht es uns nicht oft so, daß wir etwas krampfhaft suchen und nicht finden; doch dann, wenn wir es aus unserem Bewußtsein gestrichen haben, taucht es wieder auf.

Es gibt in unserem Leben viele Wege und Möglichkeiten, »wie es nicht geht«.

Viele Wege führen nach Rom. Das stimmt! Aber gibt es nicht zig tausend andere Wege, die nicht nach Rom führen? Selbst wenn ein Neapolitaner sich nur gedanklich daran machen würde, sich alle Möglichkeiten, nicht nach Rom zu kommen, vorzustellen, hätte er sein ganzes Leben lang zu tun, ohne jemals Rom zu sehen.

Als mir Karl Vietje, Sie erinnern sich, der Mann, der

mich einlud, ein Seminar zur Persönlichkeitsbildung zu besuchen, klarmachen wollte, daß ich durch diese Seminare in kürzerer Zeit mehr Geld verdienen könnte – und das sogar mit meinem Geschäft – erklärte ich ihn für total verrückt. Wie könnte mir der Besuch eines Seminars meine 14-stündige Arbeitszeit verkürzen? Ich *mußte* doch von 8 – 18.00 Uhr mein Geschäft geöffnet halten. Ich *mußte* doch anschließend meine Foto-Aufträge erledigen. Und ich *mußte* doch anschließend bis 0 oder 1 Uhr ins Labor, um alles fertig zu bekommen. Es sah eher so aus, als würde die Zeit nicht reichen. Und das Geld für eine Angestellte, wo ich doch selbst gerade über die Runden kam? Unmöglich!

Ich Trottel versuchte letzte Woche, einen jungen Bankangestellten davon zu überzeugen, daß es Wege gibt, mit weniger Arbeit mehr Geld zu verdienen und empfahl ihm den Besuch eines meiner Seminare. Er fragte mich: »Wie?« – »Sie werden schon sehen, und damit Sie mit der Materie vertraut werden, leihe ich Ihnen ein Buch, das mir wesentliche Erkenntnis auf diesem Weg gebracht hat.« Ich hörte Fragen – ich hätte es mir denken sollen – die vor 3½ Jahren auch ich gestellt habe. »Wie stellen Sie sich das vor? Ich bin doch nun mal Angestellter. Wollen Sie meinen Dienst übernehmen?« Usw. usw. Warum *ich* diesmal der Trottel bin? Er läßt mich seitdem meine Formulare selbst ausfüllen, um mir zu demonstrieren, daß dies die einzige Möglichkeit für ihn sei, Arbeit einzusparen...

Ein gewisser Henry Ford hatte vom Automobilbau genaugenommen nicht sehr viel Ahnung. Aber er saß an

einem Tisch mit vielen Knöpfen und konnte sich für jede Frage einen Spezialisten herkommen lassen, der für ihn über Ahnung verfügte. Dieser Henry Ford gab den Auftrag, einen 8-Zylinder-Motor in einem Block zu bauen und wurde gefragt: »Wie?« Er konnte es sich leisten (nicht nur, weil er es nicht wußte), die Frage unbeantwortet zu lassen und ließ sein Team so lange daran arbeiten, bis sie es aufgaben, nach dem »Wie« zu fragen. Zu diesem Zeitpunkt gab es nicht eine einzige Möglichkeit, wie es gehen könnte, jedoch Hunderte »handfester« Gründe, weshalb es nicht gehen wird. Die »ich-weiß, daß-es-sowieso-nicht-geht-Leute« haben keinen entscheidenden Beitrag dazu geleistet, daß dieser Motor den weltweiten Markt eroberte.
Stellen wir lieber die Frage: *Was will ich*?
Und erst wenn wir diese Frage ganz klar und deutlich (am besten schriftlich) fixiert haben, dann können wir uns Gedanken darüber machen, *wie* wir es erreichen wollen. Wenn wir uns erst Gedanken über das »Wie« machen, vergeuden wir nicht nur kostbare Zeit, sondern auch unnütze Kraft und Energie. Das Ergebnis hieße immer: »Es wird nicht gehen«, denn unsere »Erfahrungen« haben es ja gezeigt...
Damit meine ich nicht, daß wir *alles* erreichen könnten, was wir uns nur wünschen und erträumen, ohne uns vorher über die Realitäten klar zu sein; sondern ich meine damit, daß wir uns oft – anstatt Schritt für Schritt vorzugehen – in Gedanken schon meilenweit voraus sind und uns dann bereits in gedanklichen Kleinigkeiten verlieren.

Wie oft dachten wir schon »wir werden nicht fertig bis.... « und doch haben wir es geschafft. Denn wenn alle »Prophezeiungen« der in den Urlaub fahren oder fliegen Wollenden einträfen, daß sie mit dem Packen oder Vorbereiten nicht rechtzeitig fertig würden, so blieben die Urlaubsorte halb leer.
Auch so manche Braut, die am Hochzeitstag der Meinung ist, daß sie es nie schaffen wird – bis zur Trauung »fertig zu werden« – wäre bis heute unverheiratet, hätten sich ihre Ängste verwirklicht.
Was haben *Sie* in Ihrem Leben schon alles erreicht, ohne vorher genau oder auch nur ungefähr gewußt zu haben, *wie* Sie es anstellen werden?
Damit dieses Buch speziell für *Sie* geschrieben ist, und Sie es immer wieder als anspornendes, aufbauendes Nachschlage-Werk in die Hand nehmen, gebe ich Ihnen die Anregung, ein Beispiel von sich selbst niederzuschreiben.
Also, schildern Sie eine Situation Ihres Lebens, in der sich das »Wie« erst während der Durchführung ergab:
Wenn uns unsere kleinen Kinder um etwas bitten, fragen sie auch nicht nach dem »Wie« (und seien wir ehrlich, sie bekommen es trotzdem). Es ist ihnen völlig gleichgültig, *wie* wir es anstellen; wichtig ist, *daß* sie es bekommen.
Viele nicht erfolgreiche Verkäufer sehen das Verkaufs-Gespräch vorher vor ihrem geistigen Auge, *wie* es ablaufen und schiefgehen könnte, anstatt sich nur darauf zu konzentrieren, *daß* der Kunde kauft.
Versetzen wir uns doch einmal zurück in unsere »reiferen« Jugendjahre, als wir das erste Rendezvous hatten.

Hatten wir uns vorher vorgestellt, *wie* wir es anstellen und *wie* wir uns verhalten würden, so ging es daneben. Denn erstens kam alles ganz anders und zweitens als wir dachten.

Überlassen wir es doch lieber der Situation, das *Wie* und stellen uns vorher nur vor, *daß*.

Wie oft haben wir uns in Gedanken schon ausgemalt, daß wir es dem ... mal so richtig zeigen würden, wenn er es noch einmal wagt, uns so zu behandeln. Und dann haben wir das Gespräch gesehen, in allen Einzelheiten – auf alles die passende Antwort. Nur, es kam nicht dazu, weil...

Die Lösung heißt: Vertrauen.

Vertrauen in unsere Fähigkeiten, Vertrauen in uns selbst, Vertrauen in die Macht unseres Unterbewußtseins und – wenn es Ihr Glaube ist – Vertrauen in Gott. Kennen Sie nicht auch Menschen, die sich *vorher nicht* viel Sorgen machen – wie es wohl werden könnte – aber anschließend doch auf der Gewinnerseite des Lebens stehen? Kennen Sie nicht auch Menschen – die scheinbar mit jeder Situation noch rechtzeitig fertig werden, ohne sich und andere verrückt zu machen? Oder gehören Sie zu den Menschen, die – als Ausgleich dafür, daß ausgerechnet Ihnen alles schiefgeht und Sie so schwer kämpfen müssen – darauf warten, daß es bei den auf der »Sonnenseite« des Lebens stehenden Menschen sicher auch eines Tages schiefgehen wird?

Möchten Sie auch auf der »Sonnenseite« des Lebens stehen? Dann treffen Sie hier und jetzt die Entscheidung, *daß Sie es wirklich wollen*!

Ich, ..., werde ab heute meine ganze geistige Kraft dafür einsetzen, jeden Tag meines Lebens auf der Sonnenseite zu stehen. Ich bin begeistert und dankbar, daß ich als Mensch die Freiheit habe, diese Entscheidung zu treffen.

....
(Unterschrift)

Und nun fragen Sie nicht schon wieder: »wie?«
An dieser Stelle des Buches ist erst einmal wichtig, *daß* Sie es wollen.
Na, haben Sie schon unterschrieben? Wenn nicht, dann *tun* Sie es!
Andernfalls hätten Sie das Geld, das dieses Buch kostete, gleich ins Wasser werfen können. Sie wollen doch zu der 2. Gruppe der Bergsteiger gehören, nicht wahr? Gut! Können Sie sich erinnern, daß Walter Ernsting das 1. Kapitel vorab gelesen hat? Heute sagte er mir, daß er die Zielkartenmethode gleich ausprobiert habe und sie großartig funktioniere. »Mein Schreibtisch ist aufgeräumt, und ich habe sogar zwei wichtige Termine – die ich seit Wochen vor mir herschiebe – erledigt, obwohl ich in zehn Tagen in den brasilianischen Urwald fliege und noch viel vorzubereiten habe.«
Wenn diese Methode auch für einen Mann interessant ist, der über 270 Romane und Jugendbücher geschrieben hat – also gewiß bereits zu den Erfolgreichen gehört – dann ist es doch ein Grund mehr, daß diese Methode auch für Sie Gewinn bringen wird. Übrigens, haben Sie Ihre Zielkarte für morgen schon geschrieben?

Wissen Sie, ich möchte Ihnen beweisen, daß es nicht nötig ist, das »Wie« krampfhaft zu erkunden und zu suchen.
Am heutigen Tag habe ich nicht die geringste Vorstellung, *wie* man einen Verlag findet, *wie* man ein Anschreiben an einen Verlag so formuliert, daß es nicht in den Papierkorb wandert, *wie* der richtige Mann zu finden ist und *wie* man erkennt, ob man beim richtigen Verlag landet. Ich habe absolut keine Ahnung, *wie* man ein Buch verkauft. Vor sechs Wochen wußte ich nicht einmal, *wie* man ein Buch schreibt! Vor sechs Wochen traf ich »nur« die Entscheidung, *daß* ich eines schreibe! Und heute *weiß* ich, *daß* ich den richtigen Verlag finden werde, obwohl ich noch nicht einmal die Adresse eines einzigen Verlages kenne!
Und der Beweis?
Sie halten das Buch doch in der Hand.
Ich weiß schon heute, daß Sie es in der Hand halten, weil ich gelernt habe zu wissen, daß die Entscheidungen – die ich treffe – richtig sind. Wenn Sie das auch lernen möchten – o.k. Sie brauchen nur *aufmerksam* eine Seite nach der anderen zu lesen. Nur, einen Fehler sollten Sie nicht begehen, nämlich: »Nur mal so ausprobieren, ob es bei mir auch geht.«
Entweder Sie haben die richtige innere Einstellung und sind fest davon überzeugt, *daß* es so ist oder Sie warten ruhig noch, bis Sie diese Einstellung haben.
Und damit wir sofort anfangen, *praktische* Erkenntnisse zu sammeln, nehmen Sie sich bitte ein Blatt Papier und einen Stift. Welche Entscheidungen haben Sie in Ihrer

Vergangenheit falsch getroffen? Schreiben Sie bitte jetzt ruhig alle auf, die Ihnen einfallen.

Warum wollen Sie denn schon wieder weiterlesen?
Wenn Sie mit einem nicht funktionierenden Abblendlicht in die Werkstatt fahren und der Mechaniker *sagt* Ihnen, daß der Fehler an einem abgerissenen Kabel liegt, kann Ihnen zwar das »Gewußt wo« ein paar Mark wert sein, aber reicht das? Oder brennt das Licht erst dann wieder, wenn das Kabel *befestigt* ist?
Also, nehmen Sie sich erst einmal ein Blatt Papier, wenn Sie Resultate erzielen wollen.
So, Sie wissen jetzt also und haben es sogar schriftlich vor sich, was an welchen Entscheidungen falsch war. Und jetzt schreiben Sie bitte zu jeder Entscheidung, was daran trotzdem positiv zu werten ist oder was Sie daraus gelernt haben.
Ohne Entscheidung – kein Weg
ohne Weg – kein Fehler
ohne Fehler – kein Lernprozeß
ohne Lernprozeß – keine Reifeentwicklung
Ist es nicht großartig, sich trotz »falscher« Entscheidungen auf dem richtigen Weg der geistigen Reifeentwicklung zu befinden?
Wenn Thomas Alva Edison erst dann angefangen hätte, am elektrischen Licht zu experimentieren, als er bereits wußte – *wie* elektrischer Strom in sichtbares Licht umzusetzen ist – würden wir wohl heute im Dunkeln sitzen oder – wie ein Bekannter scherzhaft bemerkte: »noch heute bei Kerzenlicht fernsehen müssen.« Ca. 10000 (!)

Versuche waren notwendig, um immer wieder die Wege zu erkennen, wie es nicht geht – mehrere Tausende »falscher« Entscheidungen, die ihn jedoch Stück für Stück näherbrachten, weil er aus jeder »falschen« Entscheidung gelernt hat. Es ist dann eine Frage der Ausdauer bzw. des Durchstehvermögens, die über Erfolg und Mißerfolg entscheidet. Auch hier werden uns die beiden bisherigen Erfolgsprinzipien ganz klar.

1. Thomas Alva Edison hatte nur *ein* Ziel vor Augen und kam nicht im entferntesten auf die Idee, am Sprechapparat, am Kühlschrank, am Hubschrauber oder an was weiß ich noch alles gleichzeitig zu experimentieren. Und damit traf er die Entscheidung für sich, an der Erreichung dieses Zieles *zu arbeiten*.
2. Thomas Alva Edison hat und konnte nicht *vorher* nach dem Wie fragen, sondern mußte Schritt für Schritt »den Weg bis zur Brücke« gehen und konnte sie erst dann überschreiten.

Wenn ich zurückdenke – und auch heute ertappe ich mich noch dabei –, wie oft ich »eine Brücke zu überschreiten versuchte«, die ich noch nicht erreicht hatte, muß ich mich wundern, daß so manche Brückenkonstruktion nicht allein schon durch die Last meiner Gedanken zum Einstürzen kam – obwohl ich noch kilometerweit davon entfernt war. Und wie oft habe ich – um dann endgültig »das andere Ufer zu erreichen« – es vorgezogen, eine ganz »andere Brücke« als ursprünglich geplant zu überschreiten, so daß sämtliche Gedanken unnütz waren.

Auf einem Seminar für Bewohner eines Seniorenstiftes – alle Teilnehmer waren zwischen 60 und 86 Jahren – ver-

suchte jeder schriftlich Situationen zu rekonstruieren, in denen er sich vorher tagelang, ja sogar wochen- und monatelang den Kopf über den Weg zermarterte, *wie* er ein Ziel erreichen wollte.
Da berichtete eine Dame von ihrem Vorhaben, ihren Sohn im ca. 120 km entfernten München für sieben Tage zu besuchen und versuchte, sich an die vorausgegangenen Gedanken zu erinnern.
Wann wird ein Zug fahren? Da war doch vor einem Jahr ein Zugunglück auf der Strecke ... Wird mich jemand zum Bahnhof bringen? Muß ich ein Taxi nehmen? Wird ein Taxi frei sein? Soll ich es lieber bestellen? Wieviel wird es kosten? Wird mir der Taxifahrer helfen, die Koffer zu tragen? Wer wird meine Blumen gießen – soll ich sie weggeben oder lieber den Appartementschlüssel einer Nachbarin geben? Werde ich mich auf die Nachbarin verlassen können? Soll ich die Markise oben lassen oder lieber halb herunterkurbeln? Wie wird das Wetter sein? Wird mich mein Sohn abholen oder muß er arbeiten? Wird er, wenn er mich abholen wird, pünktlich sein oder bleibt er im Verkehr stecken oder passiert gar ein Unfall? Ich würde mir ständig Vorwürfe machen, geschähe ihm ein Unfall, nur weil er mich abholen will. Womit kann ich ihm eine Freude bereiten? Bin ich überhaupt gern gesehen? Werde ich überhaupt selbst gesund sein? Sollte ich lieber vorher nochmals zum Arzt? Was wird sein, wenn ich meine Tropfen vergesse mitzunehmen...
Sie meinen typisch alte Leute? Ich kenne genug Leute, die bereits mit 18, 20 oder 25 Jahren so »alt« sind. Und

wenn Sie mich fragen, ich war bis vor ca. drei Jahren noch genauso »alt«. Inzwischen ist zwischen mir und meiner Frau ein »Abkommen« getroffen, daß wir uns gegenseitig »auf die Füße treten«, wenn einer von uns »die Brücke«, die wir noch nicht erreicht haben, bereits »überschreiten« will.

Welche Brücke »überschreiten« Sie gerade?

Jetzt wird es Zeit, daß wir die wichtigste Erkenntnis unseres Lebens – unseren Lebenszweck – finden.

Wozu leben wir überhaupt?

Welche Aufgabe haben wir?

Was ist also der Sinn?

Haben Sie die ganz klaren Antworten auf diese Fragen schon gefunden? Was ist unser Startkapital, wenn wir das Licht dieser Welt erblicken, und was wollen wir damit anfangen?

Da gibt es den »man-wird-mir-schon-helfen-Mensch«, der sein Startkapital nach kurzer Zeit vergeudet hat und versucht, den Rest seines Lebens »auf Pump« zu leben, und den »ach-was-bin-ich-doch-für-ein-bemitleidenswertes-Geschöpf-Mensch«, der nicht wahrhaben will, daß auch er über ein Startkapital verfügt,

und den »das-glaube-ich-nicht-Mensch«, der überhaupt nicht begriffen hat, daß er über Startkapital verfügt, und den »wenn-ich-erst-einmal ... (pensioniert-bin)-Mensch«, der das Kapital 60 Jahre lang liegen läßt und sich wundert, daß es nun kaum noch etwas wert ist, und den »morgen-fange-ich-an-Mensch«, der die gute Absicht – das Kapital zu nutzen – auch an seinem »letzten Tag« noch hat,

und da gibt es den Gewinner, der *jeden* Tag den größtmöglichen Nutzen aus diesem Kapital zieht, der jeden Morgen so tut, als wäre es sein »letzter« und den Tag lebt und erlebt, um sich abends im Bett sagen zu können: »Ja, heute hat es sich gelohnt für mich zu leben, und morgen werde ich es *noch richtiger* machen.«
Die Betonung liegt nicht zuletzt auch auf »ja«. »Ja« zum Leben sagen, »ja« zu jeder Situation, auch wenn sie im ersten Augenblick noch so trostlos aussieht!
Erinnern Sie sich noch an die positiven Seiten Ihrer einstmals »falschen« Entscheidungen, die Sie sich schriftlich notiert haben?
Fehler zu begehen, sind die normalsten und teilweise wichtigsten Dinge unseres Lebens. Die gleichen Fehler zu begehen, zeugt allerdings schon von Trägheit und auch von Verschwendung unseres Startkapitals.
Aus eigenen Fehlern und sogar auch aus Fehlern anderer zu lernen und entsprechend zu *handeln,* zeugt davon, daß Sie auf dem richtigen Weg sind, Ihren Lebenszweck zu erfüllen!
Und hier die Antwort, die Ihnen im Laufe des Buches immer deutlicher und sinnvoller vor Augen treten wird: Unser Lebenszweck ist ein ständig andauernder Lernprozeß, bis wir erkannt haben, wer wir wirklich sind und was wir hier wollen.
Der Sinn unseres Daseins ist also die Möglichkeit einer ständig weiterführenden geistigen Reifeentwicklung! Und unsere Aufgabe ist es, in jedem Gedanken und in jeder Tat die Möglichkeit zur weiteren Entwicklung unserer geistigen Reife zu erkennen und zu nutzen.

Sie sind jetzt am wichtigsten Punkt Ihres Lebens angelangt. Jetzt können Sie »ja« sagen zum Leben. Seien Sie begeistert darüber, daß Sie diese Erkenntnis haben, egal, ob sie neu für Sie ist oder ob Sie sie schon hatten. Wenn Sie jedoch an dieser Stelle sagen: »na und«, dann seien Sie sicher, daß Sie Ihren Lebenszweck noch nicht im vollen Umfang erkannt haben.

Enttäuscht? Nun, auch eine *Ent*-Täuschung ist durchaus etwas Positives. Seien wir froh, daß die Täuschung vorüber ist – ein Grund, glücklich zu sein; denn nach jeder Ent-Täuschung sieht man viel klarer, *und* wir haben wieder *gelernt*.

Aber, wir wollen uns zuerst einmal unser Startkapital »unter die Lupe nehmen« und sehen, was wir daraus machen können, um ein hohes Ziel zu erreichen. Unser Startkapital ist nicht etwa nur das, was wir geerbt haben – weder von der Veranlagung noch vom Finanziellen her. Es hat auch nicht zu überbewertend viel mit der Umwelt zu tun, die uns geprägt, erzogen oder ausgebildet hat. Unsere Gesundheit ist zwar ein wichtiger Faktor, aber auch nicht *der* entscheidende – denken wir an Helen Keller, die als Frau (und daran sehen wir auch, daß es nichts mit unserem Geschlecht zu tun hat), ohne jemals hören oder sehen zu können, einen phantastischen Lebenszweck erfüllt hat.

Entscheidend ist, daß unser Gehirn funktioniert, und wenn Sie dieses Buch bis hier gelesen haben, funktioniert Ihr Gehirn!

Sie haben nun keine glaubwürdige Ausrede mehr, warum Sie es *nicht* schaffen könnten. Und denken Sie

stets daran, es ist mehr Zeit und Kraft für solche Ausreden erforderlich, warum man es nicht geschafft hat, als Sie an Zeit und Kraft für das Gelingen aufwenden müssen.
Was brauchen wir also?
Einen sinnvollen Lebenszweck,
Zielklarheit und Zielstrebigkeit,
kreatives Vorstellungsvermögen,
Selbstvertrauen,
Entscheidungsfreude,
klare Beziehungen durch Klartext,
ein förderliches Image,
Selbstmotivations- und Motivations-Fähigkeit,
Mut und Konsequenz und
einen aufrichtigen Charakter.
Das sind Ihre neuen »Partner« auf dem Weg nach oben. Sicher kann nicht jeder von uns ein zweiter Albert Schweitzer oder Thomas A. Edison werden; aber das sollte kein Grund für uns sein, *gar nichts* Besonderes mit unserem Startkapital anzufangen.
Sie können sich noch nicht vorstellen wie oder was? Sie wissen doch, wichtig ist erst einmal, *daß* wir es wollen. Und da Sie sich selbst schriftlich dazu verpflichtet haben, aus jedem Tag etwas Besonderes zu machen, sind Sie bereits auf der richtigen Spur.
Wie war das eigentlich bei Albert Schweitzer? Nun, Albert Schweitzer wurde nicht etwa mit der Idee geboren, ein »Doktor für die Schwarzen« zu werden. Er war Kulturphilosoph, Theologe und Musik-Wissenschaftler. Ja, er gehörte sogar mit zu den bekanntesten Organisten der

Welt. Und erst in seinem 38. Lebensjahr, im Jahre 1913, gab er seine Professur an der Universität Straßburg zurück, um dann in Lambarene (Gabun) das bekannte Lepra-Krankenhaus zu gründen. 1952, im Alter von 77 Jahren, erhielt er für sein Werk »Das Problem des Friedens in der heutigen Welt« den Friedensnobelpreis. Mit dieser großartigen Aufgabe wurde er 90 Jahre alt *und* gab anderen Menschen den Anlaß, selbst an einem großartigen Lebenszweck zu arbeiten.

Alle wahrhaft »großen« Männer hatten eines gemeinsam. Sie spürten von innen heraus, *daß* Sie etwas *tun* würden, aber niemand wußte vorher, *wie* es im einzelnen aussehen würde.

Nun, schwebt Ihnen schon etwas vor? Hören Sie ab und zu einmal auf Ihre »innere Stimme« oder erinnern Sie sich ruhig einmal Ihrer Jugendträume, die Sie inzwischen schon wieder in Vergessenheit geraten ließen.

Sie meinen: Sie würden verlacht und verspottet? Also, erstens brauchen Sie ja mit keinem Menschen vorerst darüber sprechen, und zweitens liegen Sie dann genau genommen schon sehr richtig – oder meinen Sie etwa, daß die »Großen« anfangs ernst genommen wurden? Der amerikanische Millionär Glenn W. Turner, von dem ich Ihnen bereits berichtete, sagte: »Es ist noch nie einem Kritiker ein Denkmal gesetzt worden, aber den Leuten – die kritisiert wurden – hat man viele Denkmäler gewidmet!«

1. Es gibt Dinge, die wir mit unseren vorhandenen Sinnen nicht erfassen können, was aber nicht bedeutet, daß es sie nicht gibt.
2. Um nicht völlig falsche Vorstellungen zu bekommen von den nicht erfaßbaren Dingen, sollten wir uns damit begnügen, *daß* es sie gibt.
3. Wenn wir unser Ziel erreichen wollen, ist es das Wichtigste zu entscheiden, *daß* wir es erreichen wollen, bevor wir darüber denken, *wie* wir es in den Einzelheiten wohl schaffen werden.
   Thomas A. Edison wußte auch nur, daß er elektrischen Strom in Licht umsetzen wollte, und das »Wie« fand sich im Laufe seiner Experimente.
4. Wir haben gesehen, daß es äußerst wichtig ist, daß wir uns auf unsere Fähigkeiten und unbewußten geistigen Kräfte verlassen können. Sie werden sich im Laufe des Buches dieses Vertrauen aneignen können, wenn Sie es wirklich *wollen*.

Der Mensch, der das »Warum« des Lebens kennt, kann das »Wie« des Lebens ertragen!

DU SOLLST DEN NAMEN DES HERRN, DEINES GOTTES, NICHT MISSBRAUCHEN, DENN DER HERR WIRD DEN NICHT UNGESTRAFT LASSEN, DER SEINEN NAMEN MISSBRAUCHT!

Der Araber Ali Hafed hegte den Wunschtraum, Diamanten zu finden und damit reich zu werden. Er las viele Bücher, und ihm waren die berühmten Orte der Welt, an denen Diamanten gefunden wurden, bekannt. Er beschloß, seinen Hof und Grund zu verkaufen, um sich mit diesem Geld die Reise zu den ihm bekannten Orten zu finanzieren. Auf den verschiedenen Stationen seiner Reise hatte er nur gerade soviel Erfolg, daß er es sich leisten konnte weiterzureisen; denn er schien keinen Ort zu finden, den er für geeignet ansah, das »große Geld« zu machen. Er war viele Jahre unterwegs, und es schien so, als würde sich sein Wunsch nicht erfüllen. Seine Gebete, Allah möge ihm gnädig sein, schlugen in Haß um, und er verfluchte seinen Schöpfer und fühlte sich allein gelassen. Auf dem Weg nach Haus erschien es ihm unerträglich, mit leeren Händen in seine Heimat zurückzukehren. Er wurde nur wenige Kilometer vor seinem einstigen Haus gefunden – Selbstmord!
Allerdings weiß bis heute noch kein Mensch, ob ihn die Nachricht – daß der Käufer seines Hofes auf seinem ehemaligen Grund und Boden die heute weltbekannte

Diamantenmine von Golconda entdeckt hat – noch vorher erreichte ...

Wann gebrauchen wir denn überhaupt den Namen des Herrn – wenn alles in Ordnung scheint, wenn also unsere Bedürfnisse nach Nahrung, Schlaf, Unterkunft, Liebe, Sicherheit, sozialem Status befriedigt sind oder wenn es uns schlecht geht, uns also etwas fehlt?

Von Menschen, die den 2. Weltkrieg miterlebten, habe ich oft gehört, daß sie in Situationen — die ziemlich aussichtslos für sie waren — anfingen zu beten. Das liegt Jahrzehnte zurück. Heute fragen sich die selben Menschen, wie ein Gott soviel Leid und Elend auf der Welt zulassen kann. Machen wir es uns nicht ein wenig zu einfach?

Geht es uns gut, so ist es unser Verdienst.

Geht es uns schlecht, so ist es »ein linker Zug« von IHM.

Ein »großer« Mann sah dieses Gebot aus einem Blickwinkel, den er folgendermaßen in Worte kleidete:

»Bitte Gott um seine Unterstützung auf Deinem Weg zum Erfolg, als hinge alles von IHM ab –
und wenn es nicht klappt, dann kannst Du IHN verfluchen.«

Na, was halten Sie davon, wäre doch eigentlich gerecht – oder?

Nun, ich kann Sie beruhigen, den zweiten Teil habe ich verfälscht. Aber sind wir nicht ab und zu geneigt, so zu denken? So, und jetzt den richtigen Text:

»Bitte Gott um seine Unterstützung auf Deinem Weg zum Erfolg, als hinge alles von IHM ab –
und dann arbeite, als hinge alles von *Dir* ab!

Und meinen Zusatz für den Fall, daß es vorübergehend »schief-gehen« könnte, kennen Sie schon: »Was ist daran positiv zu sehen?«

Und wenn Sie in dieser Denkweise bereits fortgeschritten sind, dann fragen Sie sich ruhig auch noch: »Wie kann ich *es noch* positiver sehen (oder formulieren)?«

Wollen wir jetzt einmal gemeinsam untersuchen, ob es einen Vorteil für uns bringt, wenn wir den »Namen des Herren mißbrauchen«?

Stellen wir uns einen fruchtbaren Ackerboden vor — sagen wir 100 x 100 m — den wir in zwei gleiche Hälften aufteilen. Die eine Hälfte beginnen wir, getreu dem Lied »Im Märzen der Bauer sein Rößlein einspannt...«, zu pflügen und bringen ein Saatgut, z.B. Weizen, in den Boden ein.

Was werden wir unter Garantie im Herbst ernten? – genau: Weizen.

Die andere Hälfte dieses genauso fruchtbaren Ackerbodens lassen wir aber brach liegen und tun nichts.

Was werden wir hier im Herbst unter Garantie ernten können? –

richtig: nicht nur nichts, sondern Unkraut.

Hätten wir einen Grund, Gott dafür verantwortlich zu machen und IHN zu verfluchen?

Auch Sie und ich verfügen über einen solchen »fruchtbaren Ackerboden«, nämlich unseren gesunden Menschenverstand. Jetzt liegt es an uns, was wir damit anfangen!

Wir können uns bemühen, ein »fruchtbringendes Saat-

gut auszusäen«, oder wir überlassen es dem Zufall, womit unser Gehirn gespeichert wird.
Gewiß, in der Phase vor unserer Geburt sind wir ganz auf unsere Eltern – und im Speziellen – auf unsere Mutter angewiesen, welchen Umwelteinflüssen und Gedanken sie uns aussetzen. Selbst in den darauffolgenden Lebensjahren haben wir kaum eine Chance, selbst das »Aussäen« zu übernehmen.
Aber spätestens heute, da das Buch vor Ihnen liegt, haben wir Menschen – und das unterscheidet uns von einem Tier – die Möglichkeit, Entscheidungen selbst zu treffen.
Und hier taucht wieder die uns bereits bekannte Frage auf:
»Was will ich?«
Es liegt von jetzt an – spätestens – an uns zu entscheiden, ob wir selbst und bewußt positives, gewinnbringendes »Saatgut« in unser Gehirn »säen« oder ob wir es der Umwelt und damit dem Zufall überlassen, uns zu »programmieren«. Ja, bleiben wir ruhig einmal bei dem Ausdruck »programmieren«. Wir erhalten dann also ein »Programm«, das wir »speichern« und dann nur noch »abrufen« brauchen. Dann allerdings »läuft« das einmal »gespeicherte Programm ab«! Es läuft, wenn wir es abrufen (sei es be- oder unbewußt), immer wieder ab – solange, bis wir uns entscheiden, es durch ein anderes zu ersetzen.
Schauen wir uns doch einmal einen Computer an. Der Programmierer gibt ihm das Programm »2 + 2 = 5«. Nun ruft er es ab, und die Antwort auf die Anfrage:

Wieviel 2 + 2 sei?« heißt: 5. Er kann es noch sooft probieren, die Antwort heißt: 5. – bis, ja solange, bis sich der Programmierer entschließt, das Programm zu löschen und es durch ein neues zu ersetzen. Und der Computer wird immer »der Meinung« sein: »Ich habe recht.« Schließlich gibt er genau das von sich, was man ihm eingespeichert hat.

Wenn ich als »Fritzchen« zu untersuchen beginne, ob die Vermutung »alles gehört mir« richtig ist, und ich bekomme bestätigt, daß alles – was ich mir nehme – ich auch behalten kann, so ist es für mich gespeichert und richtig! Je später ich mit einem neuen – und damit für mich zuerst einmal »falschen« – Programm konfrontiert werde, um so komplizierter ist es für mich, die Speicherung in meinem Computer zu finden und zu löschen. Ich kann zwar das »neue« Programm *zusätzlich* einbringen – komme allerdings immer in Konflikt, wenn sich beim »Abrufen« in ähnlichen Situationen stets zwei völlig verschiedene Programme melden. Zusätzlich hat das erstere Programm – das ja bereits des öfteren abgerufen wurde – wegen der dann auftretenden Situationen gleich wieder neue Programme gespeichert, die allerdings im »Speicher« sehr verstreut und kaum wiederzufinden sind.

Wenn wir uns also unser »Fritzchen« noch einmal ansehen, so wird er dieses Programm »alles gehört mir« nicht sofort wechseln können. Er muß erst seine mehr oder weniger leidvollen Erfahrungen machen und wird in einer ähnlichen Situation – beim Abrufen des Programmes – solange mehrere Programme erhalten, bis eines Tages

ein Programm dominiert bzw. verschiedene Programme für jeweils verschiedene Situationen – also das jeweils richtige Programm für die jeweils richtige Situation – auftreten.
Nehmen wir einen anderen Speicher, z.B. ein Tonbandgerät: Wir entschließen uns, ein Lied aufzunehmen und wählen »Spiel mir das Lied vom Tod ...«. Was werden wir hören, wenn wir nun das Band wieder abspielen lassen? Was werden wir hören, wenn wir das Band hundertmal abspielen lassen?
Und was erwarten wir so oft von unserem »Speicher«? Sind wir nicht oft geneigt, uns zu wundern, daß wir nur »Trauerlieder« hören, sehen und erleben? Wie wollen wir aber »fröhliche Melodien« erwarten, wenn wir nur »Trauerlieder« aufgenommen haben?
Oder sind es etwa »fröhliche Melodien«, wenn wir uns Kriminalfilme ansehen, in denen Menschen getötet werden?
Sind es »fröhliche Melodien«, wenn wir morgens auf nüchternen Magen in der Zeitung als erstes die negativen Ereignisse lesen, wer wo wie umgebracht wurde?
Oder ist es eine »fröhliche Melodie«, wenn uns der Rundfunk alle 30 Minuten oder stündlich das Negativste aus der ganzen Welt meldet?
Oder sind es »fröhliche Melodien«, wenn uns Arbeitskollegen erzählen, was es alles auszusetzen gibt an Arbeitsplatz, Vorgesetzten und Lohn?
Sind es »fröhliche Melodien«, wenn wir dann wieder den Fernseh-Apparat anschalten und erneut alles Negative aus der ganzen Welt erfahren und wenn man uns

eine »Wirklichkeit« vorspielt, in der es *nur* um Krankheit, Tod, Verbrechen und Krieg geht?
Machen Sie ruhig die für Sie nicht zutreffenden Abstriche!
Bleiben nicht trotzdem noch genug »Spiel-mir-das-Lied-vom-Tod-Melodien« übrig, um eigentlich *keinen* Grund mehr zu haben, uns über die vielen gespeicherten negativen Programme zu wundern?
Haben wir Grund oder bringt es einen Vorteil für uns, wenn wir jetzt IHM die Schuld geben?
Was würden wir tun, wenn unser Nachbar oder unsere Nachbarin zu uns käme und einen vollen Mülleimer mitbrächte, um ihn auf unserem Wohnzimmerteppich zu entleeren? Wir würden ihn (sie) rauswerfen?
Ich behaupte: wir haben es schon oft genug zugelassen, lassen es auch immer wieder zu und bedanken uns noch mit einer Flasche Bier bzw. einer Tasse Kaffee!
Oder wie reagieren wir, wenn unser Nachbar(in), unser Arbeitskollege(in), unser Freund(in) oder unser Verwandter seinen negativen Gedankenmüll direkt in unser Gehirn schüttet? Werfen wir sie alle jedesmal gleich hinaus? Oder fühlen wir uns verpflichtet, uns das alles anzuhören und erwischen wir uns ab und zu sogar dabei, selbst noch mehr »Müll dazuzuschütten«?
Wenn wir aufhören wollen, einen Schuldigen zu suchen, wenn wir aufhören wollen, Gefahr zu laufen, SEINEN »Namen zu mißbrauchen«, IHM also die Schuld zu geben, bleibt uns weiter nichts übrig, als *unsere* Programme zu kontrollieren und uns zu entscheiden, möglichst viel »fröhliche Melodien« aufzunehmen.

Sind wir weltfremd, wenn wir uns die neuesten Meldungen aus aller Welt nur einmal am Tag anhören, anstatt sie dauernd zu speichern?
Sind wir weltfremd, wenn wir mindestens genauso viele angenehme Neuigkeiten in der Zeitung lesen möchten wie unangenehme? (Vielleicht müssen wir die Zeitung wechseln, um überhaupt angenehme Dinge lesen zu können.)
Sind wir weltfremd, wenn wir uns auch über mindestens genauso viele Vorteile und angenehme Seiten unseres Arbeitsplatzes, unserer Vorgesetzten und unseres Lohnes unterhalten? (Sonst hätten wir garantiert die Stelle gewechselt.)
Oder sind wir etwa weltfremd, wenn wir uns – anstatt den Krimi zu sehen – mit unserer Familie beschäftigen oder ein lustiges positives Programm wählen?
Sie selbst treffen die Entscheidung, wieviel »Müll« Sie über sich »ausschütten« lassen. Also wundern Sie sich nicht mehr, wenn Sie auch genauso viel »Müll« ernten.
Bevor wir diesen Blickpunkt erst einmal wieder verlassen, um nach anderen zu suchen, möchte ich Ihnen erläutern, was ich überhaupt unter Erfolg verstehe und was nicht.
Ist ein Wissenschaftler, der sich ganz seiner Aufgabe widmet und sich einen hervorragenden Namen erarbeitet – aber zu Hause eine traurige Frau und Kinder »ohne Vater« hat – erfolgreich?
Ist ein Multimillionär, der sich Sympathie und Liebe zu erkaufen versucht, erfolgreich?
Ist ein Mechaniker, der ein glückliches Familienleben

führt, den sein Beruf ausfüllt, so daß er gern zur Arbeit geht, erfolgreich?
Ich verstehe unter Erfolg: Glücklich zu sein mit dem, was man tut, und im Interesse der Gruppe zu denken und zu handeln.
Mit Gruppe ist die Familie, der Club, der Betrieb bzw. die Gemeinschaft gemeint, in der wir uns gerade aufhalten. Erfolg heißt nicht nur, unsere Bedürfnisse zu befriedigen, sondern sie »in den Griff« zu bekommen. Aber »in den Griff« bekommen wir unsere Bedürfnisse erst, wenn wir uns ihrer bewußt sind.
Ich kannte einen jungen Mann, der seinem Bedürfnis nach Anerkennung total unterlag (natürlich ohne es selbst zu wissen. Er hatte auch kaum eine Chance, es in Erfahrung zu bringen; denn die Resultate – die er erzielte – waren nach außen hin durchweg recht positiv.) Getrieben von seinem Anerkennungsbedürfnis war er in der Schule stets einer der Besten. Was allerdings ausblieb, war Anerkennung; denn für die anderen war er ein Streber. In der Lehre schloß er ebenfalls als einer der Besten ab und bekam von seinen Kameraden wiederum keine Anerkennung, sondern eher neidische Gefühle, entgegengebracht. Dann besuchte er die Techniker-Abendschule, erlernte nebenbei zusätzlich ein Instrument und spielte in einer Band, schloß sich obendrein einem Amateurfunkklub an (wo er bald der Schnellste im Morsen war), in einer Naturfreundegruppe spielte er Laien-Theater und belegte mit dieser bei einem Deutschland-Wettbewerb den 1. Platz, im Winter lief er sich – eigentlich nicht sehr sportlich – beim 10- und 15-

km-Langlauf »die Zunge aus dem Hals« (mit tierischem Ernst) und bekam nicht nur einige Urkunden, sondern auch – bevor er 20 Jahre alt wurde – einen Nervenzusammenbruch. Einige Jahre später trat er – durch sein Bedürfnis nach Anerkennung – in einen Segelflugklub ein, obwohl ihm beim Autofahren schon übel wurde. Jedesmal lag er nach der »Platzrunde« stundenlang auf dem Rasen, um sich von seiner Übelkeit zu erholen. Zu dieser Zeit wurde er eingeladen, ein Seminar zur Persönlichkeitsentfaltung zu besuchen, und dort erkannte er die positiven *und* negativen Seiten seines ihn traktierenden Bedürfnisses, das er selbst mit: »Ich bin erst zufrieden, wenn ich mehr leiste als andere« formulierte. Er wollte immer noch nicht die vielen Nachteile erkennen, weil es doch an sich etwas Gutes war, mehr als andere zu leisten. Aber dann wurde ihm klar, daß seine *gesamten* Handlungsweisen diesem Bedürfnis unterlagen. Er wollte beim Autofahren der Schnellste sein, arbeitete mehr als von ihm verlangt (und handelte sich damit oft Mißgunst ein) und war dadurch zu gutmütig und wurde ausgenutzt. Er wollte *alles* können und schaffen, aber erreichte dadurch nichts konsequent, um wirklich Erfolg zu haben, bis er sich der Vor- *und* Nachteile bewußt wurde und darauf zu achten begann, wie und wo diese Verhaltensweise überall zum Ausdruck kam. Erst jetzt konnte er anfangen, dieses dominierende Bedürfnis nur noch für wirklich positive Handlungsweisen einzusetzen, ohne mit seinen Mitmenschen und sich selbst in Konflikt zu kommen. Interessant dabei ist, daß er früher, wenn man ihm sagte: »Du suchst ja nur Anerkennung«, »unter die Decke ging« und es selbst nicht wahrhaben wollte.

Möchten Sie diesen jungen Mann kennenlernen?

Sie haben sein Buch in der Hand!

Fragen Sie einmal einen guten Autoverkäufer, ob er Autos verkauft oder unbewußte Bedürfnisse. Viele Menschen unterliegen auch beim Autokauf ihrem Bedürfnis nach Anerkennung; denn die wenigsten nutzen ihr Fahrzeug der Größe entsprechend aus. Junge Männer, die eine Freundin suchen, sind oft der Meinung, mit einem Auto eine größere Chance zu haben.

Können Sie sich noch erinnern, was Sie alles »auf den Kopf gestellt« haben, um Ihren Partner zu erobern? Was tut ein Mann nicht alles, um einer Frau zu imponieren. Leider lassen viele in ihren Bemühungen, dem anderen seine Liebe zu beweisen, schon kurz nach der Eroberung (oder spätestens nach dem Ehe-Vertrag) nach.

Wie viele Menschen unterliegen Tag für Tag ihrem Bedürfnis nach Wertschätzung und Anerkennung, indem sie alles haben müssen, was der Nachbar auch hat, indem sie arbeiten »wie verrückt«, nur um sich ein großes Auto »leisten« zu können. Sie setzen sich noch nachts um 3.00 Uhr vor den Fernseher, nur um am anderen Tag mitreden zu können, wie Cassius Clay geboxt hat. Sie kaufen Kleider in teuersten Boutiquen und rühmen sich damit, »so dumm« gewesen zu sein, weil Sie anschließend das gleiche Kleid in einem anderen Geschäft wesentlich preiswerter gesehen haben. Sie arbeiten, versklaven sich selbst, nur weil Sie ihre Bedürfnisse nicht kennen, geschweige denn »in den Griff bekommen«.

Was ist also Erfolg? –
Wenn mich meine Bedürfnisse versklaven oder wenn ich mit ihnen fertig werde und sie nur zu meinem *echten* Vorteil ausnutze?
Haben wir uns diese Welt nicht viel zu kompliziert gemacht?
Anstatt an *uns* zu arbeiten und als netter, freundlicher, sympathischer Zeitgenosse *echte* Liebe und *echte* Anerkennung zu bekommen, arbeiten wir lieber mehr für andere, um noch mehr Geld zu verdienen in der Hoffnung, uns mit Geschenken, großen Autos, Swimming-Pool usw. Liebe und Anerkennung kaufen zu können.
Nicht daß wir uns falsch verstehen; ich lebe auch gern bequem und auf der Sonnenseite, aber um mit meinen Bedürfnissen in Einklang zu leben anstatt auf »Kriegsfuß«!
Wir sollen den »Namen des Herrn nicht mißbrauchen«. Wann mißbrauchen wir ihn, wenn wir zufrieden und dankbar leben oder wenn wir schimpfen und fluchen? Ist das nicht eine deutliche Aufforderung, an uns selbst und an einem glücklichen und zufriedenen Dasein zu arbeiten, also *echten* Erfolg anzustreben?
Gott will uns erfolgreich sehen!
Er will keine Nörgler, Unzufriedenen und Querulanten; nein, er will auch keine Märtyrer!
Er will harmonische, glückliche, zufriedene Menschen; denn nicht umsonst können wir Menschen unser Bedürfnis nach Selbstverwirklichung erst dann befriedigen, wenn wir mit allen anderen Vorstufen der folgenden Bedürfnispyramide in Einklang stehen.

Der Psychologe A.H.Maslow teilt unsere Bedürfnisse in 5 Stufen ein:

1. Stufe: Durst, Hunger, Schlaf, Sexualtrieb

Sobald es uns Menschen schlecht geht, z.B. nach dem Krieg oder bei Naturkatastrophen usw., haben wir sämtliche anderen Bedürfnisse vergessen und sind in erster Linie bemüht, für Essen, Trinken und ein Dach über dem Kopf zu sorgen.

Angenommen, Sie sitzen in einem Vortrag und es plagt Sie außer Durst ein noch menschlicheres Bedürfnis, so werden Sie kaum in der Lage sein, den Worten des Redners zu folgen, sondern werden sich in Ihren Gedanken ausschließlich damit beschäftigen, wo Sie etwas zu Trinken bekommen bzw. im anderen Fall »das stille Örtchen« schnellstens erreichen können.

Erst wenn diese Bedürfnisse befriedigt sind, dringt die nächste Bedürfnis-Stufe in unser Bewußtsein.

2. Stufe: Bedürfnisse nach Sicherheit, Ordnung und Stabilität

Diese Bedürfnisse drücken sich in vielen Formen aus, das Bedürfnis nach Sicherheit z.B. darin, daß wir Versicherungen für uns und unseren Hausrat usw. abschließen. Die Bedürfnisse nach Ordnung und Stabilität lassen uns einer geregelten Arbeit nachgehen, unsere Wohnung nett und wohnlich gestalten, unseren Körper pflegen usw.

3. Stufe: Zugehörigkeits- und Sympathiebedürfnis (Zuneigung, Identifikation)

In dieser Bedürfnisstufe sind wir bemüht, einer Gruppe anzugehören, sind bestrebt, auf andere einen guten Eindruck zu machen, möchten, daß uns andere helfen, wenn es notwendig ist, brauchen Menschen, die unser Vertrauen haben und brauchen andere, mit denen wir enge Bindungen eingehen können.

4. Stufe: Wertschätzungs- oder Geltungsbedürfnis

Gemeint ist: Status, Respekt (Selbst-Respekt), Macht und Geltung, d.h. Anerkennung durch die Umwelt. Maslow nennt diese Bedürfnisse die »Realisierung des äußeren Ichs«; denn wenn die ersten drei Bedürfnisstufen befriedigt sind, fühlen wir uns bereits wohl.

5. Stufe: Bedürfnis nach Selbstgestaltung und Selbstverwirklichung, oder auch die »Realisierung des eigenen inneren Ichs« genannt. Man kann auch sagen, daß wir Gelegenheit haben möchten, unsere Fähigkeiten und Kenntnisse einzusetzen, Freizeit, Hobbies ausüben zu können und soziale Beziehungen zu Menschen aufzunehmen, die uns sympathisch sind. In dieser Stufe machen wir uns auch Gedanken über uns selbst. Wer sind wir, woher kommen wir, was ist unser Lebenszweck? Sämtliche Bedürfnisstufen können nicht voneinander getrennt oder gar einzeln nacheinander erklommen werden. Die meisten unserer Handlungsweisen werden nicht nur von einem, sondern von mehreren Bedürfnissen beeinflußt, deren Gesamtheit man Motivation nennt, der Grund also zum Handeln.

Wir sehen hier also ganz deutlich, daß – bevor ich mit mir und meinem Gott in Harmonie gehen kann – ich vorher einiges Anderes geordnet haben muß. Ich muß mit mir und meinen gesamten Bedürfnissen in Harmonie sein. Warum finden im heutigen Zeitalter so viele

Menschen keine Ruhe mehr? – Weil sie sich von den eigenen Bedürfnissen »verrückt« machen lassen.
Was heißt eigentlich »verrückt«? Wenn Sie dieses Buch jetzt um 20 cm zur Seite schieben, haben Sie es verrückt. Und wenn wir selbst einen anderen Standpunkt (Blickpunkt oder Einstellung zum Leben) einnehmen, haben wir uns verrückt. Wir haben plötzlich keine Zeit mehr für unsere Selbstverwirklichung, weil wir unsere gesamte Zeit den ersteren Bedürfnisstufen widmen »müssen«. Erst wenn wir dies erkannt haben, haben wir eine echte Chance, den für uns richtigsten Blickpunkt, die für uns richtigste Einstellung dem Leben gegenüber, einzunehmen und kommen zur innerlichen Ruhe.
Gott will Sie erfolgreich sehen!
Nur die Einstellung zum Leben unterscheidet unsere beiden Freunde, die wir im »Goldenen Anker« einmal beobachten wollen. Beide bestellen sich ein großes Glas Bier; denn sie haben schwer gearbeitet und wollen erst einmal ihren Durst löschen. Ein schönes »Blondes« wird serviert, ein »Prosit« und jeder trinkt die Hälfte des Glases aus. Unser Freund »Mies-Face« sagt mürrisch: »Kaum daß man einen richtigen Schluck macht, ist das Glas schon *halb leer*.« Und unser Freund »Smily-Face« erwidert: »Ist das nicht großartig? Einen wahnsinnigen Durst hatte ich, nahm einen riesigen Schluck, und trotzdem ist das Glas noch *halb voll*.«
Wer hat recht? –
Beide!
Und wer bleibt mit seiner Einstellung jung und zufrieden?

Mit unserer Einstellung zum Leben beeinflussen wir aber nicht nur uns selbst, sondern übertragen sie auch auf unsere Umgebung und wundern uns dann über die schlechte Laune der anderen.

Wie beginnt wohl unser »Mies-Face« den Tag? »So ein Mist! Schon wieder klingelt dieser Wecker. Eines Tages werfe ich ihn noch an die Wand«, und er begibt sich an den Frühstückstisch: »Mußt du mir denn unbedingt den ganzen Tag verderben? Du weißt doch, daß ich harte Eier nicht ausstehen kann. Und außerdem die Lockenwickler, du siehst aus ... « und verbrennt sich den Mund am heißen Kaffee: »Kannst du denn den Kaffee nicht erst ein wenig abkühlen lassen, bevor du ihn mir in die Tasse gießt? Du weißt doch, daß ich morgens sowieso keine Zeit habe.« – nun ins Auto und um die erste Ecke, an der er zwar keine Vorfahrt hat, aber an dieser Stelle ist ihm seit 10 Jahren noch niemand begegnet. Doch heute morgen – knallt es! »Sind Sie wahnsinnig? Was haben Sie denn um diese Zeit hier zu suchen?« und kommt zu spät zur Arbeit.

Seine Sekretärin legt die geschriebenen Briefe zur Unterschrift vor und muß sich anhören: »Müssen Sie mir denn auch noch den Tag versauern? Wissen Sie nicht, daß hier ein Komma hingehört?« und jetzt *wirkt* seine Einstellung bereits. Die Sekretärin trifft auf dem Flur den Lehrling (Auszubildenden), der eine Zigarette im Mund hat, und macht ihn forsch darauf aufmerksam, daß dies für ihn nicht gestattet und obendrein ungesund ist. Dem Lehrling bleibt nichts anderes übrig, als die Katze – die ihm über den Weg läuft – in den Hintern zu treten ...

Unser »Smily-Face« dagegen freut sich darüber, daß er sich Tag für Tag auf seinen genau gehenden Wecker verlassen kann, steht sofort auf und hat dadurch ein paar Minuten mehr Zeit zum Frühstücken, bemerkt allerdings auch hartgekochte Eier und : »Du hast recht, harte Eier machen schön und wenn du schon am frühen Morgen daran denkst, deine Haare für mich schön zu machen . . . « und verbrennt sich den Mund am Kaffee: » . . . trotzdem ist mir heißer Kaffee lieber als lauwarmer aus dem Automaten.« – kaum im Auto, eine Beule: »Guten Morgen, mein Name ist Smily-Face. Wie ich sehe, ist Ihnen nichts passiert. Sind Sie damit einverstanden, heute abend auf ein Gläschen zu mir nach Hause zu kommen, um alles zu regeln?« pünktlich am Arbeitsplatz zur Sekretärin: »Na großartig, Fräulein Müller, bis auf einen unwichtigen Komma-Fehler haben Sie ja alles zu meiner Zufriedenheit erledigt.« Die Sekretärin lächelt daraufhin den Lehrjungen an, der anschließend die Katze auf den Arm nimmt und streichelt.

Eine Story?

Sicher!

Aber wie oft hat sich schon die schlechte Laune eines Mies-Face-Zeitgenossen auf andere übertragen?

Mit welcher Art von Menschen möchten wir zu tun haben?

Welche Einstellung sollten wir uns also aneignen, damit andere gern mit uns zu tun haben?

Mit welchem Partner möchten wir verheiratet sein?

Welche Einstellung sollten wir uns also aneignen, damit unser Partner gern mit uns verheiratet ist?

Welche Art von Persönlichkeit schwebt Ihnen vor?
ein Mensch, der feuchte Hände bekommt, dem die Stimme versagt, wenn er jemanden kennenlernen möchte?
ein Mensch, bei dem man vergebens darauf wartet, daß er bei einer festlichen Gelegenheit ein paar nette Worte sagt?
ein Mensch, der »unter die Decke geht«, wenn ihm ein Kellner Soße über die Hose kleckert?
ein Mensch, der sich wundert, daß niemand mehr seine Urlaubsdias sehen will?
ein Mensch, der sich vernachlässigt fühlt und keine Anerkennung bekommt?
oder möchten Sie
eine Persönlichkeit sein mit *der* Ausstrahlungskraft, *dem* sicheren Auftreten und *der* überlegenen Ruhe, deren Anwesenheit stets gewünscht und gern gesehen ist?
Sie haben zwei Möglichkeiten.

1. Sie bauen sich einen unumstößlichen Standpunkt auf, daß ER ungerecht ist und werden ein Mensch »mit Prinzipien«, der zu seinem »Wort steht«

oder

2. Sie ändern sich!

Wäre es interessant für Sie zu erfahren, was Sie benötigen, um die Ihnen erstrebenswerte Persönlichkeit zu werden?
Lassen Sie uns gemeinsam einige notwendige Verhaltensweisen untersuchen und *erlernen*!
Wir kommen mit einem Mordshunger – erst kurz verheiratet – von der Arbeit und erinnern uns an letzte Wo-

che, als wir mit dem gleichen Leeregefühl im Magen nach Hause kamen und eine schluchzende Frau mit angebranntem Essen vorfanden. Kaum daß wir die Haustür erreicht haben,riecht es schon wieder sehr seltsam, ja sogar angebrannt. Die Frau öffnet die Tür – lächelt. Das ist ja wohl der Gipfel, also ... »Wo hast du bloß deine Gedanken? Ich muß mich bei der Arbeit acht Stunden lang konzentrieren ... « Aber das Lächeln bleibt und eine Engelsstimme mit einem nicht zu überhörenden Unterton verkündet: »Die angebrannten Kartoffeln sind bereits im Mülleimer. Inzwischen habe ich zwei Pizzas in den Ofen geschoben. Du kannst dich sofort an den Tisch setzen und essen – mein Liebling.«

»Tja, wenn das so ist ... «

Jetzt bekommen wir ein schlechtes Gewissen und nehmen uns vor, beim nächsten Mal erst zu fragen oder abzuwarten –

ein typisches Beispiel also, einem Vorurteil unterlegen zu sein.

Erst fluchen, dann denken!

Denn wenn wir *erst* denken würden, gäbe es ja keinen Grund zum Fluchen mehr; es könnte quasi abgeschafft werden.

Vor-urteile sind – wie das Wort schon erkennen läßt – Urteile, die vor den Fakten gefällt werden, wie oft schon zum Nachteil für andere und unzählige Male für uns selbst. Wie oft fällen wir das Urteil bereits, wenn die Zusammenhänge plausibel sind, sie uns also nur logisch *erscheinen*, die Fakten also *nur wahrscheinlich* sind.

Wie oft passen uns die Dinge gerade »in den Kram«, ist

es viel leichter einfach anzunehmen und vorauszusetzen als zu untersuchen!
Sicher wir haben Erfahrungswerte, die wir nutzen sollten und müssen. Es wäre mühsam, vor jedem Schritt Überlegungen anzustellen, ob wir auch wirklich noch laufen können. Aber bedenken wir stets, daß wir keinen Schritt in unserem Leben genau wiederholen. Es wird also nicht eine einzige Situation auf uns zukommen, die haargenau einer bereits erlebten gleichen wird. Wir können also mit der richtigen Einstellung, nämlich, anstatt zu kritisieren, verdammen und verfluchen, ständig Neues hinzulernen, und erst das macht uns – wie wir inzwischen bereits wissen – geistig reifer.
Eigentlich schade, daß wir dazu neigen, Urteile fällen zu *müssen*. Dieser innere Zwang ist aber eine angelernte, anerzogene Verhaltensweise, die im fernöstlichen Denken nicht so stark ausgeprägt ist.
Leider erkennen die meisten Menschen in unserem Land die überflüssige Versteifung auf einen Standpunkt erst im reiferen Alter. Konrad Adenauer – bestimmt ein Mann, der wußte, was er wollte – sagte sinngemäß: »Was geht mich mein dummes Geschwätz von gestern an?«
Warum *müssen* wir *immer* eine feste Meinung haben? An meiner Bürotür habe ich, nicht zuletzt auch für mich, ein Schild mit der Aufschrift:
»Wer will wissen, was besser ist,
wenn keiner weiß, was gut ist?«
Warum ist es etwas »Schlimmes«, wenn ich einmal über etwas keine *eigene* Meinung habe?

»Der hat keine Meinung« scheint uns dazu zu zwingen, über alles und jedes nicht nur Bescheid zu wissen (was in der heutigen Zeit einfach nicht mehr möglich ist), sondern sogar noch zu wissen, was richtig und was falsch ist.

Ein Fernsehgerät hat Vor- *und* Nachteile.

Ein Farbfernsehgerät hat noch mehr Vor- *und* Nachteile.

Und ein Gerät der Marke »Guck nicht so oft« hat erst recht Vor- *und* Nachteile, die ich als Laie kaum noch beurteilen kann.

Aber nein, wenn man sich nicht dazu hinreißen läßt, einen festen Standpunkt einzunehmen, ist man auch kein richtiger »Mann«, obwohl die wenigsten überhaupt wissen, was Modultechnik ist, wie ein Transistor funktioniert, was ein integrierter Schaltkreis ist und was VHF und UHF bedeuten. Übrigens: Wissen Sie, was UHR bedeutet? Wenn Sie mir sagen, wie spät es ist, haben Sie gerade draufgeschaut.

Jetzt wird es wieder Zeit, uns der praktischen Seite zu widmen und uns – bevor wir uns selbst von lästigen Vorurteilen befreien können – der Vorurteile bewußt zu werden.

Wann und wo unterlagen wir heute einem Vorurteil? Lassen Sie jetzt ruhig einmal die letzten 24 Stunden vor Ihrem »geistigen Auge« passieren und versuchen Sie herauszufinden, was sich von den vorgefaßten Meinungen und Annahmen als Vorurteil erwies. Wobei wurden Sie unangenehm oder angenehm ent-täuscht?

Was war der Grund zu der vorgefaßten Meinung, und

waren es Fakten oder Gefühle (Emotionen), die zu diesem Vorurteil führten?
Diese Übung empfehle ich Ihnen fünf Tage lang durchzuführen. Es wird reichen – vorausgesetzt, Sie unterliegen nicht dem Vorurteil »wenn fünf Tage für andere reichen, reichen für mich zwei Tage« – Ihnen bewußt werden zu lassen, welche zusätzlichen Erfolge Sie erzielen könnten, wenn Sie sich von hindernden Vorurteilen befreien.
Gestern abend waren wir zur Sonnenwend-Feier auf einem Berg, auf dem – nach altem Brauch – ein Feuer entzündet wurde. Nachdem das Feuer noch etwa 1 m in der Höhe und 5 m im Durchmesser erreichte, sprangen junge einheimische Burschen im gegenseitigen Kräftemessen darüber hinweg.
Ein fremder, ca. 17jähriger, junger Mann sah sich das Feuer und die Umgebung von allen Seiten an, worauf die »Feuerspringer« zu lächeln und zu tuscheln begannen. Plötzlich nahm dieser, eher kleine, junge Mann einen kurzen Anlauf und schlug unter dem Aufschrei einiger Frauen (auch mir blieb der Atem stehen) einen Salto-Mortale über das Feuer hinweg und ging so unauffällig wie er gekommen war.
Wie oft schätzen wir einen anderen Menschen völlig oder zumindest teilweise falsch ein und verderben uns durch unsere Verhaltensweise die Chance, einen Freund zu gewinnen – zumal es immer etwas anderes ist, ob *wir* uns so verhalten oder der *andere*.
Seien wir ehrlich:
Wenn ich mit meinem Nachbarn in eine Meinungs-Ver-

schiedenheit gerate, bei der die eigenen Standpunkte bis auf das letzte vertreten werden, beweise *ich* damit Charakter, *er* dagegen ist dickköpfig und stur.
Nimmt sich ein Arbeitskollege Zeit bei der Arbeit, so ist er faul; tue ich es dagegen, so bin ich akkurat und genau.
Ist die Nachbarin nett, so hat sie bestimmt etwas damit »im Sinn«; ich allerdings bin ein wahrhaft guter Mensch.
Und wenn unser Kind etwas sehr schnell erledigt, so ist es oberflächlich, wir dagegen in solch einem Fall eher als äußerst geschickt zu bezeichnen.
Wenn unser Bekannter etwas unaufgefordert tut, so kümmert er sich um Sachen, die ihn eigentlich nichts angehen; wir dagegen ergreifen endlich einmal Eigeninitiative.
Wie wollen wir jemals die Welt mit Hilfe eines anderen »besseren« Systems ändern, wenn wir als Menschen stets dieselben bleiben? Begeben wir uns also auf den Weg, Vorurteile abzubauen und mehr Verständnis für die Meinung eines anderen zu zeigen oder – wie ein alter indianischer Spruch sinngemäß sagt: »Bevor du dein Kriegsbeil ausgräbst, gehe erst eine Meile in den Mokassins deines Feindes.«
In einem Nachtzug hatte ein Vater große Schwierigkeiten, seinen kleinen Sohn zu beruhigen, der unaufhörlich schluchzte. Die vier Mitreisenden in diesem Abteil wurden langsam ungeduldig; und dem Verhalten des Vaters konnte man nicht entnehmen, ob es ihm peinlich oder gleichgültig war. Seinen Beruhigungsversuchen fehlte jegliche Überzeugungskraft und er schien mit seinen Gedanken nicht in der Gegenwart zu sein. Der Junge

schien vor Erschöpfung gerade eingeschlafen zu sein, als es ihn wach riß und er nach seiner Mutter rief. Der Vater drückte ihn an sich und fand nicht die Worte, die ihn vielleicht beruhigt hätten. Einem der Reisenden, der auch gern geschlafen hätte, wurde es zuviel und er sagte: »Warum läßt ihn denn die Mutter allein fahren, wenn er ohne sie nicht sein kann?« Der Vater stammelte völlig verzweifelt: »Seine Mutter fährt im Güterwagen im Sarg mit.«

Es war, als hätte der Blitz eingeschlagen. Sofort kümmerten sich die Mitreisenden um den Jungen und alle »Problemchen« waren verschwunden.

Verständnis für den anderen auch dann, wenn uns die Verhaltensweise noch so unverständlich erscheint, heißt: Vertrauen zum Mitmenschen zu haben.

Verständnis für den anderen kann ich aber erst entwikkeln, wenn ich Verständnis auch für mich und meine Fehler habe. Also wenn ich mir bewußt bin, daß auch ich Vorurteilen unterliege. Und um dies zu erkennen, sind die fünf Tage der Eigenbeobachtung wichtig.

Nun, wo und wann unterlagen Sie in den letzten 24 Stunden einem Vorurteil? – Schon schriftlich festgehalten? Wenn ja, dann werfen Sie den Zettel jetzt ruhig fort; er hat seinen Zweck erfüllt.

Sobald Sie jetzt in Ihrer Verhaltensweise bemerken, daß Sie *erst* hören, was der andere zu sagen hat, bevor Sie reagieren, eine feste Meinung vertreten oder verdammen, liegen Sie nicht nur auf dem richtigen Weg – sich eine wichtige Verhaltensweise zu Ihrer Persönlichkeitsentfaltung anzueignen – sondern Sie werden ein Mensch

»mit dem man sich prächtig unterhalten kann« – nur, weil Sie nur halb soviel sagen wie vorher.

Aber gerade das ist nicht so einfach und auch allein mit dem Vorsatz, daß wir vorurteilsfreier denken und handeln wollen, nicht zu schaffen. Es gehört eine wichtige Charaktereigenschaft dazu, uns selbst unter Kontrolle zu bekommen. Es ist zwar leicht, einem *anderen* Menschen zu sagen: »Tu' dies oder tu' das ...« Es ist noch leichter, einem Hund zu befehlen: »Platz« oder »sitz!« Es ist allerdings alles andere als leicht, *uns selbst* einen Befehl zu geben und ihn dann auch *auszuführen*.

Das Zauberwort heißt »Selbstdisziplin«.

Sich selbst aus eigener Kraft und auf eigenen Wunsch, also ohne Fremdmotivation (Beweggründe, die uns von anderen oder durch äußere Umstände gegeben sind), aufzuraffen und etwas zu tun – was für den Augenblick nicht gerade leicht, angenehm und bequem sein muß, was für unseren Erfolg aber wichtig ist und zu unserem Lebenszweck einen wichtigen Beitrag leistet – dafür ist Selbstdisziplin notwendig.

Als Ansporn dazu wollen wir uns einen Satz einprägen, der einen wichtigen Beitrag leistet, stets im Leben die für unseren Erfolg richtigste Einstellung anzunehmen.

Nur wer sich selbst beherrscht,
kann nie von anderen beherrscht werden!

Entscheiden Sie sich! Möchten Sie die Richtung Ihres Lebens *selbst* bestimmen oder – von anderen beeinflußt – irgendwo landen, um sich anschließend zu wundern, ärgern oder SEINEN »Namen mißbrauchend« fluchen, daß Sie Ihr Lebensziel nicht erreicht haben?

»Von anderen beherrscht werden?« »Ich tue doch das, was ich will«, »Das ist vielleicht etwas für Unterdrückte in anderen Ländern, aber nicht für mich. Ich bin frei«, werden Sie vielleicht jetzt sagen. Nun, wenn wir wirklich frei sind – ich meine nicht frei von Gesetzen; denn erst durch die humane Gesetzgebung können wir unsere Freiheit entfalten – dann müßten wir auch frei sein von Komplexen, Angst und Sorge, Minderwertigkeitsgefühlen, Zwängen – dies oder jenes tun und kaufen zu müssen – dann müßten wir doch ... – oder merken Sie jetzt bereits, daß wir noch etwas für unsere Freiheit tun können?

Wie können wir also feststellen, ob wir uns und unsere Handlungsweise beherrschen oder ob wir (vielleicht auch »nur« von unseren eigenen Programmen) beherrscht werden? Was passiert, bevor ich das Fernsehgerät einschalte, mir eine Zigarette anzünde, mich am Kopf kratze, einen anderen kritisiere oder ... ? Was ist notwendig, um eine solche Handlungsweise durchzuführen? Muß ich nicht *erst* den gedanklichen Entschluß fassen (be- oder unbewußt), so zu handeln? Muß ich nicht *erst* meinem Geist den Befehl geben »so, jetzt stehst du auf und stellst den Fernseher an oder zündest dir eine Zigarette an oder ... «? Oder haben Sie schon einmal erlebt, daß sich Ihr Arm von selbst bewegt, ohne daß Sie ihm den gedanklichen Befehl gegeben haben? Eigentlich doch nicht. Aber haben wir uns schon einmal gewundert, daß der Fernseher schon wieder läuft, wir schon wieder eine Zigarette im Mund haben, uns schon wieder am Kopf gekratzt haben, schon wieder einen an-

deren kritisiert haben – obwohl wir es gar nicht wollten – oder ... ? Wann haben wir es gemerkt, doch erst anschließend, nicht wahr? Wir sind uns also unserer eigenen Handlungen und somit unserer Gedanken nicht immer bewußt. Das heißt aber auch, wir sind vor uns selbst nicht sicher! Es kann uns also durchaus passieren, daß wir etwas tun und uns anschließend darüber wundern und ärgern, daß wir es getan haben, ohne eigentlich zu wissen, wann und daß wir es taten!
Meine liebe Frau – stets darum bemüht, aus mir einen »vernünftigen« Menschen zu machen – macht mich oft darauf aufmerksam, was ich alles tat oder nicht tat, ohne es zu wissen. Anfangs konnte ich es gar nicht glauben, was ich alles getan oder unterlassen haben sollte. Wie oft schon hätte ich einen Meineid geschworen, wenn es darum ging, daß ich der Meinung war, den Blinker beim Abbiegen gesetzt zu haben, das Handtuch zum Abtrocknen der Hände anstatt das Gesichtshandtuch benutzt zu haben, die Türen bestimmt ganz leise geschlossen zu haben, das Licht in der Toilette bestimmt ausgeschaltet zu haben und und und. Ja, und ich bin dankbar, daß meine Frau sich gelegentlich wundert, daß das Radio läuft, obwohl sie es selbst gerade eingeschaltet hat, daß ihr der Kaffee zu süß ist – weil sie zweimal ein Stück Zucker nahm – oder ...
Wie oft schon hatten wir unser Denken und Handeln nicht unter Kontrolle! Und wie lange hat es bei mir gedauert und dauert es teilweise noch, daß ich die – bestimmt gut gemeinten – Erinnerungen nicht als Kritik oder »böswilliges Aufpassen« empfinde, sondern wirk-

lich nur als willkommene Hilfestellung, mir meiner Handlungs- und Verhaltensweisen bewußt zu werden. Zum einen fühlte ich mich kritisiert und »beherrscht«, und zum anderen konnte ich es einfach nicht glauben, daß ich es getan bzw. nicht getan hatte.

Wir sehen also auch bei diesem Gebot die universelle Anwendung immer deutlicher, daß wir nicht nur Gott nicht verfluchen sollen, sondern auch unseren Mitmenschen nicht, und daß uns nur unsere richtige Einstellung und richtige Verhaltensweise unserem Erfolg, Schritt für Schritt, näherbringt. Vielleicht können Sie sich an die kleine Geschichte erinnern, die man sich zu der Zeit erzählte, als John F. Kennedy Nikita Chrustschow in Moskau besuchte. Nikita wollte John den Moskauer Güterbahnhof zeigen und erzählte vorher, daß dort 3000 km Gleise verlegt sind, 170 Weichen, 70 Kreuzungs-Weichen und 12 Ablaufberge, daß jeden Tag 150 Züge aus allen Richtungen einlaufen und abgefertigt werden, daß weit über 30000 Waggons be- und entladen werden und ... Bei der Ankunft sah John F. Kennedy einen gut überschaubaren Güterbahnhof, und nach 10 Minuten war erst 1 Zug mit 25 Waggons eingelaufen. John warf Nikita einen fragenden Blick zu, der erst verlegen wirkte, dann aber in seiner poltrigen – doch väterlichen – Art sagte: »Und ihr seid dafür schlecht zu den Schwarzen.«

Es ist schon immer leichter gewesen, die Fehler anderer zu sehen, als an sich selbst zu arbeiten, jedenfalls für den Augenblick. Aber was bringt es uns, wenn wir zig andere Leute kennen, die noch weniger Erfolg haben als

wir (wenn wir das überhaupt in irgendeiner Weise beurteilen können)?
Es gibt viele Gründe, nicht erfolgreich werden zu können, aber nicht einen, warum wir es *nicht* doch schaffen könnten.
Selbstdisziplin fängt bei uns selbst an! – und zwar nicht erst bei unseren Handlungsweisen; denn wir haben ja gesehen, daß es dann oft schon zu spät ist; sondern es sind unsere Gedanken, die wir selbstdiszipliniert unter Kontrolle bringen müssen. Aber bevor wir nur noch denken, was wir denken wollen – und daraufhin entsprechend handeln können – müssen wir erst einmal wissen, *was* wir denken. Unser Gehirn produziert uns laufend ca. sechs Gedankenbilder pro Sekunde, und eines davon erwischen wir unbewußt und »spinnen es aus« bis wir es wieder fallen lassen und das nächste hängenbleibt. Dessen wollen wir uns jetzt einmal bewußt werden. Sie brauchen diesmal nur 1 Minute Zeit dafür zu opfern. Setzen Sie sich bitte einmal aufrecht auf Ihren Stuhl, ganz vorn auf die Kante oder auch auf Ihre Bettkante. Wenn Sie gerade in der Badewanne sitzen, vergessen Sie bitte nicht, die Übung anschließend nachzuholen.
Legen Sie die Hände auf Ihre Oberschenkel, schließen Sie die Augen und beobachten Sie jetzt einmal, was Sie denken – weiter nichts. Nun, was haben Sie alles gedacht?
Versuchen Sie es einmal schriftlich festzuhalten. Ja, natürlich am besten jetzt gleich. Ganz schön viel, was man so alles denkt, nicht wahr?
So, und jetzt das gleiche noch einmal, aber nur für

10 Sekunden. Und schreiben Sie bitte wieder alles auf. Immer noch sehr viel, und fällt Ihnen nicht auf, daß Sie vorhin bei der Minuten-Übung einiges vergessen haben zu notieren? Sie haben gedacht, ohne es zu registrieren. *Wer* denkt denn dann eigentlich, wenn *ich* es gar nicht merke oder bewußt steuern kann? Wenn ich nicht ich bin, wer ist denn dann ich? Nun, wir werden – ohne daß Sie Grund zur Nervosität haben – diese Sache zwar nicht sofort, aber dafür etwas später um so ausführlicher behandeln. Vorher wollen wir diese einminütige Übung einmal in unser tägliches Programm einbauen, wieder nur für fünf aufeinanderfolgende Tage. Dann kommt der darauf aufbauende Schritt, den ich im übernächsten Kapitel genau beschreibe.

Stellen wir uns einmal vor, die Sonne scheint, und wir freuen uns, die warmen Sonnenstrahlen auf unserem Körper zu spüren.

Wir treffen einen Freund – der uns erzählt, einen Ort zu kennen, an dem die Sonnenstrahlen so heiß sind, daß sie Papier zum Brennen bringen, und selbst Holz würde sich durch die Sonnenstrahlen zu Feuer entfachen. Unseren Freund scheint die Sonne tatsächlich ein wenig zu viel beschienen zu haben, und wir beruhigen ihn verständnisvoll. Er läßt sich aber nicht davon abbringen und behauptet sogar, es nicht nur mit eigenen Augen gesehen zu haben, ja, er habe es sogar selbst ausprobiert und sich auf diese Art und Weise – vorher ebenfalls ungläubig – ein Loch in seine Holzpantoffeln gebrannt. »Und es waren wirklich Sonnen- und keine Laser-Strahlen?« wollen wir wissen. »Nein, es sind verläßlich Son-

nenstrahlen gewesen.« Nun, wir gehen mit und sehen, daß es sich zwar um Sonnenstrahlen handelt, aber auf der anderen Seite eines normalen Vergrößerungsglases. Warum so spannend? –
damit wir es uns besser einprägen und behalten können. Die Strahlen auf der einen Seite nur gut handwarm, auf der anderen Seite »heiß wie Feuer« – was lernen wir daraus?
Wenn wir unsere tausenden Gedanken – wie die Sonnenstrahlen auf der handwarmen Seite – bündeln und auf einen Punkt konzentrieren, können wir in uns »ein Feuer entfachen«, mit dem auch wir unvorstellbare Kräfte erzeugen.
Nur sobald Wolken aufziehen, haben wir auf der anderen Seite – konzentrierte Wolken!
Aus diesem Grund wollen wir erst gelernt haben, wie wir unsere Gedanken auf ihren positiven Inhalt kontrollieren, bevor wir sie konzentriert einsetzen.
... und damit wir wissen, was wir gerade gelesen haben, noch einige Überlegungen zum Schluß:
Haben wir einen *Vorteil*, wenn wir IHM die Schuld für *unser* Versagen geben?
Was trägt mehr zu unserem Erfolg bei:
Den HERRN »zu verfluchen« oder
den Fehler zu suchen, um daraus zu lernen, wie wir es noch besser machen werden!
Henry Ford sagt dazu:
Die meisten Menschen verwenden mehr Zeit und Kraft daran, um die Probleme herumzureden –
anstatt sie anzufassen.

Daraus können wir erkennen:
An etwas scheinbar Negativem auch die positive Seite zu sehen, ist von *unserer Einstellung zum Leben* abhängig – und nicht von IHM.
Um aber die *positive* Seite des Lebens überhaupt sehen zu können, sind *positive Programme* notwendig, die wir tagtäglich speichern können. Genauso wie wir negativen Programmen den Vorzug geben können, um entsprechende »Spiel-mir-das-Lied-vom-Tod-Melodien« zu hören und zu erleben!
Welche Melodien wollen Sie hören und erleben?
Dann nehmen Sie diese auch auf!
Wollen wir auch etwas dafür tun, glücklich und zufrieden zu leben oder wollen wir stets in den ersten Bedürfnisstufen routieren, den Sinn des Lebens dabei vergessen und uns von unseren »niederen« Bedürfnissen versklaven lassen?
Zwei Schritte auf dem Weg zum Erfolg:

1. Erst hören und sehen – dann urteilen,
   also Abbau von Vorurteilen.
2. Nur wer sich selbst beherrscht,
   kann nie von anderen beherrscht werden,
   Gedankenkontrolle auf dem Weg zur Selbstdisziplin.

Und nun, das Gebot aus der Sicht Benjamin Franklins:
Jeder Trottel kann kritisieren, verdammen und klagen – und die meisten Idioten tun es auch!

GEDENKE DES SABBATTAGES, DASS DU IHN HEILIGST!
SECHS TAGE SOLLST DU ARBEITEN UND ALLE DEINE DINGE BESCHICKEN, ABER AM SIEBENTEN TAG IST DER SABBAT DES HERRN, DEINES GOTTES.
DA SOLLST DU KEIN WERK TUN, NOCH DEIN SOHN, NOCH DEINE TOCHTER, NOCH DEIN KNECHT, NOCH DEINE MAGD, NOCH DEIN VIEH, NOCH DER FREMDLING, DER IN DEINEN TOREN IST!
DENN IN SECHS TAGEN HAT DER HERR HIMMEL UND ERDE GEMACHT UND DAS MEER UND ALLES, WAS DARINNEN IST, UND RUHTE AM SIEBENTEN TAGE. DARUM SEGNETE DER HERR DEN SABBATTAG UND HEILIGTE IHN.

Wissen Sie, bei diesem Gebot kommt mir das »Du sollst« so überflüssig vor, daß es schwer für mich ist, mich an die Zeit zurückzuerinnern – es sind kaum vier Jahre her – in der auch ich sonntags arbeitete.
Wenn wir uns die Forderungen der Gewerkschaften ansehen, steht uns der Tag bevor, an dem gefordert wird, nur noch mittwochs zu arbeiten und an dem der Fortschrittlichste in der Gruppe fragt: »Was denn, jeden

Mittwoch?« Es wäre einerseits wirklich großartig, aber andererseits eine Katastrophe. Wir haben uns zu Anfang dieses Buches Gedanken darüber gemacht, ob eine Hausfrau durch ihre vielseitigen elektrischen Hilfen im Haushalt tatsächlich entlastet wird oder ob sie durch die Vielzahl ihrer Gedanken genauso abgespannt und ermüdet ist wie ihre Großmutter vor 50 oder 60 Jahren. Wir haben uns den Angestellten angesehen, der heute tatenlos im Atomkraftwerkszentrum sitzt und müde und unternehmungslos von der Arbeit nach Hause kommt, obwohl er früher als Bergarbeiter abends noch munter und fröhlich war.

Schauen wir uns heute die meisten Familien an und vergleichen wir die Verhaltensweisen mit Familien, deren Mitglieder wesentlich mehr Zeit für die Arbeit aufbringen müssen.

Ich brauche nur an meine eigenen Eltern zu denken und kann mich gut daran erinnern, daß mein Vater kurz nach dem Krieg im Wald arbeiten mußte, weil es für ihn in seinem Beruf noch keine Möglichkeit gab. Er mußte als Holzfäller nicht nur stundenlang zur Arbeit laufen, um dann 9–10 Stunden zu arbeiten, sondern auch noch Samstagvormittag zur Arbeit, und am Nachmittag hatte er zu Hause genug zu tun, um für uns drei Kinder zu sorgen – sei es, indem er unsere Schuhe selbst besohlte, die Kaninchenställe reparierte, Holz hackte oder was sonst noch anlag. Aber er hatte sonntags für uns Zeit. Er ging zwar nie zur Kirche, aber er arbeitete auch nicht. Wir gingen spazieren oder er nahm mich mit zum Fußballplatz, wo er stets Zeit für mich hatte und mich nie vergaß, war das Spiel auch noch so spannend. Er bastelte für mich alle möglichen Dinge, wie z. B. Drachen oder Schiffe und versuchte, mich in technische Details einzuweisen und hatte stets Verständnis, wenn ich noch nicht den nötigen »Ernst« zeigte und einiges unter meinen Händen zu Bruch ging. Später zogen wir nach Braunschweig, einer Stadt mit rund 250000 Einwohnern; doch auch hier hatten meine Eltern am Sonntag Zeit und wanderten mit mir oder besuchten am liebsten alle möglichen Veranstaltungen – wie Flugtage, Tage der offenen Tür, Wettbewerbe usw. Ich muß dazu sagen, daß ich nicht immer davon begeistert war, stets mit meinen Eltern des sonntags irgend etwas zu unternehmen, merkte jedoch bald, daß meine Freunde mich oft wegen meiner »tollen« Eltern beneideten. In dieser Zeit ging es meinen Eltern nun von Jahr zu Jahr finanziell besser, so daß sich mein Vater auch schon einmal wochentags eine Flasche Bier leistete, was er sich vorher nur jeden Sonntag erlaubte. Die Arbeitszeit verkürzte sich auf 40 Stunden pro Woche und doch schien es, als würde weniger Freizeit als früher zur Verfügung stehen. Und wenn ich heute unsere Nachbarn anschaue, könnte ich denken, daß deren Kinder nur dort im selben Haus wohnen; aber noch nie habe ich Eltern und Kinder gemeinsam etwas unternehmen sehen. Und wenn wir am Sonntagnachmittag spazierengehen, sieht der Ort wie ausgestorben aus. Wo noch vor 20 Jahren Großeltern, Eltern und Kinder gemeinsam vor dem Haus zu sehen waren, zeugt heute nur das vor dem Haus stehende Auto davon, daß jemand zu Hause ist. Wenn ich allerdings wissen möchte, ob in diesen Häusern lebendige Menschen wohnen, bräuchte ich nur in unseren Keller zu gehen, wo der elektrische Stecker des Verstärkers der Gemeinschaftsantenne in der Steckdose sitzt. Zöge ich diesen heraus, würde ich gleichzeitig in fünf Häusern das erreichen, was der Schöpfer an dem Tag – als er die Menschen schuf – erreichte: Die Menschen würden wieder lebendig werden. Wir sind z.Z. seit einigen Tagen auf Formentera, einer balearischen Insel, und als wir unser Haus verließen wäre mir fast ein Fehler mit katastrophaler Wirkung unterlaufen. Ich wollte die Hauptsicherung ausschalten. Nicht auszudenken, in welchen Konflikt ich meine Nachbarn gebracht hätte. Stellen Sie sich vor: drei Wochen kein Fernsehen. Als vor einigen Jahren in New York der Strom nur für eine Nacht ausfiel, stiegen die Geburtenziffern nach neun Monaten erheblich an. Mit anderen Worten: man erinnerte sich in der Nacht des Stromausfalls daran, daß es außer Fernsehen noch etwas anderes gab — »gab«, deshalb, weil es einige schon total vergessen haben.

Ich möchte auf keinen Fall den Eindruck erwecken, daß ich ein »früher-war-alles-besser-Fan« bin. Aber sind wir nicht von der Rasse des homo sapiens – einer Rasse, der man nachsagt, daß sie selbständig denken kann? Von der man erwarten könnte, daß sie in der Lage ist, das jeweils *Beste* für sich auszusuchen. Wir besitzen auch ein Fernsehgerät; aber wir haben kaum Zeit, es einzuschalten – nicht etwa, weil wir acht Stunden oder länger arbeiten müssen – nein, nur weil wir anderen Dingen den Vorzug geben, weil uns *andere Dinge mehr wert* sind. Und

wenn ein Mensch erst auf die Idee kommt, mit seinem Partner zu schlafen, wenn der Fernseher wegen Stromausfalles nicht funktioniert, dann sagt er ihm damit, daß ihm normalerweise das Fernsehen mehr wert ist als ein Zärtlichkeitsaustausch. Wenn beiden das Fernsehen mehr wert ist als der Austausch von Zärtlichkeiten oder Worten – nun gut. Aber für die Kinder ist es von Anfang an nur ein unvollständiger Ersatz, und eines Tages wundern sich die Eltern, daß die Kinder ihren »Ersatzeltern« den Vorzug geben und nur noch auf das hören, was »sie« sagen und das als richtig und real sehen.
Was hat das alles mit dem Gebot zu tun »Du sollst den Feiertag heiligen ... «?
Wenn uns unser Fernseher heiliger ist als unser Verstand, dann überhaupt nichts, aber wenn wir unseren Verstand – die Fähigkeit, *eigene* Entscheidungen zu treffen – das größte Gut, als wichtigstes Startkapital betrachten, sollten wir es nicht auch noch am Feiertag verkümmern lassen, sondern weiterentwickeln und pflegen. Wir wünschen uns immer mehr Freizeit, immer noch mehr Feiertage, und anstatt unserem Geist dann auch die verdiente Ruhe zu gönnen, erwarten wir von ihm ununterbrochenes Tun und rastloses Schaffen.
Die Wissenschaft hat uns mit modernen Geräten und interessanten Tests bestätigt, daß zwar der Körper während des Schlafens einigermaßen ausruht – genauso wie beim Fernsehen – aber der Geist nicht automatisch mitzieht. Warum leiden so viele Menschen – oft schon Kinder – an Schlafstörungen? Weil wir nicht gelernt haben, unseren Geist zur Ruhe zu bringen. Oder haben Sie es

schon einmal bei Ihrem einminütigen Tagestraining erreicht, daß Sie nur 1 Minute lang *nichts* gedacht haben? Viele Menschen sind der Meinung, sie würden des nachts nicht träumen, nur weil sie sich am nächsten Morgen nicht mehr an ihre Träume erinnern können. Und die meisten Menschen sind davon überzeugt, sie würden beim Fernsehen oder anderen »entspannenden« Tätigkeiten nichts denken und ihren Geist ausruhen, nur weil sie nicht merken, daß sie denken.

Bei meinen Vorträgen und Seminaren höre ich immer wieder: »Ein Krimi entspannt mich. Ich schlafe ja sogar dabei ein.« und: »Das läßt mich kalt.« Diese Leute sind sehr überrascht, wenn sie am Biofeedbackgerät erleben, daß nur durch den Gedanken an den gestrigen Krimi ein Emotions-(Gefühls-)Sturm in ihnen ausbricht, ohne daß sie es selbst bewußt wahrnehmen. Sie kommen eher auf die Idee, daß das Gerät kaputt ist, als daß sie es glauben wollen und können, daß tatsächlich ihre eigenen Emotionen am Meßgerät abzulesen sind. Die Arbeitsweise des Meßgerätes möchte ich Ihnen kurz erklären. Sobald wir uns aufregen – also starke Gefühle in uns erzeugen – reagiert unser Körper mit geringer Schweißabsonderung, meist ohne daß wir es selbst spüren. Bei großer Aufregung bekommen wir, sogar auch für uns fühlbar, feuchte Hände. Vom Biofeedback fließt ein geringer Strom von etwa 1 Milliampere über zwei – an verschiedenen Fingern befestigten – Elektroden. Nimmt die Schweißabsonderung zu, so kann durch die Feuchtigkeit mehr Strom fließen (der Widerstand nimmt ab), und der Zeiger der Meßskala schlägt weiter aus. Zusätzlich wird dieser Strom über einen Tongenerator an einen Lautsprecher weitergeleitet und ist dadurch als an- und abschwellender Piepton hörbar. Um die Arbeitsweise zu demonstrieren, genügt ein in die Hände Klatschen oder allein die Frage: »Haben Sie Angst vor elektrischem Strom?«, um ein deutliches Ausschlagen des Zeigers zu bewirken. Wir benutzen dieses Gerät, um die für den einzelnen Teilnehmer richtigste Entspannungsmethode herauszufinden.

Und damit wären wir beim Kernpunkt dieses Gebotes: geistige Entspannung!

Was heißt eigentlich Ent-spannung? Viele meinen, wenn der Körper entspannt ist, ist auch der Geist entspannt. Das ist teilweise eine richtige Annahme. Aber der Körper ist nur dann entspannt, wenn der Geist ebenfalls entspannt ist. Haben Sie schon einmal einen schlafenden Menschen beobachtet? Man meint doch, der Körper sei im Schlaf automatisch entspannt, nicht wahr? Was geschieht jedoch, wenn der Geist nicht entspannt ist – etwa im Traum? Haben Sie schon einmal geträumt, Sie würden fallen und sind dann dadurch wach geworden? Lag ihr Körper wirklich entspannt im Bett, falls er überhaupt noch im Bett lag (speziell bei Kindern)? Haben Sie schon einmal bei einem Schlafenden gesehen, wie sich die Augen hinter den geschlossenen Lidern bewegen? Nun, was meinen Sie, stimmt es, wenn der Volksmund Matth. zitiert: »Der Geist ist willig, aber das Fleisch ist schwach?« Oder erkennen wir deutlich, daß der *Geist* den Körper bewegt?

Stellen Sie sich bitte einmal aufrecht hin und bitten Sie

einen anderen Menschen, Sie zu beobachten. Bitten Sie ihn, er möge Ihnen sagen: »Stell dir vor, du gehst jetzt einen Schritt nach vorn!«, aber bleiben Sie bitte dabei stehen und stellen Sie es sich nur bildlich vor. Ihr Partner wird bemerken – vielleicht sogar Sie selbst auch – daß sich Ihr Körper nach vorn geneigt hat, sobald Sie in Ihrem Geist den Befehl in ein geistiges Vorstellungsbild verwandelt haben.

Also nochmals: Unsere geistigen Befehle wirken, in den meisten Fällen unbewußt, direkt und ohne Zeitverschiebung auf den Körper!

Wie kann also unser Körper entspannen, bevor unser Geist entspannt ist? Die Methode des autogenen Trainings, den Körper zu entspannen, beruht letzten Endes auch nicht darauf, den Körper selbst direkt zu entspannen, sondern wirkt über die geistige Konzentration auf die verschiedenen Körperteile. Somit wirkt also auch hier ganz deutlich der Geist, der sich nur mit *einer* Sache beschäftigt und dadurch frei von anderen Gedanken und Emotionen ist, entspannend auf den Körper.

Um uns geistig jung, fit und beweglich zu halten, ist es notwendig, daß wir in der Lage sind, unserem Geist Ruhe geben zu können. Erst dann haben wir eine echte Chance, auch unseren Körper jung, fit und beweglich zu erhalten.

Wie aber »nutzen« wir die Feiertage, die Urlaubstage – die uns doch eher zu kurz und zu wenig erscheinen, als daß man uns noch darauf hinweisen müßte, daß wir sie einhalten?

Immer wenn wir Menschen anfangen, statt Glück Ver-

gnügen zu suchen, liegen wir falsch. Denn jedesmal gingen die Völker – und hatten sie noch so eine hohe Kultur – auf dem Weg, sich dem Vergnügen hinzugeben, unter. Und was suchen Sie – Glück oder Vergnügen?
Fragen Sie sich oder Ihren nächsten Bekannten einmal, ob er wirklich in den Urlaub fährt, um zu entspannen. Und bedenken Sie bei Ihrer Rundfrage, daß jeder Mensch gewöhnlich *zwei* Gründe hat, die ihn handeln lassen – einen wirklichen und einen, der gut aussieht. Vor einem Jahr waren wir an einem Urlaubsort, von dem wir uns nur 30 Minuten entfernen brauchten, um einen Ort zu erreichen, an dem wir nicht nur absolut allein waren, sondern an dem auch absolute Ruhe herrschte – keine Welle im Meer (das Wasser stand), kein Vogel, keine Luftbewegung, die nächste Straße war weit entfernt, es war still – absolut still.
Wie viele Menschen könnten diesen Zustand überhaupt ertragen, ohne nicht unruhig oder gar nervös zu werden? Es war uns selbst im ersten Augenblick etwas unheimlich, doch ging uns hier sehr deutlich auf, welcher Lärm, welche Hektik für uns inzwischen »normal« war, wie viele akustische Einflüsse wir »schlucken«, ohne uns dieser überhaupt bewußt zu werden. Einflüsse, die über unsere Sinnesorgane – auch meistens unbewußt – geleitet, direkt auf unseren Körper wirken und uns damit in dauernder Spannung halten, sind uns aber meistens nicht bewußt.
Bei einem Vortrag in Salzburg über Streß bemerkte der Redner, Herr Prof. DDDr. A.E. Wilder-Smith, daß die auf uns einwirkenden Reize (Stimuli) um die Jahr-

hundertwende nur den 1/100 Teil der heutigen – auf uns einwirkenden – ausgemacht haben. Das heißt aber auch gleichzeitig, daß wir kaum noch »unwesentliche« Eindrücke wahrnehmen *»dürfen«*; denn sonst wäre unsere »Telefonzentrale« mit ihrer begrenzten Anzahl von Verbindungen besetzt und »die Sicherung würde durchbrennen«. Auch das ist eine Aufgabe unseres Unterbewußtseins: die im Augenblick unwichtigen Informationen erst gar nicht in unser Bewußtsein fließen zu lassen, damit »die Sicherung nicht durchbrennt«.

Überlegen wir doch einmal kurz, was wir z.Zt. alles wahrnehmen, ohne es zu »wissen«. Unsere Nerven fühlen hier und dort unsere Kleidung, aber die Information drang bis eben nicht in unser Bewußtsein. Weiter registrieren wir, wo wir Kontakt zum Stuhl, Lehne oder Bett haben und womit wir dieses Buch berühren. Falls wir eine Brille auf der Nase haben sollten oder falsche Zähne im Mund, es wird ebenfalls nur registriert und nicht bewußt wahrgenommen. Armbanduhr, Ring und Kette sind auch mögliche Kontaktpunkte, die wir unbewußt verarbeiten. Unser Geschmackssinn verarbeitet noch Speisereste oder Lippenstift, und unser Geruchssinn nimmt ebenfalls etwas wahr. Er meldet jedoch erst Anspruch auf eine »Telefonleitung« an, wenn er z.B. anbrennendes Essen, ein sengendes Bügeleisen, Rauch, Gas oder etwas anderes Außergewöhnliches wahrnimmt. Die Augen verarbeiten die richtige Helligkeit und »melden Bedenken« an, sobald es zu hell oder zu dunkel wird. Ebenfalls nehmen sie außer Buchstaben, die Sie gerade lesen, die nähere Umgebung wahr, und der Körper reagiert mit Kopfdrehung, wenn auch hier etwas Ungewöhnliches registriert wird. Nicht zum Schluß bekommen die Ohren eine große Anzahl Stimulis zur Verarbeitung weiterzuleiten, seien es Autogeräusche, Radio, Fernsehen, Stimmen, Knarren, Umblättern, Vogelgesang, Wind, Schritte usw. Erst wenn auch hier etwas Ungewöhnliches verarbeitet wird, dringt die Information ins Bewußtsein. Hat sich also unser Geist nicht genauso eine Ruhepause verdient wie unser Körper, dem wir *jeden* Tag mehrere Stunden Schlaf gönnen? Ist es noch verwunderlich, wenn wir mit unseren ersteren Grundbedürfnissen mehr als genug zu tun haben und sie nicht befriedigt bekommen, wenn unser Geist dermaßen überlastet ist?

Wenn wir uns selbst »in den Griff« bekommen, das Ruder unseres Lebensschiffes selbst in die Hand bekommen wollen, anstatt die Zeit nur dafür gebrauchen zu müssen, die Maschine ständig in Gang zu halten, sollten wir uns um eine möglichst wartungsfreie Maschine bemühen, die zwar regelmäßig Treibstoff bekommt, uns aber noch genug Zeit zum Steuern läßt! Nur zu steuern bringt uns allerdings auch nicht weiter, als mit voller Kraft im Kreis zu fahren. Mit voller Kraft im Kreis fahren heißt: Tag für Tag dieselben Sorgen und Probleme zu bekämpfen, Tag für Tag von denselben Grundbedürfnissen traktiert zu werden, Tag für Tag der Meinung zu sein, alles so – wie es nun einmal ist – hinnehmen zu müssen, ohne sich des eigentlichen Tatbestandes je bewußt zu werden – ständig zu reparieren, zu flicken und auszubessern, anstatt einmal in der Woche ins Trocken-

dock zu fahren, um die Maschine gründlich zu überholen und zu warten.
Wissen Sie, was es noch heißt, im Kreis fahren? – von morgens bis abends, Tag für Tag, Woche für Woche, Jahr für Jahr *und* sonntags *und* im Urlaub in und mit jeder Handlung seinen Grundbedürfnissen zu unterliegen! (siehe Maslowsche Bedürfnisstufen) – bei der Arbeit so zu tun und zu erzählen, was man zu Hause für »ein Kerl« ist, zu Hause so zu tun und zu erzählen, was man in der Firma für »ein Kerl« ist und im Urlaub so zu tun und zu erzählen, was man doch im übrigen Jahr für »ein Kerl« ist – entweder bereits, ohne daß man es selbst noch merkt, wie man andauernd vor allem *sich selbst* etwas vormacht oder – sollte es einem selbst bewußt sein – um sich vor sich selbst zu schämen.
Ich möchte heute auch mit dem Alfred Stielau, der ich bis 1975 noch war, nichts mehr zu tun haben; denn er war einer der aufgeblasensten Knilche, die ich kenne. Erst als ich mich entschloß »ins Trockendock« zu gehen, fing ich an, *mich selbst leiden zu mögen*! Solange *ich* mich selbst nicht leiden mag, kann ich von keinem anderen Menschen erwarten, daß *er* mich leiden mag! Seitdem ich anfing, mit Hilfe von Zielkarten meine Arbeit und mich zu steuern und zu kontrollieren, wurde ich nicht nur ruhiger – denn ich brauchte keine Angst mehr zu haben, etwas, evtl. sogar Wichtiges, zu vergessen – sondern ich hatte auch plötzlich mehr freie Zeit, die ich gern nutzte, mich mit positiver Literatur zu beschäftigen. Und dabei hatte ich Gelegenheit, ein großes Vorurteil bei mir abzubauen: Früher war ich stets der

Meinung, nur dann ein »freier« Mensch zu sein, wenn ich immer das tun könnte, was mir gerade Spaß macht. Leider bereiteten mir einige Dinge, die meist sehr wichtig und für mich sogar sehr vorteilhaft waren – wie z.B. Steuererklärungen, Kontrolle von Rechnungen oder Meldungen von kleinen Versicherungsfällen usw. – keinen Spaß. So verzichtete ich teilweise darauf, sie zu tun, was mich viel Geld und zusätzlich anschließend viel mehr Arbeit kostete und bezahlte einen verdammt hohen Preis für diese »Freiheit«, die allerdings nur »in Raten« bezahlt zu werden brauchte und sich deshalb nie unmittelbar bemerkbar machte. Wehe dem, der auf die Idee kam, mir vorzuschlagen, meine Zeit zu planen!– mich selbst und sogar in meiner Freizeit zu versklaven? – das wäre das Letzte! Und wenn ich heute mit Angestellten oder sogar mit Chefs kleinerer Betriebe spreche, so merke ich, daß ich gar nicht allein mit meiner Meinung stand, sondern eher ein Mitglied des »Planung-ist-nur-etwas-für-Manager-Clubs« war – lieber *jeden* Tag ein »freier« Mensch sein und »dahinwursteln« als fünf oder sechs Tage geplant arbeiten und dann nur ein oder zwei Tage wirklich frei sein!
Der Spruch »Plane die Arbeit und arbeite nach Plan« kommt nicht etwa aus dem sozialistischen Ausland – nein, er ist die Einstellung der führendsten Verkäufer und erfolgreichsten Manager der Vereinigten Staaten. Schade ist nur, daß viele einen Unterschied zwischen Freizeit und Arbeit machen in der Meinung, dieser Grundsatz gelte nur für den Arbeitsbereich.
Früher stand ich um 7.00 Uhr auf und kam ungekämmt

und bereits abgeschlagen ins Geschäft, weil ich unkonzentriert war und keinen Plan hatte, das war der echte Grund. Der Grund, der gut aussah und den ich möglichst nicht nur anderen, sondern auch mir glaubhaft machen wollte, hieß: »Ich hatte gestern und werde auch heute wieder einen sehr anstrengenden Tag haben« (bedauert mich doch einmal, liebe Leute).
Heute habe ich einen Plan und — Zeit! — Zeit sogar für 18 Minuten Morgengymnastik, sogar zum Kämmen — was ich wegen meiner 701 Haare stets für überflüssig hielt – sogar für ein gemütliches Frühstück, für ein »Ich liebe dich, mein Sternchen.«, für das Gefühl, ein vom lieben Gott bevorzugter Mensch zu sein, mit dem er es besonders gut meint! – ein Plan, der zwar nicht minutiös, aber doch im Ablauf stets eingehalten wird, der es mir Tag für Tag ermöglicht, nicht schon am frühen Morgen »ins Schleudern« zu kommen. Ein Plan, der es allerdings auch erst dreimal in diesem Jahr – heute ist der 29.6. – erlaubte, später als 0.00 Uhr ins Bett zu gehen; denn ich bin ein Mensch, der nach drei Tagen noch nicht wieder so fit ist, wie er es von sich erwartet, wenn er »über den Zapfen gehauen hat« — obwohl für mich Alkohol im wesentlichen und Nikotin im absoluten seit 1974 gestorben sind.
Um hier und jetzt und heute an diesem Ort im Urlaub zu sitzen, war es notwendig, schon vor fast auf den Tag genau 1 Jahr den Urlaub zu buchen – ein Punkt im Plan, der eingehalten werden sollte! Inzwischen sind wir »selbständig« und haben unseren Wohnsitz um gut 600 km verlegt. Dies war kein Grund für uns, den Plan

zu ändern, obwohl bis zum letzten Tag noch einige wesentliche Dinge berücksichtigt werden mußten, damit alles in Ordnung gehen konnte. Früher hätte ich spätestens beim Umzug das erste Mal umgebucht. Im Nachhinein kann ich sagen, daß ich mindestens nochmals zehn andere Gründe gehabt hätte, erneut umzubuchen. Und früher hätte ich auch nicht die Nerven gehabt, es *nicht* zu tun. Ich arbeitete einmal für ein österreichisches Privat-Institut zur Erwachsenen-Fortbildung als Seminarleiter und hatte dort sechs Monate Gelegenheit, vom kfm. Geschäftsführer – einem Diplom-Kaufmann – zu lernen, wie man es nicht machen sollte. Als ich ihn bei Eintritt in die Firma – als freier Mitarbeiter – fragte, wie denn die Planung der nächsten Wochen und Monate aussehe, war ich nicht wenig überrascht, als er mir klarzumachen versuchte »daß man sich in einer Entwicklungs- und Übergangsphase befinde, in der jeder Tag den vollen Einsatz jedes einzelnen erfordere und keine konkrete Planung möglich sei«. Ich war gern bereit, außer meinen 14 Seminar-Abenden pro Monat im Verkauf aktiv zu werden und erkundigte mich nach der Zielsetzung. »Mehr Umsatz, egal wie« war die Antwort, die mich bei einem Unternehmen – dessen Produkt es ist, anderen Menschen Zielsetzung und Planung beizubringen – sehr verwunderte. Der Arbeitstag des Geschäftsführers sah entsprechend aus. Er selbst war ebenfalls im Außendienst tätig, obwohl er zum Verkauf – das gab er selbst zu – weniger Talent hatte als ein Frosch zum Fliegen. Für eine solche »Lehrzeit« hätte ich sogar Verständnis gehabt, wäre nicht seine tatsächliche Arbeit im

Büro liegengeblieben. Es waren einige Seminarteilnehmer angemeldet, allerdings in drei verschiedenen Orten. Damit das Seminar beginnen konnte, mußten aber mindestens zwanzig Teilnehmer angemeldet sein. Bevor jedoch der zwanzigste gefunden war, sprang der erste wieder ab, weil es ihm zu lange dauerte. Von den restlichen Personen wollte man nicht einmal eine Anzahlung haben (der Geschäftsführer hielt dies für nicht standesgemäß), und so existierte nur rein theoretisch ein volles Seminar, und am jeweils ersten Abend waren es dann nur noch acht bis zwölf Teilnehmer. Dies war jedoch nicht kostendeckend, wurde aber aus Prestigegründen trotzdem durchgezogen und erforderte wegen der entstandenen finanziellen Lücke erst wieder »mehr Umsatz« und ein paar Tage später »egal wie«. Dann wurde telefoniert, Hunderte von Kilometern verfahren (die drei Orte lagen zwischen 130 und 260 km auseinander) – um vielleicht noch ein oder zwei Personen mit legendären Rabatten auf das bereits begonnene Seminar zu bringen – kein Feierabend, kein Wochenende, keine Ruhe. Scheinbar lassen sich manche Menschen nicht davon abhalten, »Hauptsache wir tun etwas«, auch wenn sie sehen, daß es unmöglich ist, damit Resultate zu erzielen. Sie klammern sich an die Hoffnung, daß es durch viel Arbeit schon wieder gehen müsse, und daß man dann anfangen werde zu planen, »wenn es wieder möglich ist« – ein Teufelskreis, in dem sich viele Menschen befinden, ohne die geringste Chance, einen Ausweg zu sehen – ja, teilweise sogar, ohne auf die Idee zu kommen, daß es überhaupt einen geben könnte. »Ja, gut, aber ich muß doch ...«, heißt die Antwort und ohne selbst eine andere Antwort zu suchen, wird lieber im selben Trott »wie verrückt« weiter gearbeitet, weiter gehastet und weiter nicht gedacht.

Die Lösung heißt: Du sollst den Feiertag heiligen.

Du sollst den Feiertag heiligen, damit du überhaupt eine Möglichkeit hast zum Denken und damit auf andere Ideen zu kommen, deinen Geist ruhen zu lassen, um die eingefahrenen Geleise verlassen zu können, sich also selbst einen neuen Weg zu suchen. Und die neuesten Erkenntnisse der Wissenschaft bestätigen uns sogar, daß dies wörtlich zu nehmen ist, daß es in unserem Gehirn Haupt- und Nebenstraßen und kaum benutzte Wanderwege zwischen den einzelnen – übrigens 15000000000 an der Zahl – Zellen gibt. Und wenn wir stets nur die – für den Augenblick bequemeren – Hauptstraßen befahren, werden wir die unendlich größere Anzahl der anderen Wege nie kennenlernen und stets behaupten, es gäbe sie nicht. Wir werden die schönen Seiten und Gebiete unseres Landes nie kennenlernen, wenn wir nur auf den bequemen, schnellen Straßen – den Autobahnen – bleiben. Erst wenn wir uns aufraffen, in eine Nebenstraße abzubiegen oder sogar einen Wanderweg zu benutzen, fangen wir an zu *sehen* und zu *hören*. Und wenn ich Tag für Tag denselben Weg gehe, so wird dieser Weg immer tiefer, bis er eine Furche geworden ist, in der ich gehe und aus der herauszukommen immer schwieriger und unlogischer wird. Aber, der einzige Unterschied zwischen einer Furche und einem Grab ist nur die jeweilige Tiefe! Viele, auch junge Menschen, sind bereits »gestorben«, nur weil sie »leben« wollen und sich nicht vorstellen können, daß es auch außerhalb der »Furche«, abseits der Autobahnen, auch auf anderen Ebenen, in anderen Regionen unseres Geistes, Leben gibt. Nichts ist aufregender, interessanter und so voller Neuigkeiten als ein Spaziergang durch die abgelegenen Wege unseres Geistes! Neue Erkenntnisse sammeln, neue Blickpunkte finden, andere – erst völlig unlogisch erscheinende – Lösungsmöglichkeiten entdecken, also den eigenen Horizont verbreitern und vergrößern, das heißt »leben«.

Konrad Adenauer sagte einmal: »Wir leben alle unter dem gleichen Himmel, aber wir haben nicht alle den gleichen Horizont.«

Aber, das ist nicht »in«.

Es ist »in«, die Straßen zu benutzen, die alle benutzen, damit man *die* Meinung hat, die alle haben. Weil *die* Meinung, die alle haben, auch die richtige ist – weil wiederum nur das richtig ist, was »normal« ist. Und wir möchten doch schließlich und endlich »normal« sein, oder?

Was versteht man eigentlich unter »Horizont erweitern«?

Nun, ich sitze gerade ca. 1 m über dem Meeresspiegel, und wenn ich meinen Kopf auf den Sand lege, sehe ich den Horizont nur als einen Strich; denn das Meer ist heute sehr ruhig. Habe ich also recht, wenn ich von dieser Stelle aus behaupte: der Horizont ist ein Strich, und das ist alles, was ich sehe? Wenn ich mich nur einen halben Meter erhebe, sehe ich bereits eine Wasser-*Fläche*

und sehe, daß sich die Oberfläche doch ein wenig bewegt. Gehe ich nur einen Schritt zurück, sehe ich außer einer – inzwischen noch größeren, bereits farblich unterschiedlichen – Wasseroberfläche auch noch Sand und sehe die – sich dauernd ändernde – Grenze zwischen Wasser und Strand. Nähere ich mich wieder dem Boden, kann ich sogar schon einzelne Sandkörner erkennen, und bliebe ich in dieser Lage, so könnte ich dann zu Recht behaupten: – die kleine Ameise vor mir tut es vielleicht sogar – »Diese Welt besteht nur aus Sandkörnern«. Gehe ich zehn Schritte zurück, so sehe ich Meer, Strand, meine Frau, Himmel, Wolken, Sonnenstrahlen und ein paar grüne Pflanzen. Habe ich von diesem Standpunkt aus recht, wenn ich nicht glauben kann, daß es Häuser und Autos gibt? Und wenn wir wieder im Flugzeug sitzen werden auf dem Rückflug, dann existiert – außer meiner Frau neben mir – nichts mehr davon, und das Meer, der Strand, das Grün sehen völlig anders aus – so, wie man es mir nicht hätte beschreiben können, hätte ich es nicht selbst gesehen!
Um meinen Horizont also zu erweitern, um andere Dinge zu sehen *und* um sogar *dieselben Dinge* nur *anders* zu sehen, muß ich mich *bewegen*, meinen Blickpunkt bzw. Standort also ändern! Und plötzlich erkennen wir, daß auch der andere recht hat, daß auch *sein* Standpunkt »richtig« ist, daß wir auch *seine* Meinung akzeptieren können; denn es ist ja nur ein anderer Standpunkt, von dem aus er den Horizont, diese Welt oder den Mitmenschen betrachtet. Also, wir haben beide recht, und um zu einem Ergebnis zu kommen –

falls das in dem Fall nötig ist – entschließen wir uns zu dem richtigeren, dem angepaßteren Standpunkt, von dem aus das richtigste Ergebnis zu erwarten ist. Aber nicht immer ist es notwendig, »recht zu haben«; denn dadurch vertiefen wir nur die eigene Furche und verbauen uns die Möglichkeit eines anderen Blickpunktes, eines anderen Weges, auf eine andere Art und Weise zum Ziel zu kommen. Was nutzt es mir, wenn ich dauernd recht habe? Ist unser Lebenszweck nicht ein andauernder Lernprozeß? Wo bleibt der Sinn des Lebens, wenn ich bereits »alles weiß«, wenn ich *meinen* Standpunkt immer als richtig vertrete! Manche Menschen sind sogar stolz darauf, ihren »Prinzipien« seit Jahren treu zu sein, also »Charakter zu zeigen«, und merken nicht, daß sie sich in diesen Jahren ihr eigenes Grab geschaufelt haben. Oder was unterscheidet uns Menschen vom Tier? Daß wir an unseren Programmen unabänderlich festhalten, in jeder Situation »wie gehabt« reagieren oder ständig lernen und versuchen, neue Wege zu beschreiten? Neue Wege zu finden, heißt aber: sich zumindest für Stunden von alten Wegen zu lösen, um nach anderen Wegen zu suchen. Und das gelingt mir nur, wenn ich geistig vorübergehend zum Stillstand komme, um andere Wege zu suchen – oder fahren Sie mit 130 km/h von der Autobahn über die Abfahrt auf den nächsten Wanderweg? Aber haben wir selbst dann, wenn wir diesen bildhaften Vergleich einmal wörtlich nehmen, nicht Schwierigkeiten, einmal anzuhalten, unser Auto zu verlassen und uns zu Fuß auf einen Wanderweg zu begeben? Warten wir nicht immer auf »die richtige Stelle«

und wundern uns, plötzlich wieder zu Hause zu sein, ohne jedoch einmal den Fuß außerhalb des Autos gesetzt zu haben? Und wenn wir uns einmal aufgerafft haben, anzuhalten und ein wenig zu wandern, stellen wir *anschließend* immer wieder fest: »war das schön« und »das müßten wir doch eigentlich öfter mal machen« – aber kaum in unseren eingefahrenen Geleisen zurück, siegt die Trägheit.
Und das Trägheitsgesetz sagt nicht nur, daß Kraft erforderlich ist, einen ruhenden Gegenstand in Bewegung zu bringen, sondern auch, daß eine Kraft erforderlich ist, einen in Bewegung befindlichen Gegenstand anzuhalten oder in eine andere Richtung zu bringen!
Das heißt also, daß erst einmal eine *Kraft* aufgewendet werden muß, uns aus unserer Routine heraus zur Ruhe zu bringen oder auch aus unserer Kreisbahn in eine andere zu katapultieren – genau wie ein Satellit, der seine einmal erreichte Kreisbahn nur dann ändert, wenn eine Kraft auf ihn einwirkt.
Haben Sie bereits die Kraft, sich aus Ihrer »Kreisbahn« zu lösen und eine andere, neue, interessantere kennenzulernen? Und wenn Sie von den beschriebenen Übungen bisher noch keine in die Praxis umgesetzt haben, dann ist es auch nicht interessant für Sie, die nächste in die Praxis umzusetzen. Dann werden Sie stets zu den Menschen gehören, die zwar »belesen« sind, die von sich meinen, »überall mitreden« zu können, aber im Grunde zu den ganz armen Geschöpfen gehören, die keine innere Ruhe finden, weil sie zu stolz sind zuzugeben, noch etwas lernen zu können, und meinen, daß »so

etwas« nichts mehr für sie »bringen« könnte. Sollten Sie jedoch eine Anleitung suchen, wie auch Sie Ihren »Feiertag heiligen« können, wie auch Sie neue Wege in Ihrem Gehirn kennenlernen können, wie auch Sie *mehr erreichen*, indem Sie *weniger arbeiten* und wie auch Sie innerlich ruhiger und damit in »verzwickten« Situationen überlegener werden, dann haben Sie auf die kommenden Übungen – von denen Sie sich die für Sie richtigste selbst aussuchen – schon gewartet. Genauso, wie es keinen »richtigen« – für alle gültigen – Standpunkt gibt, so gibt es auch keine für alle richtige Entspannungsübung. Aber es gibt Hinweise, Regeln, Denkanstöße, damit jeder die für sich richtigste selbst finden kann. In unseren vorausgegangenen Kapiteln finden wir bereits einige wichtige Hinweise, die wir uns jetzt nutzbar machen können und die uns helfen werden, »unseren Feiertag zu heiligen«. Was meinen Sie, wird am zweckmäßigsten sein: stets andere Entspannungsübungen zu suchen und immer etwas neues – vielleicht noch »besseres« – auszuprobieren oder bei ein und derselben Übung zu bleiben, nachdem wir innerhalb der ersten 3–5 Tage die für uns richtigste Art gefunden haben? Wird es zweckmäßiger sein, ständig die Übungen zu wechseln – weil wir nicht genau wissen, welches die richtigste für uns ist – oder wird es uns weiterbringen – selbst auf die Gefahr hin, nicht *die* richtigste ausgewählt zu haben – 30 Tage hindurch bei *einer* Übung zu bleiben, bis sie uns in »Fleisch und Blut« (was fast wörtlich genommen werden kann) übergegangen ist? Denken Sie an unser 1. Kapitel und treffen Sie eine Entscheidung!

Wir wollen also versuchen, uns zu entspannen, unseren Geist zur Ruhe zu bringen, damit er auch beruhigend auf unseren Körper wirkt, damit der Körper unempfindlich für äußere Reize wird, damit keine äußeren Reize den Geist anregen, damit keine geistige Anregung auf den Körper wirken kann, damit ...

Sie sehen, es ist ein ständiger Kreislauf, und wenn wir über das »Wie« denken wollen, sogar ein äußerst komplizierter – so kompliziert, daß wir ihm noch einige Seiten widmen müßten, nur um ihn auf die möglichst einfachste Art zu erklären.

Aber hilft uns das Wissen »wie« weiter, um ruhig zu werden, um zu entspannen? Denken Sie an Kapitel 2! Es sollte uns also im Augenblick genügen, *daß* wir mit diesen Übungen eine Entspannung erreichen.

Im Kapitel 3 haben wir auch erkannt, daß es absolut keinen Vorteil bringt, »SEINEN Namen zu mißbrauchen« und daß es eine Herausforderung an uns selbst ist, mit unserem Startkapital – unserem funktionierenden »Computer« – etwas Optimales anzufangen. Werden wir uns also gut entspannen können, wenn wir mit IHM oder unseren Mitmenschen auf Kriegsfuß stehen, wenn wir IHN oder andere verfluchen oder eher, wenn wir in der Lage sind, das Gefühl der Liebe und Dankbarkeit für unser »Startkapital« in uns zu erzeugen und zum Ausdruck zu bringen?

Mehr Informationen benötigen wir an dieser Stelle nicht – ein Hinweis darauf, daß auch die Reihenfolge der Gebote durchaus sinnvoll und beabsichtigt ist.

Noch eines vorweg: sollten Sie bereits ähnliche Entspannungsübungen regelmäßig durchführen, dann überprüfen Sie sie nach den gerade aufgeführten Kriterien und – bleiben Sie dabei!

Wenn Sie fühlen, sich im Gebet zu entspannen, bleiben Sie dabei! Das Wichtigste bei einer Entspannungsübung ist, daß es Spaß macht und daß man sich dabei wohlfühlt!

Und um das Gefühl zu entwickeln und zu erreichen, vor unserem Gott ein Mensch zu sein, der stets bemüht ist – trotz aller Fehler – SEINE Gebote zu seinem eigenen Vorteil zu halten und zu achten, brauchen wir erst einmal nur »danke« zu sagen, daß ER uns überhaupt den freien Willen, und damit die Chance zur freien Entscheidung, tagtäglich gibt! Und ER braucht – und ER tut es auch nicht – uns mit keiner Hölle, keinem Teufel zu drohen (was auch in *keinem* der Gebote steht), wenn wir die Gebote nicht halten. Denn die Nachteile, die wir dadurch haben, haben wir bereits *hier auf dieser Welt* und uns selbst zuzuschreiben! – aber das nur nebenbei. Wir wollen also »danke« sagen – weiter nichts und doch sehr viel! »Ich bin dankbar, daß ich gesunde Augen habe, mit denen ich so viele schöne Dinge sehen kann«, als Leitsatz, den Sie nicht aufzusagen, sondern nur zu empfinden brauchen. Und jetzt sehen Sie sich mit Ihren »geistigen Augen« die schönen Dinge des Lebens an, die Ihnen Freude bringen. Lassen Sie kein negatives Bild zu! Machen Sie eine Weltreise, wenn Sie wollen, zu den schönsten Plätzen dieser Erde! Sie kostet Sie keinen Pfennig! Aber, besuchen Sie *nur* die schönsten, angenehmsten und herrlichsten Stellen, die Sie sich gern an-

schauen! Lassen Sie sich Zeit dabei; denn Sie brauchen keine Befürchtung zu haben, Ihr Flugzeug, Schiff oder Bahn zu verpassen!
Es liegt an Ihnen selbst, ob Sie 1, 3, 5 Minuten oder länger Freude für Ihre Augen empfinden.
»Ich bin dankbar, daß ich eine Nase habe, mit der ich so viele angenehme Gerüche und Düfte riechen kann!«
Und nun unternehmen Sie eine Reise durch Ihre eigene Geruchswelt. Riechen Sie oder versuchen Sie nachzuempfinden, bei welchem Geruch Sie vielleicht einmal ein schönes Erlebnis hatten – Meeresluft, Blumen, Moor, Wald, Parfum – das, was *Sie* gern riechen oder riechen würden. Fühlen Sie sich wohl und freuen Sie sich, *daß* Sie gute Gerüche wahrnehmen können.
»Ich bin dankbar, daß ich einen Geschmackssinn habe, mit dem ich so viele köstliche Dinge schmecken kann.«
Bedenken Sie bitte, daß der Text hierbei die geringste Rolle spielt, daß es aber das Wichtigste ist, Dankbarkeit für den jeweiligen Sinn zu empfinden, wobei es für viele Menschen am schwierigsten ist, sich Gerüche und Geschmacksrichtungen vorzustellen. Vielleicht sollte das ein Grund sein, es nicht nur zu trainieren, sondern uns wachzurütteln, wie wenig bewußt wir diese Möglichkeiten zur Wahrnehmung nutzen!
Und nun lade ich Sie ein, kostenlos die herrlichsten Speisen und Getränke zu probieren, ohne allerdings mit den Gedanken vom Geschmacksempfinden abzuschweifen. Erfreuen Sie sich der leckersten Erdbeeren mit Sahne oder – wie ich gerade – einer köstlichen Tasse Kaffee. Seien Sie dankbar, schmecken zu können!

»Ich bin dankbar für meinen Gefühlssinn, mit dem ich soviel Angenehmes fühlen kann.« Und auf unserer Reise durch unsere Gefühlswelt machen wir nur halt an den angenehmen Stationen. Wenn der eine gern den Meeressand durch die Finger rieseln läßt und der andere gern eine Katze streichelt, so fühlen Sie vielleicht gern weichen Samt und ich die zarte Haut meiner Frau.

»Ich bin dankbar, daß ich gesunde Ohren habe, mit denen ich so vielfältige angenehme Klänge und Stimmen hören kann.« Hören Sie das Zwitschern der Vögel, wenn es angenehm und beruhigend für Sie ist oder die Wellen des Meeres oder das Rauschen des Windes im Wald. Hören Sie angenehme, beruhigende Musik oder hören Sie die Stimme eines geliebten Menschen. Sie brauchen dafür weder eine Schallplatte noch Tonband, weder Telefon noch Fernsehgerät.

Das, was *Sie* lieben, ist bereits in Ihrem Geist gespeichert und wartet nur darauf, wieder einmal abgerufen zu werden!

Ermessen können viele Menschen den Wert *dieser* Möglichkeit erst dann, wenn ihnen die Möglichkeit »echt« zu sehen, riechen, schmecken, fühlen und hören aufgrund von Krankheit oder Unfall verlorengegangen ist.

Und auch dann erkennt man den »reifen« Menschen an seiner Einstellung zu dem Verlust.

Mein Vater wurde – wahrscheinlich durch einen relativ kleinen Unfall – im 18. Lebensjahr schwerhörig und im Laufe der Jahre so gut wie taub. Aber er erfreute sich dessen, was er in der Jugendzeit gehört und gespeichert hatte und brauchte nur einen Vogel zu sehen, um sich vorzustellen, wie schön er wohl singen mochte. Wir selbst konnten den Vogel oft gar nicht hören, weil der Straßenlärm größer war oder – weil der Vogel gar nicht sang!

Aber ich kenne auch Menschen, die voller Gram sind und froh sind, daß sie »das ganze Geschwätz« nicht hören oder verbittert darüber sind, daß sie so benachteiligt sind. Sicher ist es nicht immer einfach, mit einem körperlichen Leiden zurechtzukommen, aber will ich zusätzlich auch noch meinen Geist »vergiften«?

Auch hier bietet sich eine Lösung an: »Danke«; denn es ist ein Zeichen von geistiger »Größe«, sich über die Dinge zu freuen, die man noch hat, anstatt sich über bereits verlorene zu ärgern!

Diese Übung, bei der wir mit Hilfe jedes einzelnen der fünf Sinne Freude in uns erzeugen, können Sie 5, 10 oder 15 Minuten lang durchführen. Wichtig ist dabei nur, daß Sie sich jeweils auf *einen* Sinn konzentrieren und lieber täglich – möglichst zur gleichen Zeit – nur 3 Minuten als alle paar Tage 10 Minuten üben. Und am Feiertag haben Sie den ganzen Tag Zeit, mit Ihrer Familie wieder einmal *bewußt* etwas für Ihre Sinne zu tun!

Wenn Sie sich nicht aufraffen können, Ihre vier Wände zu verlassen – ich möchte Ihnen damit nicht unterstellen, daß Sie es nicht regelmäßig tun – dann kaufen Sie sich einen Blumentopf und pflanzen Sie Petersilie oder Kresse oder sonstwas und betrachten Sie einmal genau, wie Petersilie aussieht – von oben, von der Seite, im Gegenlicht, im Seitenlicht, in der Mittagssonne, kurz vor und nach Sonnenuntergang, aus 50, 20 und 10 cm Entfernung und den Stiel sogar von innen. Und dann riechen Sie daran, bis Sie sie noch riechen können, wenn Sie nicht mehr im Zimmer sind und es sich nur vorstellen, und schmecken Sie sie – grob und kleinst zerkaut. Und wenn Sie ruhig wohnen, öffnen Sie das Fenster und hören Sie genau hin, wie Petersilie rauscht, wenn der Wind sie durchbläst und fassen Sie sie an – ganz vorsichtig und den Stiel von oben nach unten. Spüren Sie einen Unterschied? Hätten Sie gedacht, auf so einfache Weise, neue Wege in Ihrer Gehirnrinde aufspüren zu können? – nur es tut sich nicht von allein!

Setzen Sie es in die Praxis um! Nur dann unterscheiden Sie sich von der Masse. Nur dann haben Sie eine Chance, Ihre »Startrampe« zu verlassen und »abzuheben«. Denn Ihr Gehirn hat nicht nur Wege auf dem Boden – die Sie noch erforschen können – der gesamte Luftraum ist ebenfalls noch frei! Starten Sie – jetzt!

Gott will Sie erfolgreich sehen!

Vielleicht erwarten Sie jetzt noch eine möglichst komplizierte »Stellung«, in der diese Entspannungsübung durchzuführen ist oder irgend etwas Schwieriges, weil doch so eine »simple« Angelegenheit bestimmt keinen Erfolg bringen kann! Nun, für eine Entspannungsübung nehmen Sie natürlich erst einmal eine entspannungsermöglichende Haltung ein. Und das kann eine normale Rückenlage sein oder das Sitzen auf einem Stuhl oder – so wie es für mich am angenehmsten ist – auf einem kleinen harten Kissen auf dem Boden im Schneidersitz mit aufrechtem Oberkörper.

Wir wollen uns nun die Übung als Ganzes noch einmal

ansehen. Nachdem wir uns bei unseren fünf Sinnen nacheinander bedankt haben, daß wir durch sie so viele angenehme Dinge wahrnehmen können, können wir noch einen Satz anschließen. Da ich 130 Jahre alt werden möchte, schließe ich den Satz an: » ... und bin dankbar, daß sie mir helfen, meinen Körper lange und gesund am Leben zu erhalten.« Wenn Sie Zeit haben, können Sie diese Übung jeden Tag – wie schon erwähnt – so lange durchführen, wie es Ihnen Spaß macht. Sollten Sie jedoch nur ein paar Minuten dafür übrig haben, was bei regelmäßiger Durchführung trotzdem sehr sinnvoll ist, gebe ich Ihnen hiermit noch einen wichtigen Hinweis. Bei geschlossenen Augen können wir natürlich nicht auf die Uhr schauen und programmieren uns deshalb zeitlich, damit wir bei der Übung ruhig bleiben können. Aus diesem Grund sieht die komplette Übung etwa so aus: »Ich bin sehr dankbar, daß ich gesunde Augen habe, mit denen ich so viele schöne Dinge sehen kann und danke ihnen, daß sie mir helfen, meinen Körper lange und gesund am Leben zu erhalten. Ich schenke ihnen Ruhe bis ... Uhr.« An dieser Stelle setzen Sie die Uhrzeit ein, zu der Sie wieder wach werden wollen. Stellen Sie sich die Uhrzeit möglichst bildlich vor, d.h. also: sehen Sie die Stellung der Uhrzeiger vor Ihrem »geistigen Auge«. Und so verfahren wir mit allen fünf Sinnen. Nachdem wir die Fünf-Sinne-Übung regelmäßig durchführen, können wir beginnen, uns tiefer zu entspannen. Dazu möchte ich Ihnen verschiedene Möglichkeiten vorschlagen, aus denen Sie sich die für Sie richtigste heraussuchen können.

Wir legen unsere Fingerspitzen auf die Kopfhaut und fühlen mit den Fingerspitzen die Kopfhaut. Dann legen wir die Fingerspitzen in den Nacken und fühlen mit den Fingerspitzen die Nackenhaut. So fahren wir über den Hals, die Herz- Magen-, Nieren- und Darmgegend, die Knie bis zu den Knöcheln fort. Nun beginnen wir die Übung von vorn und konzentrieren uns mit unserem Gefühl nicht auf die Fingerspitzen, sondern fühlen mit der Kopfhaut usw. die Fingerspitzen jeweils aufliegen. Wenn wir diese Übung ein paarmal wiederholt haben, können wir die Hände im Schoß liegen lassen und brauchen uns nur noch vorzustellen, wie es ist, wenn ... Auch hier können Sie, wenn Sie wollen, sich bei jeder Körperpartie geistig bedanken, daß sie dazu beiträgt, Sie gesund am Leben zu erhalten.
In der weiteren Folge wird es uns möglich sein, in den betreffenden Regionen gedanklich ein angenehmes Gefühl zu erzeugen.
Eine andere Möglichkeit, zur Entspannung zu kommen, ist das »sich gehen lassen«.
Wie Sie sich vorstellen, sich am besten »gehenzulassen«, bleibt wieder Ihnen überlassen. Sie können sich z.B. vorstellen, gewichtslos in angenehm warmem Wasser zu treiben. Oder Sie können sich vorstellen, sich nach hinten oder auch überhaupt fallenzulassen. Sie können sich auch vorstellen, daß der Körper zerfließt. Das Wichtigste dabei ist auf jeden Fall, daß Sie ein *angenehmes* Gefühl dabei empfinden und sich vorstellen können, sich gehenzulassen.
Eine andere Möglichkeit der Entspannung ist die Mu-

sikberieselung. Hierbei kommt es nicht darauf an, daß Sie sich auf den Text oder auf das Thema konzentrieren, sondern nur die Musik bewußt wahrnehmen, ohne sich dabei von anderen Dingen ablenken zu lassen. Wählen Sie auf jeden Fall Musik, die in Ihnen ein angenehmes, beruhigendes Gefühl erzeugt.

Wenn Sie ein angenehmes, beruhigendes Gefühl mit Erinnerungen an bereits verlebte Stunden hervorrufen können, so ist auch diese Methode zu empfehlen. Vielleicht waren es Stunden, in denen Sie tiefen, inneren Frieden verspürten.

Eine für viele Menschen sehr wirkungsvolle Methode ist die Zuhilfenahme eines Wassertropfens. Direkt über Ihrer Nase – also zwischen Ihren beiden Augen – geben Sie einen kleinen Tropfen Wasser; schließen Sie Ihre Augen und konzentrieren Sie sich auf den Wassertropfen auf Ihrer Stirn. Strengen Sie aber Ihre Augenmuskeln dabei nicht an. Denken Sie an weiter nichts anderes als an den Tropfen, und wenn sich Gedanken bemerkbar machen, lassen Sie diese an Ihnen vorüberziehen, ohne sie mit Gewalt zu verdrängen. Wenn es Ihnen angenehm ist und hilft, können Sie sich zusätzlich vorstellen, daß mit dem Verdunsten des Wassertropfens gleichzeitig Ihre Gedankentätigkeit verschwindet.

Das autogene Training möchte ich – wie alle anderen Möglichkeiten – nur als Hinweis erwähnen, gebe jedoch immer zu bedenken, daß es für Sie nichts Besseres geben wird als das, was Ihnen am angenehmsten und wohltuendsten erscheint. Vielleicht erfinden Sie sogar nach einer regelmäßigen Übungszeit eine eigene Methode.

Aber die ganze Sache hat natürlich auch einen Haken. »Aha«, werden Sie jetzt denken, und ich sage Ihnen, das denken Sie zu recht. Der Haken ist der, daß es gar nicht so einfach ist, etwas Neues einzuführen und es auch regelmäßig durchzuführen. Im Laufe meiner Seminartätigkeit gab es nur ganz wenige Menschen, die in der Lage waren, ein solches Programm *sofort* regelmäßig durchzuführen.
Meiner Frau und mir ging es ebenso.
Wenn Sie das nicht glauben, so versuchen Sie nur einmal, 30 Tage lang jeden Tag zur gleichen Zeit, einen Strich auf ein Blatt Papier zu zeichnen. Und Sie werden feststellen, wie wenig Ihre »eingefahrenen Geleise« es zulassen, daß Sie eine neue »Linie« eröffnen. Man vergißt es, hat »keine Zeit«, und wenn auch das nichts hilft, ist man plötzlich der Meinung, daß die ganze Sache einfach zu blöd ist.
Probieren Sie es aus! Und Sie werden den Haken finden!
Der Haken sind *wir* selbst!
Aber trösten Sie sich, auch meine Frau und ich haben eine lange Anlaufzeit gebraucht, um regelmäßige Entspannungsübungen durchzuführen.
Auf der Suche nach der für Sie richtigsten Entspannungsübung möchte ich Sie noch darauf aufmerksam machen, die Übung dann abzubrechen, wenn Sie sich nicht wohl dabei fühlen oder wenn Sie sogar mit Ihrem Gewissen in Konflikt kommen. Sie liegen jedoch richtig, wenn Sie Ruhe, Liebe und Dankbarkeit dabei empfinden können.

Zusammenfassend sei gesagt:
Solange wir uns unsere ersteren Grundbedürfnisse nach Sicherheit – vergleichen Sie bitte dazu auf Seite 74/75 die Bedürfnisstufen nach Maslow – Liebe, Anerkennung oder Geltung nicht bewußt sind, suchen wir sie, unbewußt in allen Lebensbereichen – also auch in der Freizeit – zu befriedigen und finden keine Ruhe mit uns selbst. Das bedeutet, daß Freizeit nicht unbedingt freie Zeit sein muß, geschweige denn Entspannung für Geist und Körper bringen kann. Wir haben gesehen, daß der Geist zur Ruhe kommen muß, um wirklich neue Kräfte schöpfen zu können. Und wir haben gesehen, daß wir unseren Geist nur dann zur Ruhe bringen, wenn wir eine regelrechte Entspannungstechnik praktizieren.
Andererseits hat uns dieses Kapitel gezeigt, daß, wenn wir uns stets mit denselben Dingen beschäftigen, wir unseren Geist verkümmern lassen und uns selbst eingleisig beschränken.
»Den Feiertag heiligen« heißt also: auszubrechen aus dem Alltag auf *geistiger* Ebene, Zeit zu haben, uns mit *uns* selbst zu beschäftigen und unserer Familie ebenfalls die Möglichkeit zu geben, geistig zu »wachsen«.
Und denken Sie stets daran, daß das Wissen um diese Dinge allein nicht genügt, sondern erst die praktische Anwendung bringt den Erfolg!

DU SOLLST DEINEN VATER UND DEINE MUTTER EHREN, AUF DASS DU LANGE LEBEST IM LANDE, DAS DIR DER HERR, DEIN GOTT, GIBT!

Ist das nicht großartig?
Ein ganz klarer, deutlicher Hinweis, daß wir selbst mit unserem Verhalten die Möglichkeit haben, auf unser Lebensalter einen Einfluß auszuüben!
Und noch etwas äußerst Wichtiges: Als Belohnung dafür, daß wir dieses Gebot halten, dürfen wir *länger* auf dieser Erde leben! Wie viele »geistige Lehrer« und »Führer« wollen uns immer wieder das Gegenteil wahrmachen, indem sie vom »Kreuz« dieses Erdenlebens sprechen und schon jetzt in eine andere Welt fliehen wollen, anstatt die Schönheiten *dieser* Welt erst einmal kennen- und schätzen zu lernen. Wäre dieses Erdenleben nur als Müh' und Plag' zu sehen, könnte ich auf eine Belohnung, die mir über längere Zeit Müh' und Plag' gibt, verzichten! Und komme mir keiner auf die Idee, »das Land, das Dir der Herr, Dein Gott, gibt« als Himmel oder Paradies auszulegen, und das Leben nach dem irdischen Tod damit zu meinen. Denn darüber sind wir uns doch wohl alle einig: wenn schon Paradies, dann nicht nur für mehr oder weniger lange Zeit, sondern für ewig! Wir haben also zumindest die Chance, unser Leben hier

auf Erden zu beeinflussen. Auf das Thema, warum manche »guten« Menschen trotzdem früh sterben, kommen wir später.
Können Sie sich noch an das Biofeedbackgerät erinnern, das ich Ihnen im letzten Kapitel erläutert habe? Vom Prinzip her ähnlich – jedoch wesentlich sensibler (feinfühliger) und ohne Zeitverschiebung – arbeitet ein anderes Gerät, mit dem äußerst interessante Feststellungen gemacht wurden. Ist eine Testperson an ein solches Gerät angeschlossen und wird zum Beispiel gefragt, ob das Mittagessen heute geschmeckt hat, so »antwortet« das Gerät für die Testperson und man kann ablesen, ob sie (die Testperson) zufrieden mit dem Essen war oder ob ihr etwas »gegen den Strich« ging. Auch bei diesen Tests ist man sich in den wenigsten Fällen einer Reaktion oder Emotion bewußt, so daß ich z. B. mit dem Foto einer Segelregatta – aufgenommen durch ein Fisch-eye-Objektiv – das in meinem Schlafzimmer hing, im unbewußten Bereich überhaupt nicht einverstanden war, obwohl es mich als fototechnische Spielerei reizte. Aber damit treffen wir auch schon fast den Kern: es *reizte* mich halt! – und Reize sind nicht immer etwas Positives und Beruhigendes. Also entfernte ich das Bild, ersetzte es durch ein harmonischeres und – fühlte mich von nun an im Schlafzimmer wohler.
Können Sie sich noch an die vielen kleinen unerledigten Dinge erinnern, die wir mit Hilfe der Zielkarte inzwischen »in den Griff« bekommen haben? Jede einzelne unerledigte »Kleinigkeit« wäre auf diesem Meßgerät abzulesen, und es würde uns nach einem solchen »Auf-

merksamwerden« sicher leichter fallen, Hilfsmittel – wie die Zielkarte – einzusetzen, um mit uns selbst viel ruhiger und ausgeglichener zu leben. Aber nicht nur Emotionen der Gegenwart können wir mit Hilfe dieses Gerätes messen, sondern auch gespeicherte Emotionen, die wir uns aufgrund irgendwelcher Erlebnisse und Begebenheiten schon vor Jahren »eingehandelt« haben. So *kann* durchaus der »Scherz« eines Freundes oder Verwandten, uns als Kleinkind beim Baden einmal mit dem Kopf unter Wasser getaucht zu haben, eine so tiefe Emotionsspur und Angst in uns erzeugt haben, daß wir für lange Zeit oder gar für immer eine Abneigung oder Angst vor dem Wasser haben. Oder kennen wir nicht auch Kinder, die von einem Hund gebissen, jahrelang oder das ganze Leben hindurch stets ein ungutes Gefühl bekommen, wenn ihnen ein Hund entgegenkommt? Auch dieses Gefühl – es reicht in diesem Fall aus, nur an einen Hund zu denken – ist sofort auf der Meßskala ablesbar. Diese Verhaltensweise ist ja im Grunde genommen genausowenig oder viel als »real« einzustufen. Es gibt Menschen, die keine Angst vor Hunden haben und gebissen werden, und es gibt Menschen, die Angst vor Hunden haben und nicht gebissen werden, o.k. Aber wir reagieren halt so, wie wir es in uns als Reaktionsprozeß gespeichert haben. Interessant ist nur, daß Menschen mit Angst vor Hunden viel eher und viel häufiger Hunde sehen als Menschen ohne Angst davor. Wenn ich mit meiner Frau spazierengehe, sehe ich bereits Hunde, die meine Frau nie wahrnähme, würde ich sie nicht immer darauf aufmerksam machen. Wäre es nicht möglich, daß ich dadurch, daß ich mehr Hunde sehe und auch zwangsläufig meine Verhaltensweise auf Angst und Abwehr – natürlich unbewußt – schalte, eher in Gefahr komme, von einem Hund gebissen zu werden als meine Frau, die weder einen Hund sieht noch sich um einen kümmert?

Und wäre es nicht möglich, daß jemand – der ängstlich ins Wasser geht und dadurch in seiner gesamten Verhaltensweise viel vorsichtiger und unsicherer ist als jemand, dem es egal ist, ob er hinfällt oder nicht – eine größere Chance hat, auf einem Stein auszurutschen oder wegen einer kleinen Unebenheit auf dem Grund zu Fall kommt?

Hat es nicht sogar oft den Anschein, daß wir das – was wir fürchten – offensichtlich regelrecht näher an uns ziehen? Kennen Sie auch Menschen, die von sich dauernd behaupten, »Pechvögel« zu sein und auch tatsächlich vom Pech scheinbar verfolgt werden?

Und jetzt passen Sie auf!

Sobald die an dem erwähnten Gerät angeschlossenen Personen gefragt werden, mit welchen Charaktereigenschaften und Verhaltensweisen ihrer Eltern sie *nicht* einverstanden waren oder noch sind, so zeigt das Gerät genau bei den Verhaltensweisen einen Ausschlag, die diese Personen selbst angenommen haben!

Ist der Vater z. B. sensibel gewesen und man hat ihm das selbst sehr übel genommen, so ist man zwar selbst der Meinung, *nicht* sensibel zu sein, aber der Ehepartner oder die Seminargruppe sehen denjenigen als eher ebenfalls sensibel an!

Ist die Mutter eine Frau, die alles sehr ordentlich und akkurat im Haushalt hatte – was der Tochter übertrieben vorkam – so weiß der Ehemann der Tochter zu berichten, daß sie ihren Haushalt eher übertrieben ordentlich führt, obwohl sie es selbst nicht nur *nicht* so empfindet, sondern auch ärgerlich wird, wenn man es ihr »unterstellen« will.

Das hat nichts damit zu tun, ob diese Eigenschaften positiv oder negativ zu bewerten sind – zumal alles »Negative« auch positive Seiten hat und alles »Positive« auch Schatten mit sich zieht – sondern einzig und allein mit der eigenen Programmierung, d.h. in diesem Fall mit der geistigen Konzentration auf diese Verhaltensweisen. Kennen wir nicht auch Menschen, die sich ausgerechnet über *das* Verhalten bei anderen mokieren, das sie selbst an den Tag legen? Oder erwischen wir uns sogar manchmal selbst dabei, daß wir bei uns ein und dieselbe Verhaltensweise – soweit man Verhaltensweisen direkt miteinander vergleichen und auf eine Stufe stellen kann – als »normal« betrachten und beim Mitmenschen kritisieren?

Können Sie sich noch an das 3. Kapitel erinnern, in dem wir mehr oder weniger scherzhaft eine Verhaltensweise bei uns mit der gleichen eines anderen Menschen verglichen haben und sie aus völlig verschiedenen Blickpunkten sahen? (Wie z.B.: Wenn er langsam arbeitet, ist er faul, ich dagegen eher als besonders genau zu bezeichnen.)

Bei allen Verhaltensweisen, die wir also speziell an unseren Eltern »protestierten« – denn bei Ihnen verbringen

wir die wichtigste und meiste Zeit für unsere Verhaltens-Programmierung – laufen wir höchste Gefahr, sie uns selbst anzueignen! Aber das wollen wir uns aus verschiedenen Blickwinkeln einmal anschauen; denn hier geht es ja um unser Leben!
Wie lernen wir z.B. laufen?
Indem wir es solange probieren, bis wir es können!
Jeder Fortschritt wird als positives Erfolgserlebnis registriert, und bei manchen Kindern wirkt sogar ein Hinfallen als besonderer Ansporn, es beim nächsten Mal zu schaffen. Immer und immer wieder hat unser Geist die Möglichkeit, neue Informationen zu sammeln, wie es gemacht wird und wie nicht. Bis sämtliche Informationen, die zum Laufen notwendig sind, nicht nur gespeichert, sondern auch so schnell abrufbereit sind – für uns selbst allerdings wieder meist unbewußt – daß sich der Körper mit seinen komplexen Bewegungen zum Gleichgewichtserhalt noch anpassen kann. Beobachten Sie einmal ein Kleinkind, welche Schwierigkeiten es hat, sich senkrecht zu halten und wie es Ärmchen und Beinchen gleichermaßen einsetzt, um nicht zu fallen. Heute gehen wir, und es bedarf nicht der geringsten Anstrengung oder auch nur Bewußtmachung, wie wir es anstellen. Wir schalten heute quasi nur das »Programm Laufen« ein, und *es* läuft.
Wie lange haben wir gebraucht, radfahren zu lernen? Auch beim Radfahren sagt man, daß man es nie wieder verlernt, wenn man es einmal richtig kann. Das »Programm« sitzt und ist jederzeit abrufbereit. Und wie ist es beim Schwimmen? – genauso!

Aber überlegen wir einmal, wann wir den entscheidenden Punkt jeweils überwinden konnten. In dem Augenblick, in dem wir daran glauben konnten, in dem wir fest davon überzeugt waren, *daß* wir es können werden, als wir uns mit unserem »geistigen Auge« bereits radfahren oder schwimmen sahen. An das Laufenlernen werden wir uns wohl kaum noch erinnern können.
Auf die gleiche Art und Weise, also des dauernden Probierens, des immer wiederholenden Übens, lernten wir auch das Essen mit Messer und Gabel, das Schreibmaschineschreiben und das Autofahren. Alles das sind erlernte und damit gespeicherte Informations-Mengen unvorstellbaren Ausmaßes, die wir dann nur noch abrufen brauchen, um sie völlig automatisch ablaufen lassen zu können.
Interessanterweise programmieren wir nicht nur erwünschte Verhaltensweisen, sondern nehmen uns auch Verhaltensweisen anderer an, wenn wir uns mit ihnen laufend geistig beschäftigen.
Wir sehen z.B. unseren Vater stets sehr sensibel reagieren, und allein durch diese dauernden Wiederholungen findet bei uns selbst eine unbewußte Programmierung statt. Und *je mehr* ich mit dieser Verhaltensweise nicht einverstanden bin, *um so öfter* beschäftige ich mich in meinem Geist mit ihr. Ich denke vor dem Zubettgehen daran und ärgere mich zwar darüber, aber ich wiederhole diese Situationen stets wieder vor meinem »geistigen Auge«, träume sogar davon und – pauke sie mir auf diese Weise selbst ein. Genauso die positiven Eigenschaften, die mich *oft* beschäftigen, haben eine echte

Chance, von mir an- und übernommen zu werden. Nur die Verhaltensweisen, die mich »kalt lassen«, die mir gleichgültig sind, die an mir vorüberziehen, ohne daß ich sie gefühlsmäßig stark verbinde, werden auch in meinem »Programm« nicht aufgenommen. Die Erbanlagen selbst – und das zeigt die heutige Wissenschaft mit Hilfe von Tests und Untersuchungen immer deutlicher – machen dabei einen geringen Anteil aus, was man auch immer wieder bei sich sehr unterschiedlich verhaltenden Geschwistern und sogar eineiigen Zwillingen beobachten kann.

Wir sind also gut beraten, »unseren Vater und unsere Mutter zu ehren«, d.h. also, vor allem die uns *positiv* erscheinenden Eigenschaften und Verhaltensweisen zu *sehen*, damit wir *diese* speichern. Denn sobald wir nur die Fehler unserer Eltern suchen, sind wir ja auf dem besten Weg, uns diese Fehler bis ins Detail anzueignen und, wenn sie einmal festsitzen, auch der Meinung, daß unsere Verhaltensweise »normal« und richtig ist.

Im letzten Kapitel haben wir ja gesehen, wie schwer es ist, eine neue Verhaltensweise anzunehmen (s. Entspannungsübung oder nur der »tägliche Strich«), weil wir erst eine alte – damit eingefahrene und somit logisch richtige – Verhaltensweise löschen oder zumindest vernachlässigen müssen. Und damit sind die wenigsten unserer eingefahrenen Verhaltensweisen einverstanden, wenn sie plötzlich ihre Existenzberechtigung aufgeben sollen. Wer läßt sich schon gern »aufs tote Gleis« legen? Nun, Sie meinen, das ist ein bißchen kraß ausgedrückt? Wenn wir an unsere Haupt- und Nebenstraßen und

Wanderwege denken, ist es sogar sehr zutreffend. Und was sagt eigentlich die Wissenschaft dazu, Verhaltensweisen, d.h. also gespeicherte Lernprozesse, mit lebenden Existenzen zu vergleichen?
Neue Informationen – die für neue Verhaltensweisen notwendig sind – nehmen wir über unsere Sinne (Eingangskanäle) auf und assoziieren (vergleichen) sie mit bereits ähnlichen vorhandenen Informationen. Wenn wir einen Grund (Motivation) haben, uns für diese Informationen zu interessieren, werden wir aufmerksam und leiten diese dem sog. Ultra-Kurzzeit-Gedächtnis zu. Das gleiche kann über den Weg der Assoziation geschehen, nämlich dann, wenn bereits ähnliche, vergleichbare Informationen vorhanden sind. In diesem Ultra-Kurzzeit-Gedächtnis (UZG) haben wir ca. 20 Sek. Zeit, die Information – die hier im UZG nur als elektrischer Impuls vorhanden und damit wieder absolut löschbar ist – in das Kurzzeit-Gedächtnis (KZG) weiterzuleiten. Dies geschieht nur dann, wenn wir mit der Information »etwas anfangen« können, wenn sie also in unser bereits vorhandenes Assoziationsschema paßt und irgendwelche An- und Verknüpfungspunkte findet. Von hier ab bis hin zur endgültigen Speicherung im Langzeit-Gedächtnis (LZG) sind es bereits *keine* nur vorübergehenden elektrischen Impulse – sog. Ionenströme oder Schwingungskreise – mehr, sondern bereits *stoffliche Verankerungen*, also echte, handfeste Materie. Und wenn die Wissenschaftler sogar herausgefunden haben, daß *jede* unserer 150000000000000 Körperzellen die gesamte Information eines kompl. Menschen ge-

speichert hat, dann heißt das, daß auch das Grundprogramm des Erhaltungstriebes fest verankert ist. Warum sollten also nicht auch die bereits stofflich gewordenen Informationen – also reine Gedanken – eine Art Selbsterhaltungstrieb haben?
Auf jeden Fall wird uns dieser Blickpunkt auf unserem Weg, uns und unsere Gedanken unter Kontrolle zu bekommen, behilflich sein und uns eine gut zu verwendende bildliche Vorstellung darüber liefern, daß Gedanken wirklich Existenzen sind.
Wir sehen also – ob nun von diesem Blickpunkt aus oder mit Hilfe der Vorstellung des Trägheitsgesetzes – daß es nicht leicht und so ohne weiteres möglich ist, eine einmal angenommene Verhaltensweise – also gespeicherte Informationen, die wir regelmäßig abrufen – einfach zu ändern.
Denken wir nur daran, wieviel Zeit und Geduld erforderlich ist, unseren Kindern eine »schlechte« Angewohnheit abzugewöhnen – von uns selbst ganz zu schweigen – und das, obwohl wir doch den besten Willen mitbringen. Denken wir möglichst zu den Zeitpunkten daran, zu denen wir nicht verstehen können und ungeduldig werden wollen, wenn sich der Partner oder die Kinder nicht nach unserem Wunsch verhalten.
Sehen wir aber nicht auch gleichzeitig in diesem Gebot eine Verpflichtung für alle Eltern, sich den Kindern gegenüber möglichst so zu verhalten, wie es die Eltern von ihnen erwarten? Ja, ist es nicht sogar die einzige Möglichkeit, die wir haben, unsere Kinder wirklich zu erziehen? Wie oft aber sehen wir, daß die Kinder beim Essen

gemaßregelt werden, nicht zu sprechen, obwohl die Eltern es ununterbrochen tun. Die Frage »warum«, auf die man in einem solchen Fall warten kann, bleibt für die Kinder meist unbefriedigend oder überhaupt nicht beantwortet. Ja, warum sollen wir denn eigentlich beim Essen nicht erzählen? Wenn ich heute viele Eltern so am Tisch sehe, dann müßte ich als Kind auf die Idee kommen, daß der Grund darin zu suchen ist, meine »Sendepause« sei nur verlangt, weil sich die Eltern ungestört unterhalten wollen. Oder weil sie mit ihren Gedanken total abwesend sind und die Essenszeit nutzen, sich mit den Problemen zu beschäftigen, für die sie im übrigen Tagesverlauf keine Zeit haben. Guten Appetit!

Wissen wir überhaupt, was wir gegessen haben, wie es geschmeckt hat? Oder gab es heute »ich muß noch staubsaugen« oder »die Versicherungsprämie ist fällig« oder »ich muß noch tanken« oder »was gibt es heute eigentlich im Fernsehen?« – Gedanken zu essen? Wissen Sie, ich bin ehrlich genug, mich dazu zu bekennen, von heruntergeleierten Tischgebeten nicht viel zu halten. Aber wäre es nicht sinnvoll, uns kurz vor dem Essen zu sammeln und uns ausschließlich auf das Essen zu konzentrieren? Ich bin sicher, daß wir nicht nur wesentlich besser verdauen würden, sondern daß wir auch viel weniger zu essen bräuchten, um satt zu werden.

Denn wieviel Speise haben wir bereits im Magen, bevor wir überhaupt gemerkt haben, daß wir schon lange essen?

Wir wollen uns noch ein paar wichtige Erkenntnisse aus der Erforschung unserer Großhirnrinde – dem Teil, mit

dem wir denken und der uns im Wesentlichen vom Tier unterscheidet – anschauen, um unseren Kindern zu helfen, uns später als »Vater und Mutter ehren« zu können. Fangen wir am besten ganz vorn an:
Ein Neugeborenes bringt – vom Blickpunkt des heutigen wissenschaftlichen Standes aus – lediglich ein Überlebensprogramm mit all den dazugehörenden Reflexen und Steuerungen wie Herzschlag, Atmung, Augenlider- und Verdauungstätigkeiten usw. mit, zusätzlich einen nicht nur leeren, sondern auch unprogrammierten »Computer«, der obendrein auch nur als Baukasten geliefert wird, bei dem die »Verdrahtungen« sogar noch untereinander »verlötet« werden müssen. Allerdings – und das ist der Haken – gibt es hierfür a) keinen »Bauplan« und b) hat das Neugeborene im Wesentlichen nur drei Monate Zeit dafür, sich den »Bauplan abzuschauen« und den »Computer« funktionstüchtig zu »erstellen«. Nutzt es diese Zeit nicht aus – würde es theoretisch während der ersten drei Monate über die fünf Sinne keinerlei Informationen bekommen (also in einem dunklen, schalldichten Raum liegen, ohne Kontakt zur Umwelt) – hätte es also keine Chance, einen anderen »Bauplan abzugucken«, so würde es nur einen äußerst simplen und primitiven »Computer« zustande bringen. Es hätte, wenn diese drei Monate ungenutzt blieben, in den nächsten 10, 20, 30 oder 70 Jahren nicht die geringste Chance, auch nur die menschliche Sprache flüssig zu erlernen. Das wohl berühmteste Beispiel eines solchen Kindes ist Kaspar Hauser. Ansonsten sind ähnliche Fälle als sog. »Wolfskinder« bekannt geworden.

Nicht daß wir uns falsch verstehen und ich damit sagen will, daß wir in den ersten drei Monaten sprechen gelernt hätten. Aber die notwendigen Voraussetzungen dafür – die Verknüpfungen und Verbindungen unter den einzelnen Gehirnzellen – die notwendig sind, um sprechen, laufen und denken zu lernen, sind innerhalb dieses Zeitraumes so gut wie abgeschlossen und nun entweder vorhanden oder nicht.

Wenn wir uns einen sehr billigen Tonband-Rekorder kaufen, der einen Frequenz-Umfang von 500–5000 Hertz aufnehmen kann – gerade um die menschliche Stimme gut hörbar wiederzugeben – nutzt es uns anschließend nichts, wenn wir die teuersten und besten Chromdioxyd-Kassetten kaufen oder ein, über 14 verschiedene Kanäle aufgenommenes, Stereoband – das die höchsten Töne einer Geige und die tiefsten eines Basses trägt – in unseren Rekorder einlegen. Er kann – und wenn wir es 70 Jahre lang versuchen würden – nur den kleinen Frequenzbereich übertragen. Innerhalb dieses Bereiches kann er natürlich viel oder wenig hörbar machen, je nachdem, ob wir viel oder wenig aufgenommen haben.

Eine Mutter handelt also instinktiv völlig richtig, wenn sie sich mit ihrem Baby unterhält, ihm die Wohnung zeigt, das Kinderzimmer nicht nur weiß getüncht läßt, sondern schon richtig wohnlich einrichtet, wenn sie ihm die Möglichkeit gibt, verschiedene Küchengerüche kennenzulernen und auch die anderen Sinne vielfältig Gelegenheit bekommen. Diese Informationen (wahrgenommen über die fünf Sinne) dienen als »Bauplan«. Sie werden zur Großhirnrinde weitergeleitet, um hier möglichst viele Verdrahtungen zwischen den Nerven erst einmal herzustellen. Leider gibt es noch keine genauen Untersuchungsergebnisse, die eine ideale Umgebung für die ersten drei Monate aufzeigen. Eins leuchtet jedoch ein und scheint sicher, je mehr verschiedene »Leitungen gelegt« werden, um so umfangreicher ist die Möglichkeit, verschiedene Dinge auch auf verschiedene Arten zu speichern. Dadurch wird es dem Kind später möglich, auch verschiedene Blickpunkte einnehmen zu können und dadurch letzten Endes nicht nur intelligenter, sondern auch toleranter zu werden. Denn je mehr ein Mensch auf verschiedene Art und Weise denken kann, um so mehr wird er die Denkweise anderer verstehen und akzeptieren können. Andere Denkweisen zu akzeptieren heißt aber auch, weniger Fehler beim anderen zu sehen und heißt damit auch, daß dieser Mensch ruhiger und ausgeglichener sein wird.

Angenommen, ich kann nur »ja« und »nein« denken, also nur »schwarz« und »weiß«. Wenn mir jetzt jemand etwas von rot oder blau erzählt, kann ich mir kaum etwas darunter vorstellen. Ich kann es einfach nicht einordnen und kaum als existent akzeptieren. Ich werde sagen, wenn es um rot geht: »Ja, ja, Sie meinen also: etwas heller als schwarz und wesentlich dunkler als weiß, nicht wahr?« Und Sie werden mir antworten: »Nein, das hat nichts mit schwarz oder weiß zu tun. Ich meine rot.« »Na, ja, ich sage doch: etwas heller als schwarz und ...« Es ist nichts vorhanden, womit eine Vergleichsmöglichkeit besteht. Und wenn man nichts versteht, versteht

man gewöhnlich auch nicht die Verhaltensweise anderer. Je besser ich aber den Mitmenschen oder speziell Vater und Mutter verstehe oder zumindest Verständnis für deren Verhaltensweise zeige, um so besser verstehe ich mich selbst.
Und nun zur Belohnung!
Welcher Mensch hat eine größere Chance, lange und gesund zu leben – derjenige, der ständig die Fehler der anderen sucht, Haß und Hader in sich schürt und keinem Menschen Ehre und Anerkennung gibt oder derjenige, der dankbar für die Mühe und Arbeit ist – die seine Eltern für ihn aufbrachten – glücklich und guten Mutes, das Beste aus dem Leben zu machen?
Wie alt möchten Sie werden?
Ich habe mir vorgenommen – stets von anderen, meine Motivationen und Zielsetzungen nicht kennenden, Menschen belächelt – 130 Jahre alt zu werden, warum? Damit ich mich selbst Tag für Tag immer wieder daran erinnere, meine Verhaltens- und Denkweise entsprechend einzurichten. Aus diesem Grund kann ich mir verschiedene Emotionen – wie Haß, Neid oder auch Angst – einfach nicht leisten! Ich kann es mir nicht mehr leisten, auf Sie sauer zu sein, selbst wenn Sie mich den größten Idioten nennen. Ich kann es mir nicht mehr leisten, mich über die Fehler anderer zu ärgern; denn es reicht, daß diese Fehler begangen wurden. Soll ich nun zusätzlich noch vor meinem 130. Geburtstag diese »Bühne« verlassen?
Erkennen Sie eine Anlehung an das Kapitel »Du sollst den Namen des Herrn, Deines Gottes, nicht mißbrau-

chen«? Die dort »angedrohte« Strafe erlegen wir uns selbst auf. Wir brauchen nicht erst bis zum »jüngsten Gericht« zu warten. Denn wie werden wir glücklich und erfolgreich – indem wir kritisieren oder indem wir uns nur positive, gewinnbringende Programme aussuchen?

Wir werden uns noch in diesem Kapitel einem der wichtigsten – falls es da überhaupt eine Rangordnung gibt – universellen Gesetze nähern. Vielleicht werden Sie es schon bald oder auch erst am Ende dieses Buches erkennen. Aber wenn Sie es erkannt haben, und Sie wenden es gezielt an, wird sich Ihnen eine völlig neue Welt auftun.

Wir wollen nun Schritt für Schritt untersuchen, welche Vorteile es uns noch bringt – außer einem langen Leben – wenn wir »Vater und Mutter ehren«.

Ich benutze im Augenblick noch absichtlich den globalen Begriff Geist, um nicht mit Bewußtsein, Unterbewußtsein, Unbewußtes, Über-Ich usw. Verwirrung und Unsicherheit zu stiften, zumal sich die verschiedenen Fakultäten auch noch nicht auf bestimmte Begriffe und Ausdrücke einheitlich festgelegt haben.

Wie wir festgestellt haben, eignen wir uns positive und negative Eigenschaften an, wenn wir uns mit diesen in unserem Geist oft genug beschäftigen. Dies ist also nochmals eine Bekräftigung dessen, daß unser Geist nicht zwischen Wirklichkeit und lebhafter Vorstellung unterscheiden kann.

Ob wir ein Auto sehen oder ob wir es uns vor unser »geistiges Auge« projizieren – es besteht kein Unterschied; mit diesem Bild werden die gleichen Gefühle in uns erzeugt. Selbst wenn wir »nur« träumen und uns am näch-

sten Tag erinnern, daß uns ein Hund gebissen hat, für unseren »Speicher« und unsere Gefühlswelt hat er uns gebissen. Denn unser Körper reagiert in diesem Augenblick mit der Ausschüttung des Streßhormons Adrenalin und setzt uns in Fluchtstimmung. Oft werden wir sogar nach solchen Träumen schweißgebadet wach. Um noch einen Augenblick bei Traumreaktionen zu bleiben, erlauben Sie mir einen Blickpunkt, dessen Tragweite oft unterschätzt wird. Ein Kind erwacht z.B. wegen eines Angsttraumes und weint. Wie oft wird aus Nachlässigkeit dem Kind nur gesagt: »Ach, du Dummerchen, es war doch nur ein Traum.« oder »Stell dich nicht so an, du hast es doch nur geträumt.« Wie wenig wird in diesem Augenblick daran gedacht, daß ein Kind noch weniger tatsächlich Erlebtes vom Traum unterscheiden kann und schon gar nicht in den ersten Minuten nach dem Erwachen. Es benötigt den selben Trost, als wäre es vom Hund gebissen worden, und dann können wir es ganz behutsam darauf aufmerksam machen, daß es nur geträumt hat. Denn wenn wir uns selbst unter »die Lupe nehmen«, gehören wir auch heute noch zu den »Dummerchen, die ebenfalls Minuten und manchmal Stunden benötigen, um zu erkennen, daß der geträumte Inhalt keine Realität war und ist.
Heute morgen, als meine Frau erwachte, stellte sie mir als Erstes die Frage: »Liebst du mich noch?« Ich sah in ihren Augen, daß sie einen negativen Traum gehabt haben mußte und antwortete sofort bejahend und bat sie, mir den Traum zu erzählen. Sie hatte davon geträumt, daß ich ihr wegen ihrer Kleidung einen Vorwurf ge-

macht hätte, und sie hatte deshalb das Gefühl, nicht mehr geliebt zu werden. Wenn ich auf ihre Frage nicht oder nur oberflächlich eingegangen wäre, hätte sie es wesentlich schwerer gehabt, den Traum als nicht wahr zu verarbeiten. Unser Verhältnis wäre vielleicht den ganzen Tag über gestört gewesen, ohne daß jemand den Grund in dem Traum gesucht hätte (meiner Frau wäre es selbst nicht einmal *bewußt* geworden). Sie hätte vielleicht sogar den ganzen Tag meine Verhaltensweise genau beobachtet, um evtl. eine Bestätigung ihres Gefühles zu finden.

Wenn ich ihr zum Beispiel gestern (also vor dem Traumerlebnis) den Wunsch nach einem gemeinsamen Spaziergang abgeschlagen hätte, so hätte sie sich vielleicht um mein Wohlbefinden gesorgt. Heute aber – vom Traumerlebnis unbewußt beeinflußt – würde sie es als Vernachlässigung auffassen.

Was träumen wir überhaupt? Haben wir einen Einfluß auf unsere Träume? Ja, wir haben; denn wir träumen das, was wir tagsüber gefühlsmäßig nicht verarbeitet haben – was uns emotionell stark bewegt hat. Es müssen also nicht genau die Erlebnisse sein, die wir am Tag hatten, sondern die gefühlsmäßig mit anderen – bereits erlebten – assoziiert werden. Wenn wir uns also als Gutenachtlektüre noch einen Krimi aussuchen, uns nochmals den Ärger des gesamten Tages in Erinnerung rufen, uns vielleicht sogar vor dem Einschlafen noch streiten oder unsere Kinder ausschimpfen, daß sie endlich schlafen mögen (!), brauchen wir uns über entsprechende Träume nicht zu wundern. Die Folge ist, wir brauchen uns auch über entsprechende Emotionen und eine entsprechende Stimmung beim Erwachen nicht zu wundern und brauchen uns erneut über einen entsprechenden darauffolgenden Tagesablauf – der ja so gut programmiert anfängt – ebenfalls nicht zu wundern. Geben wir unseren Kindern also eine Chance, »uns zu ehren«, indem wir mit ihnen ihre Probleme in Ruhe gemeinsam durchsprechen, anstatt sie direkt vom Fernsehen ins Bett zu schicken. Wir sollten eher dafür sorgen, daß sie in der letzten Stunde vor dem Einschlafen ein *positives* »Programm« mit ins Bett nehmen.

Wir haben also gesehen, daß allein das »Abgucken«, das »sich identifizieren« ausreicht, um eine andere Verhaltensweise anzunehmen. Allerdings heißt es »Du sollst Vater und Mutter ehren« und nicht nur, du sollst den Menschen ehren, dessen positive Verhaltensweisen du gern übernehmen möchtest. Diese Fähigkeit läßt nämlich mit zunehmendem Alter nach, so daß später mehr Zeitaufwand und Willenskraft notwendig sind, um eine uns positiv erscheinende Verhaltensweise anzunehmen. Auf jeden Fall aber wird es uns eine äußerst wichtige Hilfe sein, Eigenschaften zu entwickeln, die für ein erfolgreiches, glückliches Leben unbedingt erforderlich sind.

Schauen wir uns einen Raucher an, der weder die Kraft hat noch ernsten Willens ist, das Rauchen aufzugeben. Er raucht beispielsweise 25 Zigaretten pro Tag und wird immer, wenn man ihn darauf anspricht, antworten, daß diese 25 Stück nicht sonderlich viel sind und: »Die meisten, die ich kenne, rauchen einiges mehr.«

Sprechen wir mit einem Menschen, der jeden Tag regelmäßig eine bestimmte Menge Alkohol trinkt, so wird er – wenn er nicht gewillt ist, darauf zu verzichten – ebenfalls antworten, daß seine Freunde und Kumpels *mehr* trinken als er. Hat er, wenn er sich diese Menschen unbewußt zum »Vorbild« nimmt, überhaupt einen möglichen Weg eingeschlagen, weniger anstatt mehr zu verkonsumieren? Erst wenn er beginnt, *selbst* der Meinung zu sein, daß es zuviel für ihn ist und welchen Vorteil es bringt, weniger zu »genießen«, schaut er wieder auf Menschen, die weniger als er bzw. überhaupt nicht rauchen oder trinken. Und dann hat er auch wieder ein positives Vorbild, was ihm behilflich sein wird – vorausgesetzt er bleibt dabei – diese andere vorbildliche Verhaltensweise abzugucken und anzunehmen.
Und hierzu eine interessante Parallele: hier und da kann man feststellen, daß sich ältere Ehepaare – weil sie stets bemüht sind (oder einer von beiden) die Verhaltensweise des Partners zu achten und zu ehren – sehr ähneln und sogar ähnlich aussehen. Da wir inzwischen wissen, daß der Geist direkt auf den Körper wirkt, erscheint dies sogar einleuchtend.
Wir wollen uns nun wieder diese Erkenntnis nutzbar machen und sie für die Aneignung gewinnbringender Eigenschaften in die Praxis umsetzen. In manchen, leider meist diktatorischen Ländern, weiß man gut, dieses Wissen zu nutzen und benutzt »Helden«, um der Jugend leuchtende Vorbilder zu geben. Die Jugend schwärmt für sie, schließt sie in ihr Herz ein (denkt also ständig an die Helden und ihre Verhaltensweise) und

kann somit sich selbst diese Verhaltensweise aneignen – jedenfalls soweit es die »Verdrahtung« des eigenen »Computers« zuläßt.
Leider sind die »Helden« unseres Landes inzwischen Menschen, die im Fernseh- oder Kinofilm weiter nichts zu tun haben, als andere – auf meist grausame Art und Weise – »um die Ecke zu bringen«. Und selbst wenn der »Held» einen Verbrecher jagt und tötet, so ist das doch wohl im Zeitalter der Demokratie kaum noch als rechtmäßig zu vertreten. Von Monstern, grausamen Zukunfts- oder Katastrophenfilmen ist ganz zu schweigen, zumal wir inzwischen wissen, daß unser Geist auch die lebhafte Vorstellung als Realität speichert. Der Beweis: Tausende von Menschen – und das war sogar der Werbeaufhänger eines Filmes – gingen, nachdem sie in Einzelheiten gesehen hatten, wie Haifische Menschen zerfleischten, im darauffolgenden Urlaub nur noch zögernd und ängstlich oder überhaupt nicht mehr im Meer baden.
Aber zurück zur Möglichkeit, eine andere Verhaltensweise mit Hilfe unserer Vorstellungskraft anzunehmen. Angenommen, es fällt uns nicht ganz leicht, ruhig zu bleiben, wenn wir uns – zu unrecht oder nicht – kritisiert fühlen, dann sagen wir oft dem anderen richtig die Meinung und machen ihn obendrein auch noch auf *seine* Fehler – mehr oder meist weniger höflich – »aufmerksam«, anstatt Kritik als willkommene Hilfeleistung anzunehmen.
Doch kommen Sie jetzt bitte nicht auf die Idee, ich wüßte nicht, wovon ich schreibe. Wer mich vor noch

nicht allzu langer Zeit kritisierte, hatte nicht mehr viel zu lachen. Denn einen anderen genau an seinem schwachen Punkt zu treffen – unter Einsatz aller psychologischen Kampfmittel – war lange Zeit mein Hobby. Allerdings, je mehr ich im Begriff war, »Mensch« zu werden, um so weniger Spaß hatte ich daran. Und eines Tages tat es mir sogar anschließend leid, und später ärgerte ich mich über mich selbst, daß ich mich wieder einmal hatte »gehen« lassen.

Wen oder was hatte ich gehen lassen? (Vielleicht passiert es Ihnen ja auch hier und da einmal?) Das »eingespeicherte Programm« – die erlernte Verhaltensweise – sich furchtbar aufzuregen »geht«, sobald eine solche Situation auftritt. Es geht oder läuft von ganz allein ab, ohne daß wir es selbst noch bewußt in der Hand haben oder steuern können. Genau müßte es also nicht heißen »wir lassen uns«, sondern »wir lassen es« (das Programm) »gehen«.

Ich kann mich noch gut daran erinnern, daß ich in meiner Gedankenwelt solche Situationen bis ins Detail immer und immer wieder durchspielte. Ich stellte mir vor, wie ich reagieren würde, was ich antworten würde und wie ich es ihm (meinem imaginären Gegner) schon zeigen würde. Im Grunde genommen zeigte ich mir damit selbst, wie wenig ich mich in der Gewalt hatte und wie wenig ich der Rasse homo sapiens Ehre machte. Und dann – wen wundert es – wenn es wieder einmal soweit war – alle guten Vorsätze, mich zu ändern, kamen mir in solchen Augenblicken nicht in den Sinn – lief »es« wieder wie von selbst ab.

Eines Tages, auf meinem noch langen Weg, Mensch zu werden – übrigens auch ein Grund, weshalb ich 130 Jahre alt werden möchte – ging mir das berühmte »Licht auf«, und ich fing an, meine *Vorstellung* vom Ablauf solcher Situationen zu ändern. Anstatt meine Gegner »in Grund und Boden zu stampfen«, stellte ich mir vor, nur dazustehen und zu lächeln. Und von nun an erwischte ich mich von Woche zu Woche öfter dabei – denn vorher war es mir überhaupt nicht bewußt – wie ich voraussehend »einstampfte«. Und jedesmal änderte ich sofort meine Taktik und – sah mich lächeln. Ja, ich machte direkt ein neues Hobby daraus, mich lächeln zu sehen und konnte mich sogar dahin bringen, daß ich zustimmend nickte, mich für den sicher gut gemeinten Hinweis bedankte und erstaunt feststellte, die Angelegenheit von diesem Blickpunkt aus noch gar nicht betrachtet zu haben. Es verging noch einige Zeit. Doch eines Tages war es irgendwann einmal soweit, und anstatt mein altes »germanisches Kampfprogramm« abzurufen, gelang es mir, mich für mein neues zu entscheiden. Ich stand – lächelte und sagte: »So habe ich das noch gar nicht gesehen.« Mein Gegenüber stand – staunte und sagte: »Aber ich bin mir doch nicht ganz sicher. Vielleicht haben auch Sie recht.«

Wissen Sie, was das für mich bedeutete? Können Sie sich vorstellen, daß ich am liebsten – anstatt verständnisvoll zu gucken – in die Luft gesprungen wäre vor Begeisterung? Das ging mir runter wie Öl. Ich hatte gesiegt! Nicht über den Gesprächspartner, das war mir in diesem Augenblick nicht wichtig – nein, über mich selbst. Ich hatte es geschafft, ein altes »Programm« zu besiegen, und – ich hatte mich völlig frei entscheiden können. Ich unterlag nun nicht mehr mir selbst und der Vorstellung »so bin ich nun mal«, sondern ich erkannte die unvorstellbaren Möglichkeiten, mich zu ändern. Ich erkannte die Möglichkeit, so zu werden, wie man sich eine »vorbildliche Persönlichkeit« vorstellt! Als Kind, o.k., da hat man Ideale. Aber die Ideale schrumpfen schneller als man Zeit hat, richtig daran zu glauben und sie sogar zu verwirklichen. Und außerdem, kaum hatte man sie ausgesprochen (die Vorstellungen vom Idealbild) schon wurde man ausgelacht und mit sog. guten Ratschlägen überhäuft wie »Schuster bleib' bei deinen Leisten« und »bleibe im Land und nähre dich redlich«. Aber niemand machte einem Mut oder Hoffnung, daß man das werden könnte, was man wollte, daß man quasi »nach den Sternen greifen könnte«. Und jetzt: ich hatte mir den Beweis geliefert, mich ändern zu können, Freunde gewinnen zu können, anstatt mir dauernd Feinde zu schaffen! Und wenn es mir gelingen sollte, auch noch andere Verhaltensweisen anzunehmen, mich so zu verhalten, wie es die »Erfolgreichen« tun, dann mußte es nur noch eine Frage der Zeit sein, selbst »etwas darzustellen« – also etwas erreichen zu können. Ich wartete nun fast darauf, daß ich Gelegenheit bekam, mein neues »Programm« wieder »ablaufen« zu lassen und testen zu können. Es funktionierte prima. Ab und zu, wenn die Situation nicht von vornherein klar war und sich erst langsam entwickelte, schob sich mein altes »Programm« noch vor, allerdings in wesentlich abgeschwächterer Form.

Dies ging solange gut, bis ich mit dem österreichischen Institut einen 6-Monats-Vertrag zeichnete, bei dem – Sie erinnern sich – ohne Ziel und Plan viel gearbeitet wurde. Der geschäftsführende Diplom-Kaufmann hatte a) ein Verhalten, das mich stark an einen Menschen erinnerte, der mich einmal jahrelang viel Nerven gekostet hatte, und b) war er nicht ganz ehrlich — scheinbar, ohne es selbst zu merken und in der festen Meinung, es müsse sein und ein anderer merke es bestimmt nicht. Anfangs war ich stets in der Lage, mein »so-habe-ich-es-noch-gar-nicht-gesehen-Programm« abzurufen, und meine liebe Frau ermunterte mich auch stets, dabei zu bleiben. Aber eines Tages – man war einmal wieder nicht in der Lage, mir am Monatsende auch nur einen Schilling auszuzahlen – vertröstete mich der Herr Diplom-Kaufmann nicht nur um zehn Tage, sondern forderte darüber hinaus noch *mehr* Arbeit von mir, die weit über die vertraglichen Vereinbarungen hinausging. Ich fühlte mich – mehr als die Hälfte meiner Arbeitszeit war bereits freiwillig und unbezahlt – schamlos ausgenutzt. Zusätzlich sah ich keinen Sinn in lediglich mehr Arbeit, weil diese völlig nutzlos eingesetzt wurde. Innerlich fühlte ich für den Bruchteil einer Sekunde, daß ich noch die Chance gehabt hätte zu wählen, als auch schon mein »germanisches Kampf-Programm« durchbrach. Wenige Minuten später – ich war in keinster Weise laut geworden – stand ein Mensch vor mir, den man als fix und fertig bezeichnen konnte. Allerdings – ich war es, als ich ging, auch. Ich war sauer, sauer über mich, daß es jemand geschafft hatte, mich »herauszufordern«. Das war seit einigen Monaten – ich glaube sogar, es waren zwei Jahre – nicht mehr passiert. In der Hoffnung, daß die Lage in dieser Firma nun besser würde – weil die Fronten geklärt waren – zeigte ich weiterhin guten Willen, und es schien sogar eine Besserung einzutreten, doch jeweils nur für Tage. Warum jeweils? Weil es nun regelmäßig »funkte«. Ich entschloß mich – es konnte inzwischen noch unregelmäßiger bezahlt werden und sogar Schecks über Minibeträge wurden nicht mehr eingelöst – von einem Tag auf den anderen zu gehen. Der Preis, mich zurückzuentwickeln – ich merkte es in dieser Zeit an meiner gesamten Verhaltensweise – war mir zu hoch.

Warum erzähle ich Ihnen diese Geschichte?

Einerseits wollte ich Ihnen ganz deutlich die Möglichkeit aufzeigen, daß man sich ändern kann und andererseits, daß es nicht immer einfach ist, es durchzuhalten. Nun, ich hatte zwar teuer bezahlen müssen, aber ich hatte eine wichtige Lektion erhalten für die Änderung einer weiteren Verhaltensweise. Mein Leben lang war ich »auf die Nase gefallen«, weil ich *zu* gutmütig war. Ich ließ mich stets solange ausnutzen – und empfand mich immer als hilfreicher Mensch, dem Dank und Anerkennung dafür gebührt – bis es mir einfach an die Substanz ging, der »Krug also voll war«. Dann war es meist zu spät für versöhnende Worte und mein »Kampfprogramm« mußte herhalten. Mir wurde klar, daß ich endlich lernen mußte, *rechtzeitig* nein sagen zu können. Wir wissen inzwischen, daß der früheste Zeitpunkt, sich zu ändern, der ist, wenn man es selbst »einsieht«.

Sie sehen, es ist ein langer Weg, dort hinzukommen, wo

wir hinkommen möchten. Nun, wie alt möchten Sie werden, um das zu erreichen? Können Sie sich jetzt etwas besser vorstellen, daß ich – trotz meines Zieles von 130 Lebensjahren – a) keine Zeit zu verschenken habe und b) keine »Angst« haben muß, perfekt zu werden?
Ich sah also ein, wieder eine neue Verhaltensweise annehmen zu müssen, um auf meinem Weg weiterzukommen. Also beschäftigte ich mich erst wieder gedanklich damit, mich »nein« sagen zu sehen. Ich sah mich z.B. im Supermarkt, wenn man mir ein Gläschen Wein zur Kostprobe anbot, wie man mich beim Arbeiten stören wollte, wie man mich zu einer – für mich ungünstigen – Zeit um einen Gefallen bat und ...
Stets wollte ich ein guter Freund, ein guter Nachbar sein, merkte aber nie, daß man mich oder meine Hilfe genauso schätzen würde, wenn ich mich bzw. meine Hilfe zehn Minuten oder zwei Stunden später (zu einem für mich günstigeren Zeitpunkt) anbot.
Auch hier der gleiche Weg: zuerst die geistige Vorstellung, wie ich mich verhalten werde, bis ins Detail. Ja, ich sah mich sogar meiner Frau gegenüber »nein« sagen, wenn ich beim Schreiben von ihr gestört würde, um ihr einen kleinen Gefallen zu erweisen und bat um ein paar Minuten Geduld. Und auch hier funktionierte es eines Tages, wie bei meinem ersten Versuch. Anstatt chronisch – und ohne eine zweite Möglichkeit überhaupt in Betracht zu ziehen – »ja« zu sagen, konnte ich plötzlich wählen und mich auch für »nein« entscheiden.
Ist es übrigens interessant für Sie zu wissen, daß ich mich als Kind darüber ärgerte, daß mein Vater ebenfalls kei-

nen Wunsch abschlagen konnte und dadurch auch stets ausgenutzt wurde? Ist es übrigens interessant für Sie zu wissen, daß ich mich als Kind sehr darüber ärgerte, daß mein Vater keinerlei Kritik duldete und sich stets im Recht fühlte, es aber »danach« oft bedauerte?
Heute weiß ich, daß ich mir viel Zeit, viel Mühe und Ärger erspart hätte, wäre ich als Kind in der Lage gewesen, »ihn zu ehren« und nur seine positiven Seiten zu sehen, anstatt mich oft mit den negativen Seiten zu beschäftigen. Daß diese Verhaltensweisen wirklich nicht zu mir »paßten«, konnte ich allerdings erst jetzt beweisen; denn nun fühle ich mich in meiner Haut wohler.
Wann beginnen Sie mit Ihrem neuen Hobby, sich so reagieren zu sehen, wie Sie sich verhalten möchten?
Wäre dieses Kapitel für unsere Kinder – um »Eltern und auch Lehrer ehren« zu können – nicht ein wichtigeres »Aufklärungswerk« als wenn sie mit sechs oder sieben Jahren schon in allen Einzelheiten wissen müssen, wie ein Baby gezeugt wird? Vielleicht erhalten wir als Eltern sogar die Antwort von unseren Kindern: »So habe ich das noch gar nicht gesehen.«
»Ich bin nur ein Durchschnittsmensch«, sagte U.S.-Präsident Theodor Roosevelt von sich, »aber an diesem Durchschnittsmenschen arbeite ich härter als der Durchschnittsmensch.«
Sobald wir »Durchschnittsmenschen« daran denken, unser Leben zu ändern und »edlere« Verhaltensweisen in uns entfalten wollen – das »Samenkorn« steckt bereits in uns, wir müssen es nur regelmäßig »gießen« und dürfen den Sonnenschein nicht vergessen – wenn wir uns

also anregen lassen, eine glückliche und sinnvolle Existens aufzubauen, plagen uns auch schon die ersten Zweifel. Diese drücken sich in Reaktionen aus wie: »Ich habe wirklich keine Zeit« oder »Ich habe schon genug um die Ohren« oder »Das mag für andere stimmen, aber nicht für mich« oder »Ich werde es auch so schon schaffen.« Das sind Ausreden, die sich später in »Ich hatte nie eine echte Chance« und »Meine Eltern konnten mir nichts mit auf den Weg geben«-Sprüche umändern. Solche und ähnliche unproduktiven – und damit negativen – Ausflüchte wirken auf unsere Persönlichkeitsentfaltung zerstörerisch, hemmen unsere Begeisterung, mehr aus uns zu machen und mindern die Schaffenskraft in allen ihren Lebens- und Wirkungsbereichen.
Bei solchen Überlegungen angelangt, sollten wir uns auch wieder als Erstes mit unausweichlicher Deutlichkeit fragen: »Was will ich?«

Zum Abschluß dieses Kapitels wollen wir wieder alle vorangegangenen Erkenntnisse nutzen.

1. Wenn wir anfangen, uns andere vorteilhafte Verhaltensweisen anzueignen, ist auch hierbei unerläßlich, uns zu entscheiden, mit *welcher* wir anfangen werden. Haben wir uns für *eine* entschieden, schicken wir die restlichen – wie gewohnt – auf unsere »Wunschkarten-Warte-Insel«, bis wir ein befriedigendes Resultat erzielt haben.

2. Wir machen uns keine unnützen Gedanken darüber, *wie* wir es schaffen oder nicht schaffen könnten, sondern wir sehen uns mit unserem »geistigen Auge« bereits am Ziel, *daß* wir es geschafft haben. Wir sehen uns, wie wir uns verhalten *werden*, wenn wir diese gewünschte Verhaltensweise bereits angenommen haben.

3. Anstatt uns zu beklagen, welche »armen, bemitleidenswerten Geschöpfe« wir doch sind, lassen Sie uns die Sache anfassen und das Beste daraus machen. Wir wollen nicht »leiden lernen, ohne zu klagen«, sondern lernen, wie wir – *anstatt* zu leiden und zu klagen – erfolgreich werden!

4. Unsere Entspannungsübungen sind uns eine großartige Hilfe, unsere Vorstellung von unserer gewünschten Verhaltensweise tief in uns »einzuprogrammieren«. Wir können also die Entspannungsübung quasi als Schlüssel benutzen, um die Tür zu unserer »Verhaltens-Schatzkammer« zu öffnen und

dort direkt unsere neue Verhaltensweise als zusätzliche Abruf- oder Entscheidungsmöglichkeit zu deponieren.
Und wenn wir auf unser Tonbandbeispiel zurückgreifen, können wir die Entspannungs-Übung mit der Tricktaste vergleichen, mit der es möglich ist, ein neues »Programm« immer wieder aufzunehmen, ohne das alte vorhandene zu löschen. Erst wenn wir das neue »Programm« immer wieder aufnehmen, wird das alte beim Abspielen immer weniger durchzuhören sein.
Im Laufe des Buches werden wir sogar versuchen, eine Art »Löschkopf« zu finden, mit dem wir alte »Programme« löschen wollen, damit die neuen noch besser und schneller hörbar werden.

5. Wir wollen uns über unsere gewünschte Verhaltensweise hinaus nun auch noch sämtliche Vorteile und Annehmlichkeiten – die diese neue Verhaltensweise mit sich bringt – lebhaft vor unser »geistiges Auge« rufen.
Versetzen wir uns mit all' unserer Vorstellungs-Kraft in die Situation »wie es wäre, wenn wir schon (z.B.) selbstdisziplinierter handelten«, »wie es wäre, wenn wir schon lächelten« und empfinden wir schon die damit verbundenen angenehmen Gefühle »wie es wäre, wenn ...«. Das wird zu unserer eigenen Motivation – bis zum tatsächlichen Eintritt der jeweiligen Situation – beitragen und uns Durchstehvermögen verleihen.

Den Gedanken, daß es evtl. nicht funktionieren könnte, gibt es nicht mehr – weg damit!
Tausende Menschen vor uns haben es bewiesen; Sie schafften das, woran Sie glauben konnten. Und auch Sie, lieber Leser, erlernten schwimmen, radfahren und vorher laufen erst, als Sie daran glauben konnten. Und wenn Sie die Gegenprobe machen wollen, dann stellen Sie sich drei Wochen lang täglich vor, daß Sie noch nie radfahren konnten und daß Sie bestimmt auf die Nase fallen werden. Und dann probieren Sie es. Aber mach Sie mich nicht für die Folgen verantwortlich.

»Du sollst Vater und Mutter ehren«, sollte also für uns ein Ansporn sein – wir tun uns damit selbst den größten Gefallen – bei unseren Eltern und Mitmenschen stets die guten Charaktereigenschaften zu sehen, anstatt den »Splitter im Auge des anderen« zu suchen. Es sollte uns gleichzeitig Grund und Ansporn sein, unseren Kindern die beste Hilfestellung zu geben, uns überhaupt »ehren« zu können.

DU SOLLST NICHT TÖTEN!

Wen oder was sollen wir »nicht töten«?
Sicher sind Menschen an erster Stelle gemeint. Aber wie sieht es mit Tieren oder vielleicht sogar Pflanzen aus? Auch diese Antwort werden wir finden, allerdings mit einer Einschränkung: nicht allgemein gültig, sondern jeder für sich selbst. Denn, was der eine Mensch zum Leben braucht, kann der andere entbehren und umgekehrt. Wir werden auch die Antwort finden, ob vegetarisches Essen weniger »sündig« ist. Aber bleiben wir zuerst beim Menschen.
In diesem Gebot wird der Unterschied zwischen dem Tag, »an dem Moses die Gesetzes-Tafeln dem auserwählten Volk überbrachte« und dem heutigen Tag sehr deutlich. Wir werden zwar auch hier einige universelle Gesetze finden, aber eines ist doch wesentlich anders geworden, nämlich die Art, *wie* wir töten. Den Unterschied würde ich nicht herausheben, bestünde er nur darin, daß man sich damals mit Holzknüppeln totschlug und heute Gewehre benutzt. Ich werde sogar den »kleinen« Unterschied zur Atom- oder Wasserstoffbombe vernachlässigen; denn das Prinzip, den anderen zu töten, um in den Besitz seiner Güter oder seines Grund und Bodens zu gelangen, bleibt das gleiche. Und im 20. Jahrhundert, genau noch wie früher, werden Men-

schen mit einem (heute rostfreien) Messer erstochen, nur weil man ihnen ein paar Mark abnehmen will.
Nein, hier sehe ich keinen Unterschied!
Diese Betrachtungsweise würde uns auch auf unserem Weg zu einem erfolgreichen Leben nicht weiterhelfen, zumal ich mir sicher bin, daß sich nicht ein einziger meiner Leser angesprochen zu fühlen braucht.
Aber wir wollen untersuchen, ob wir nicht doch ab und zu mithelfen können, den Tod eines Menschen zu verhindern, und sei es auch »nur« unser eigener.
Wem wir (ausgenommen Sie sind Chirurg oder haben Einfluß auf diese) nicht helfen können, das sind 200 Menschen – die Jahr für Jahr in der Bundesrepublik an Blinddarm sterben – nicht aber an der Krankheit selbst, sondern an der »harmlosen« Operation.
Wem wir auch nicht helfen können, das sind die 4 Opfer pro Jahr, die in der BRD vom Blitz erschlagen werden. Wir sehen also, daß unsere »Chance« – vom Blitz getroffen zu werden – 50 mal kleiner ist als »falsch« am Blinddarm operiert zu werden. Und wenn wir ehrlich sind, wie oft haben wir Angst vor dem Blitz – obwohl die Wahrscheinlichkeit, daß er uns trifft – gleich Null ist.
Die Möglichkeit, daß uns zu Hause etwas passiert, ist bereits zig mal größer! Pro Tag kommen in der BRD durch Unfälle im Haushalt durchschnittlich 18 Personen um ihr Leben. Das könnte der erste Anhaltspunkt sein, uns Gedanken darüber zu machen, wie die tägliche Hausarbeit sicherer gestaltet werden könnte.
Wie von selbst denken wir nun auch an die Notwendig-

keit, unsere Gedanken zu kontrollieren. Denn wir können uns wohl unschwer vorstellen, was z.B. geschehen muß, wenn eine Frau beim Fensterputzen im 3. Stock – anstatt sich auf ihre Arbeit zu konzentrieren – bereits daran denkt, unterm Bett staubsaugen zu müssen.
Viele Verbände geben sich sehr viel Mühe mit der Herausgabe von kostenlosen Unfallverhütungszeitschriften, den Haushalt sicherer zu gestalten, aber offensichtlich werden Zeitschriften über andere Verhütungsmaßnahmen heutzutage vorgezogen ...
Und trotzdem sterben jährlich in unserem Land noch einige Frauen (Dunkelziffer?) an Schwangerschaftsunterbrechungen!
Leider können wir auch den 580 Menschen noch nicht helfen, die pro Tag in der BRD an Krebs sterben. Aber sollten wir vielleicht die kostenlosen (alles, was kostenlos ist, scheint nicht gern in Anspruch genommen zu werden) Vorsorgeuntersuchungen – die nur von 16% der Männer und 39% der Frauen wahrgenommen werden – ausnutzen, um uns wenigstens zu helfen?
Sollten Sie selbst zu den Menschen gehören, die mit Raucherfreuden ihr Leben verkürzen, so fragen Sie sich doch einmal, warum Sie eigentlich rauchen.
Verkehrsteilnehmern möchte ich nur ans Herz legen, ab und zu darüber nachzudenken, ob sie nur ihre Grundbedürfnisse nach Anerkennung und Prestige befriedigen wollen oder ob sie wirklich »keine Zeit« haben.
8990 Menschen (davon 400 Kinder unter 10 Jahren) pro Jahr müssen es jedenfalls mit ihrem Leben bezahlen – ein hoher Preis, oft nur für Gedankenlosigkeit oder

mangelhafte Konzentration. Dies soll kein Vorwurf sein, sondern eher eine demütige Betrachtung, aber ist getötet nicht getötet?
Wir wollen uns – auf unserem Weg, mit Hilfe der 10 Gebote erfolgreicher zu werden – in erster Linie 2 Arten des vorzeitigen Sterbens widmen.
Hauptsorge Nr. 1 in der BRD: über 335 000 Personen Jahr für Jahr, also ca. 920 pro Tag, sterben an Herz- und Kreislauferkrankungen.
75 % aller Herzinfarkte gelten als selbstverschuldet! »Du sollst nicht töten« heißt aber nicht nur, »nicht andere töten«, sondern auch uns selbst »nicht töten«. Es fängt an mit zu hohem Blutdruck – es wird zuviel gegessen (35 % Fettsüchtige) – und hört damit auf, daß zuviel getrunken wird. Die – über 15 Jahre alte – Bevölkerung der BRD lebt umgerechnet einen Monat pro Jahr *nur* von Alkoholkalorien!
Die Menschen, die durch Unfälle aller Art, Vergiftungen und Morde ums Leben kommen, sind zusammengenommen immer noch *weit weniger* als die, die wegen Herz- und Kreislauferkrankungen ihr Leben beenden. *Das* ist der Grund, warum wir uns heute andere Gedanken über dieses Gebot machen wollen.
Und wenn wir ehrlich sind, was nützt uns der größte Erfolg, wenn wir nicht auch mit Erfolg etwas für unsere Gesundheit tun?
Keine Angst vor Moralpredigten,
keine Angst vor Ernährungsvorschlägen
und keine Angst vor dem »großen Bangemachen« wegen des Rauchens und Trinkens!

Wissen Sie, was in erster Linie faul ist in dieser Welt? Wir sind zu würdevoll!
Wir nehmen uns und unsere Meinungen viel zu ernst. Wir regen uns über Kleinigkeiten auf, anstatt uns über andere Kleinigkeiten zu freuen. Warum meinen wir, unbedingt »ernst« werden zu müssen, wenn wir etwas Wichtiges zu sagen haben? Warum trichtert man uns von Kindheit an ein, daß »bald der Ernst des Lebens« beginnt? Warum muß die Schule »ernst« sein? Inzwischen ist bewiesen, daß ein Mensch wesentlich besser lernt, wenn er positiv eingestellt ist, anstatt todernst zu »büffeln«. Aber viele unserer Lehrer sehen nach wie vor nur in einem »ernsten« Schüler einen guten.
Inzwischen ist auch bewiesen, daß nur ein positiv eingestellter Mensch seine Arbeit optimal verrichten kann. Aber die meisten Chefs erwarten von ihren Mitarbeitern, daß sie ihre Arbeit »ernst« nehmen.
(Ich bin auch der Meinung, daß wir unsere Pflichten gewissenhaft durchführen sollen, aber dies braucht nicht auszuschließen, daß wir auch fröhlich dabei sind. Sicher wird nicht jeder Leser diese Einstellung kommentarlos hinnehmen können, aber ich bin davon überzeugt, daß im Laufe des Buches jeder Leser erkennen kann, was ich damit ausdrücken will.)
»Was gibt es denn da zu lachen?« Dieser Ausspruch – den wir sicherlich nicht nur aus der Schulzeit kennen – beweist nur die Unsicherheit des Fragenden, aber niemals die Notwendigkeit, ernst sein zu müssen.
»Wir sind zu würdevoll!
Wer zu hochnäsig, zu großspurig ist, um über sich selbst

zu lachen, verdient keine leitende Stellung. Um andere Menschen zu führen, muß man unter ihnen sein, um sie anschubsen zu können«, sagte Glenn W. Turner, der bereits im Alter von 33 Jahren an der Spitze von 63 Unternehmen stand.

Viele Menschen haben ab einer bestimmten Position weiter nichts mehr zu tun, als ihr Image zu verteidigen und zu erhalten. Damit nageln sie sich selbst auf der Stelle fest, auf der sie stehen. Über sich selbst lachen können heißt: flexibel zu sein, zuzugeben, ebenfalls nur Mensch zu sein. Und sobald wir zugeben, daß auch wir nicht unfehlbar sind – sei es im Betrieb, Familie oder Freundeskreis – sparen wir ungeheure Energien, die wir an anderer Stelle *viel nützlicher* einsetzen können.

Setzen Sie sich bitte einmal bewußt eine »ernste« Miene auf, ja, jetzt gleich! Und schauen Sie sich mit dieser ernsten Miene einmal im Spiegel an. Und jetzt versuchen Sie einmal, entspannt zu lächeln, einen liebevollen Gesichtsausdruck aufzusetzen.

Nun, wie gefallen *Sie sich* besser?

Warum sollten Sie nun einem anderen besser gefallen, wenn Sie »ernst« dreinschauen?

Welchen Gesichtsausdruck hat ein Kind, das in geordneten Verhältnissen aufwächst und ein glückliches, unbeschwertes Dasein führt? Sie meinen, Ihr Dasein nicht unbedingt als stets glücklich und unbeschwert bezeichnen zu können? Nun gut, und mit welcher Begründung meinen Sie obendrein auch noch, »ernst« schauen zu müssen?

Sie haben recht, daß es Menschen gibt, die man ernst an-

schauen muß, um von ihnen ernst genommen zu werden. Aber es gibt auch Menschen, die sich über uns regelrecht lustig machen, wenn wir die simpelsten Dinge mit »Ernst« und »Würde« zum Ausdruck bringen.
Zurück zu unserem ernsten und fröhlichen Gesichtsausdruck vor dem Spiegel. Wann meinen Sie, sind wir – und speziell unsere Gesichtsmuskulatur – entspannter?
Entscheiden Sie also selbst, in welchem Alter Sie bereits ein abgespanntes Gesicht haben wollen. Wir wissen inzwischen, daß unser Geist auf unseren Körper wirkt oder – wie Schiller es in »Wallensteins Tod« ausdrückt:
»Es ist der Geist, der sich den Körper baut.«
Können wir es uns aus dieser Überlegung heraus also überhaupt noch erlauben, alles tierisch ernst zu nehmen.
Übrigens, welches Tier ist das eigentlich?
Warum sind wir öfter ernst und traurig, anstatt fröhlich und lustig? Wie alt oder jung Sie auch sein mögen, und egal wie Ihr Leben bis heute aussah, verraten Sie mir bitte, wieviele Jahre können Sie davon rückgängig bzw. wieviele Monate, Wochen, Tage, Stunden oder Minuten ungeschehen machen? –
nicht eine einzige Sekunde!
Das, was Sie gerade gelesen haben – auch dieser Strich – ist bereits unwiederbringliche Vergangenheit!
Und es lohnt sich nicht, darüber zu trauern.
Haben Sie jetzt, in *diesem* Augenblick, in dem Sie diese Zeilen lesen, *einen Grund*, traurig oder ernst zu sein? – in diesem Augenblick – ohne Gedanken an vorhin oder später? –
sicher nicht!

Haben wir nicht also Grund genug, uns wie neugeboren zu fühlen?
Wir können von dem, was bereits war, *nichts* ändern, und das, was kommt – kommt erst!
Herzlichen Glückwunsch!
Heute ist der erste Tag vom Rest Ihres Lebens!
Also, fangen wir an, machen wir etwas daraus!
Wir haben sogar jedem Neugeborenen gegenüber viele Vorteile!
Wir haben Erfahrungen gesammelt, die uns zum Vorteil sind, und wir sind nicht so hilflos wie ein Baby, das völlig von anderen abhängig ist. Haben wir nicht allen Grund, fröhlich, vergnügt und dankbar zu sein?
Und außerdem, welche bekannten Persönlichkeiten und Prominenten sind uns sympathisch – die stets ernsten und unnahbaren oder die fröhlichen, vergnügten, die auch ihre »menschliche« Seite nicht krampfhaft zu verstecken suchen?
Ich kann mich an eine TV-Sendung mit Curd Jürgens erinnern, während der er sein Toupé abnahm, um zu zeigen, daß auch er älter geworden ist. Sofort hatte er allen Kritikern »den Wind aus den Segeln genommen« und gewann noch mehr Sympathie. Er hatte seine »Würde« abgelegt und Freunde gewonnen. Er konnte über sich selbst lachen und hatte die Lacher auf seiner Seite.
Dem größten deutschen Reformator wird der Satz: »Einem traurigen Arsch ist noch kein fröhlicher Forz entwichen«, nachgesagt. Lassen wir es einmal offen, ob er es wirklich gesagt hat.
Auf jeden Fall – recht hatte er!

Was führt also – aus unserer Betrachtungsweise – zum Herzinfarkt oder zu Kreislaufstörungen? Angst, Sorge, Haß, Verbissenheit, kurz gefaßt: jede negative Denkart ist für unsere Gesundheit pures Gift!
Wir wollen die Angst ein wenig näher betrachten und eine kleine Geschichte lesen:
Der »Sensenmann« war arbeitslos geworden und suchte einen Gehilfen, der ihm Arbeit verschaffen sollte. Auf der Suche nach einem geeigneten Gesellen fand er jemanden, der sich »Pest« nannte und als schreckliche Krankheit gefürchtet war. Sie schlossen einen Vertrag, daß die Pest innerhalb von zwölf Monaten für 10000 Opfer sorgen sollte. Nach sechs Monaten waren aber bereits – statt die Hälfte – mehr als 20000 Menschen gestorben. Der »Sensemann« wollte sich bei der »Pest« über die übereifrige Arbeit beschweren. Als sie sich trafen, sah der »Tod« jedoch, daß sein Gehilfe den Vertrag hielt, allerdings von den beiden Zeitgenossen »Furcht« und »Angst« so tatkräftig unterstützt wurde, daß das Ziel bereits überschritten war.
Die Angst ist tatsächlich in der Lage, jeden Muskel des Körpers zu lähmen. Sie behindert den Kreislauf. Ja, sie kann die Körperfunktion so beeinträchtigen, daß wir starr und regungslos werden können.
Wenn wir an unser Beispiel mit dem Brennglas und den zu Feuer werdenden Sonnenstrahlen und den »konzentrierten Wolken« zurückdenken, helfen wir geradezu, die Dinge eintreten zu lassen, die wir fürchten.
Denken wir stets daran: die Furcht und die Angst sind die teuersten Gäste, die wir in uns bewirten. Sie verzeh-

ren alles, was wir an Energie für ein glückliches Leben brauchen.
Lassen Sie uns diese »Schmarotzer« gemeinsam hinauswerfen und vergraben wir sie!
Vor einigen Jahren stand ein kurzer Artikel in einer großen deutschen Zeitung, daß ein Mann mit typischen Erfrierungserscheinungen am Montagmorgen in einem Kühlwagen tot aufgefunden wurde, den seine Frau seit Freitag vermißt hatte. Er war beim Ausladen und anschließenden Reinigen aus Versehen eingeschlossen worden und muß in panische Angst gekommen sein zu erfrieren. Was er nicht wußte war, daß das Kühlaggregat ausgeschaltet war und im Wagen eine ausreichende Plustemperatur herrschte ...
Vielleicht sollten wir es auch unterlassen, unseren Kindern Angst vor dem »bösen Wolf«, dem Nikolaus (oder Krampus), vor dem dunklen Keller und Angst vor Strafe einzuflößen. Kennen Sie auch erwachsene Menschen, die Angst haben, in den Keller oder allein im Wald spazierenzugehen?
Angst wirkt direkt auf unseren Organismus. Sie macht uns krank!
Es ist kein »Theater«, wenn Kinder aus Angst vor einer bevorstehenden Schulprüfung krank werden.
Es ist keine »Arbeitsscheu«, wenn Menschen sich aus Angst vor dem Versagen (unbewußt) in eine Krankheit flüchten.
Angst heißt: konzentrierte negative Gedanken, ein negatives Vorstellungsbild mit all' seinen negativen Gefühlen. Wir sehen plötzlich nur noch, wie es *nicht* gehen

könnte; es gibt keinen Ausweg mehr in unseren Gedanken. Ja, es scheint alles bereits tatsächlich eingetreten zu sein, nichts könnte uns noch helfen. Was bleibt unserem Unterbewußtsein anderes übrig, als so zu reagieren, wie wir uns »programmiert« haben? Es reagiert entweder mit Krankheit, um das befürchtete Ereignis zu verhindern oder wenigstens zu verschieben oder steuert unsere Verhaltensweise so, daß das – was wir uns so haargenau ausmalen, vorstellen, sehen und fühlen – auch tatsächlich eintritt!

Die gleiche Kraft, die wir im letzten Kapitel zum Erreichen eines positiven Zieles – zur Änderung unserer Verhaltensweisen – bewußt konzentriert eingesetzt haben, kann uns hier zum Verhängnis werden. Das Prinzip ist das gleiche – auch hier sind wir »erfolgreich«; denn es tritt genau das ein, was wir uns vorher vorgestellt haben. Woher soll unser Unterbewußtsein auch wissen, daß wir es *nicht* erleben wollen, wenn wir es uns doch dauernd so deutlich vor unser »geistiges Auge« führen, es gefühlsmäßig bereits erleben?!

Wie aber können wir Angst bekämpfen?

Angst, die einen »kleinen« Arbeiter genauso befallen kann wie einen leitenden Direktor, z.B. seine Stellung zu verlieren.

Angst, die einen »normalen Sterblichen« ebenso befallen kann wie einen Filmstar, seine Frau an einen anderen zu verlieren.

Angst, vor der weder der ärmste noch der reichste verschont zu bleiben braucht, alles »Hab und Gut« zu verlieren.

Ich muß die mit der Angst verbundenen Vorstellungen gnadenlos hinauswerfen und nur Vorstellungsbilder zulassen, die mir angenehm und nützlich sind.
Sie meinen: »leicht gesagt«?
Sicher!
Trotzdem möglich?
Natürlich!
Aber hier nun einige praktische Hilfsmittel, die Angst zu vergraben. Bleiben wir beim Vergraben – aber vorher sei noch daran erinnert, daß Sie sich bitte *nur das* Hilfsmittel heraussuchen, das *Ihnen zusagt*, das für Sie zugeschnitten ist. Die anderen Beispiele sind nicht für Sie geschrieben, sondern für die übrigen Leser, die damit besser klar kommen.
Also die »Vergrabungsmethode«:
Schreiben Sie genau auf, wovor Sie Angst haben – definieren Sie es möglichst präzise – und jetzt lachen Sie nicht, sondern *tun* Sie es. Nehmen Sie dieses Blatt und eine Schaufel und gehen Sie dorthin, wo Sie nicht gesehen werden, falls es Ihnen peinlich ist. Graben Sie ein Loch, in das Sie den Zettel hineinlegen und schaufeln Sie es wieder zu.
Nun nehmen Sie sich bitte ein neues Blatt Papier. Stellen Sie sich vor, wie alles positiv verlaufen *könnte*, und schreiben Sie es in allen Einzelheiten auf. Versuchen Sie nun zu empfinden, wie glücklich und zufrieden Sie sich dann fühlen werden.
Sobald sich wieder Angst breitmachen will, denken Sie daran, daß Sie sie vergraben haben. Versetzen Sie sich mit Hilfe Ihrer positiven Aufzeichnungen – wie es posi-

tiv verlaufen könnte – in die vorstellbar glücklichste Stimmung. Nehmen Sie dieses Blatt immer und immer wieder zur Hand. Lesen Sie sich – wenn Sie wollen – laut vor, wie alles zum Besten wird. Freuen Sie sich im voraus, und seien Sie begeistert davon, daß nun alles »gut« wird.

Der medaillenreichste Olympiaschwimmer von 1976, John Naber, antwortete auf die Frage nach seinem Erfolg: »Ich lasse in meiner Vorstellung keinen anderen Gedanken zu als den, daß *ich* gewinne.«

Wenn andere Menschen von Ihren »ehemaligen« Ängsten und Sorgen wissen und Sie darauf ansprechen, dann sagen Sie ihnen, daß sich offensichtlich alles zum Besten klärt und lenken Sie das Gespräch sofort ab.

Ich hatte letzte Woche in Ruhpolding einen sympathischen, aufgeschlossenen Mann im Seminar, dessen Frau ihn nach 14 Ehejahren mit seinem besten Freund und Bergkameraden verlassen hatte. Dies lag bereits mehrere Jahre zurück. Doch ihm war es – wie er selbst sagte – »als wäre es gestern gewesen«. Er wußte um die Macht seiner geistigen Kräfte und war in dieser Richtung sogar sehr belesen, aber – wie leider so oft – der Meinung: »Bei mir funktioniert es nicht.« Egal, über was man sich mit ihm unterhielt, nach 3–4 Sätzen war er wieder bei »seinem« Thema. Er redete sich ein, nie wieder eine Lebensgefährtin finden zu können und sah nur immer das Bild vor sich, wie er von seiner Frau verlassen wurde. Im Laufe des Seminars wurde ihm klar, daß diese geistige Vorstellung eine negative »Programmierung« ist, die ihm nicht dazu verhelfen kann, eine geeignete Partnerin zu finden.

Vor allem wurde ihm aber klar, daß ihm allein sein Wissen um die geistigen Kräfte nichts half, wenn er nicht endlich beginnen würde, etwas zu *tun*. Er mußte auch lernen, sich in keine Gespräche mehr einzulassen, in denen andere Menschen »Mitleid und Verständnis« zeigten und sich seine Geschichte immer wieder erzählen ließen. Dies geschah sicher in der Meinung, es würde ihm Trost bringen, aber tatsächlich wurde dadurch dieses negative »Programm« laufend wiederholt.

Machen Sie einen großen Bogen um Menschen, denen es noch viel »schlechter« geht als Ihnen und bei denen jedes Gespräch in ein gegenseitiges Bemitleiden endet. Um Angst zu begraben, ist *nicht* noch mehr Angst notwendig, sondern Mut, um den ersten Spatenstich tun zu können. Ihr Vorbild sind Menschen, die »den Stier an den Hörnern packen«, Menschen, die Schlimmeres *überstanden* haben und die Angst besiegten! Die morgens aufstehen und »ja« sagen, »ja«, zu allem, was kommt, sollten Sie sich als Gesprächspartner aussuchen.

Wenn wir eine Schwierigkeit nicht umgehen können, dann gehen wir eben mitten hindurch – aber mit Begeisterung!

Jesus sagte: »Wenn du eine Meile mit ihm gehen sollst, dann gehe zwei.« Zu der Zeit bestand ein Gesetz, daß ein römischer Soldat das Recht hatte, sich von jedem Nicht-Römer sein Gepäck eine Meile tragen zu lassen.

Es liegt an *mir*, ob ich es *zusätzlich* mürrisch tue oder ob ich mit Begeisterung an die Sache gehe, um sie mir auf diese Weise leicht zu machen.

Ich möchte Ihnen als 2. Vorschlag, die Angst zu besiegen, eine Frage- und Antwortaufgabe geben – die Sie mit sich selbst allein lösen, wenn Sie von Angst befallen werden. Lesen Sie eine Frage, beantworten Sie sie *schriftlich*, und nehmen Sie erst dann die nächste Frage. Sollten Sie bei der schriftlichen Beantwortung bereits die nächste Frage schon mitbeantwortet haben, so wiederholen Sie die Beantwortung in konzentrierter Form.

1. Wovor habe ich Angst?
2. In welcher Lage (möglichst objektiv und neutral) befinde ich mich?
3. Was kann mir schlimmstenfalls geschehen?
4. Will ich wirklich aus allen Kräften eine Änderung herbeiführen?
5. Wie könnte ich die Situation ändern?
6. Gibt es noch einen anderen Weg?
7. Gibt es eine weitere Möglichkeit?
8. Welche Lösung erscheint mir als die beste?
9. Zu dieser Lösung entscheide ich mich.
   Sie wird mein Ziel, das folgendermaßen aussieht:
   ....
   ....
   ....

Alle anderen Vorstellungen werden auf die »Unproduktiv-Insel« – das ist eine Nachbar-Insel der »Wunschkarten-Warte-Insel« – verbannt.

10. Ich stelle mir vor, wie es ist, wenn ich es bereits erreicht habe und fühle mich wohl.

Und jetzt schreite ich zur Tat!

Sagen Sie aber bitte zu Frage 5 nicht, es gäbe keinen Weg.

Im März 1974 war ich mit Seminarteilnehmern nach einem Wochenendseminar in Kassel noch auf der »Messe« (Jahrmarkt). Kurz vor der Abfahrt zeigte uns Bernd Sittig – ein 23-jähriger Seminarteilnehmer – wie sportlich er ist und sprang im Hotel »Holiday Inn« über drei hintereinander stehende Sessel. Am späten Abend – keiner von uns trank Alkohol – wollte Bernd mit noch zwei anderen Seminarteilnehmern nach Hess. Lichtenau fahren. Auf der Strecke fuhr er mit seinem Alfa Romeo Sport eine Kurve zu schnell an – er hatte neue Reifen aufgezogen, deren Fahrverhalten er noch nicht kannte – und überschlug sich mehrmals. Die beiden Mitfahrer – eine junge Frau und ein junger Mann – konnten nach wenigen Wochen das Krankenhaus wieder verlassen ...

Bernd selbst lag wochenlang »mit einem Bein im Sarg«. Eines war zu dem Zeitpunkt sicher; er wird sein ganzes Leben lang nie wieder gehen können und an den Rollstuhl gefesselt bleiben müssen. Was das für ihn bedeuten würde, sah er jeden Tag vor sich. Viele seiner Leidensgenossen begannen zu trinken, sahen keinen Sinn mehr. Einige nahmen sich das Leben, und es schien niemanden zu geben, der sich einen Ausweg auch nur vorstellen konnte. (Diesen Menschen Mut zu machen wäre auch ein lohnender Lebenszweck.)

Bernd verdiente in der Zeit vor dem Unfall durchschnittlich DM 10000–15000 monatlich, und er wollte es nicht wahrhaben, anschließend evtl. weniger zu verdienen. Ja, es gab für ihn ein »Anschließend«, genauso selbstverständlich wie ein normales Gehen ohne Rollstuhl. Er wollte den Gedanken – ständig auf andere an-

gewiesen zu sein – einfach nicht akzeptieren und war bereit, etwas dafür zu tun. Er hörte sich ständig bespielte Tonbandkassetten eines motivationspsychologischen Seminares an mit vielen Beispielen, zu was der Mensch – Kraft seines Geistes – imstande ist.
Im Mai 1976 besuchte er uns mit seinem neuen Spezial-BMW in Kassel. Er konnte nicht nur bereits einige Schritte allein gehen, sondern er fuhr sogar allein Auto und war in der Lage, seinen Rollstuhl selbst in den Wagen ein- und auszuladen, so daß er – bis auf längeres Treppensteigen – nicht auf fremde Hilfe angewiesen war. Bernd verdiente bereits wieder viel Geld – mehr als ein gesunder Durchschnittsbürger in 2 oder 3 Monaten – indem er Versicherungen *glaubhaft* verkaufte. Überzeugen konnte er; denn er hatte am eigenen Leib erlebt, wie schnell man auch mit 23 Jahren im Rollstuhl landen kann.
Und wie es ihm heute geht, im Juli 1977?Nun, ich rufe ihn gleich einmal an.
Er läßt Sie recht herzlich grüßen und würde sich freuen, mit seinem Beispiel all' denen einen Ansporn geben zu können, die auch in einer »hoffungslosen« Lage sind. Bernd sagte mir, daß er inzwischen wieder gut – wenn auch noch an Stöcken – gehen kann und daß er seinen letzten Urlaub in Ceylon verbracht hat und demnächst nach Haiti fliegen wird . . .
Nun, sind Sie immer noch der Meinung, daß es keinen Ausweg gibt?
Angst haben heißt: etwas zu akzeptieren und hinzunehmen, was gar nicht unbedingt notwendig sein muß.

Möchten Sie überprüfen, wieviele Ängste Sie – völlig überflüssig – haben? Nun, dann nehmen Sie sich mal wieder ein Blatt Papier. Schreiben Sie bitte auf, was Sie alles befürchten: Arbeitslosigkeit, Tod, Krankheit, schlechtes Wetter, den Zug verpassen, Pleite gehen usw. Und nach genau einer Woche nehmen Sie den Zettel wieder zur Hand und haken Sie das ab, was alles eingetroffen ist. Um den Rest haben Sie sich eine Woche lang völlig umsonst gesorgt. Eine Woche lang haben Sie die Angst bewirtet und kostbare Energien verschenkt! Und übrigens, was ist an den Sachen – die evtl. eingetroffen sind – positiv zu sehen? Sie meinen: nichts?

Es gibt auf dieser Welt keinen Schatten ohne Licht!

Bevor ich nun zur letzten Möglichkeit komme, Angst und Sorge zu verbannen, möchte ich Ihnen für dieses spezielle Thema auch das Buch von Dale Carnegie »Sorge Dich nicht, lebe« empfehlen.

Wir wollen uns noch ein »Frage- und Antwort-Spiel« anschauen, ob es vielleicht die für Sie richtigste Methode ist, die Angst zu verlieren. Am besten fragen Sie sich wieder schriftlich.

1. Vor welcher – noch bevorstehenden – Situation habe ich Angst?
2. Beruht meine Angst am heutigen Tage auf Vorstellung (wie es werden könnte) oder ist es schon eingetreten?
3. Gibt es Erlebnisse oder Erfahrungen von früher, die mir helfen könnten, damit besser fertig zu werden?
4. Wie könnte die Situation positiv verlaufen?
5. Wie werde ich mich – aufgrund meiner Erfahrungen

und meines Verstandes – bis zum *evtl.* Eintreten der Situation vorbereiten, damit ich solange frei bin von Angst und Sorge?

6. Jetzt konkretisiere ich das, was ich *tun* werde und tue es!

Die wichtigste Erkenntnis, die wir aus dem bis jetzt Erfahrenen ziehen sollten, ist, daß ich lediglich durch ängstigen und sorgen *nichts* ändern kann, sondern nur durch Aktivitäten die Möglichkeit habe, die Situation zu meistern. Sollte sich wirklich nichts tun lassen, gibt es »nur« die Möglichkeit, durch die Vorstellungskraft »wie es positiv verlaufen wird« mein Schärflein beizutragen. Was hätte Bernd Sittig auch viel mehr tun können, als er im Krankenhaus lag?

Inzwischen ist sicher deutlich geworden, daß wir es hier immer noch mit dem Prinzip »so wie man in den Wald hineinruft, so schallt es heraus« zu tun haben.

»Wir sind das, was wir denken«, sagte schon Albert Schweitzer.

Wir schaffen uns unsere Verhältnisse selbst, indem wir sie vorher in unserem Geist schöpfen. Wenn wir also nicht zu den Menschen gehören wollen, die vorzeitig an Herz- oder Kreislaufversagen sterben, müssen wir etwas tun. Wir sollten unseren Körper so pflegen und behandeln, daß er auch eine Chance für ein langes, gesundes Leben hat. Und hier beginnt auch schon die ständige Rückkoppelung mit unserem Geist. Wenn ich meinen Körper arg vernachlässige, werde ich nicht mehr daran glauben können, noch lange gesund zu bleiben. Sobald ich aber nicht mehr an meine Gesundheit glauben kann,

»programmiere« ich mich damit auf Krankheiten. Es ist dann nur noch eine Frage der Zeit, wann sich mein »Programm« auswirkt.

Wenn ich mäßig rauche und davon *überzeugt* bin, daß es mir nicht schadet, wird es mir nicht schaden. Sobald ich mehr rauche, kann ich (in der Mehrzahl der Fälle) nicht mehr daran glauben, daß es mir nicht schadet, und so wird es mir auch schaden. Rauche ich überhaupt nicht (oder nicht mehr), würde aber gern einmal (wieder) rauchen, oder ich rege mich sogar über die Raucher auf, so wirkt auch dies als ein negatives »Programm«!

Sie meinen, dies sei graue Theorie? Was sagen Sie dann zu folgenden Zahlen?

Das Durchschnittsalter bei Männern, die ihren eindeutig 1. Herzinfarkt hatten, beträgt:

bei Nichtrauchern	63,4 Jahre
bei Ex-Rauchern	63,6 Jahre
bei Rauchern bis zu 5 Zigaretten pro Tag	65,5 Jahre (!)
bei Rauchern bis zu 14 Zigaretten pro Tag	58,4 Jahre
bei Rauchern bis zu 24 Zigaretten pro Tag	56,0 Jahre
bei Rauchern über 25 Zigaretten	53,5 Jahre.

Wir sehen also deutlich, daß unsere geistige Einstellung einen wesentlichen Einfluß auf unseren Körper ausübt, der heute noch total unterschätzt wird. Und wir sehen, wie wichtig es ist, eine positive, konstruktive, *bejahende* Lebenseinstellung zu haben. Um diese Einstellung wirklich zu haben, d.h. also; sie zu leben, sie zu empfin-

den, müssen wir zumindest so viel dafür tun, daß wir davon überzeugt sind, daß es auch *möglich* ist.
Wir können nur das glauben, was wir als wahrscheinlich (aufgrund unserer Erfahrungen, unseres Wissens und unserer Meinungen) annehmen können. Da wir aber – wie Albert Schweitzer sagte: »das sind, was wir denken (glauben)« – ist es notwendig, uns so zu verhalten, daß wir an unsere Gesundheit (z.B.) auch glauben können. Dies scheint mir eine der wichtigsten Erkenntnisse zu sein, wenn wir uns mit unseren geistigen Kräften beschäftigen. Viele Autoren haben großartige Bücher über dieses Thema geschrieben. Und es ist für einen Neuling in dieser Materie immer wieder schwer, sich anfangs vorzustellen, was mit der »Macht des Unterbewußtseins« – oder wie man es nennen mag – alles anzufangen ist.
Denken wir noch einmal an unser Tonband-Gerät. Es spielt nur das ab, was wir aufgenommen haben. Und das, was es aufnimmt, sind nicht nur allein unsere heutigen Erkenntnisse – die wir mit unseren fünf Sinnen wahrnehmen – sondern es ist immer die Summe *aller* Erfahrungen bis zum heutigen Tag. Denn bedenken wir stets, daß die heutigen neuen »Programme« *nicht neutral* von uns aufgenommen werden, sondern erst mit allen vorhandenen »Programmen« assoziiert werden. Dadurch erst wird ein Gefühl (angenehm oder unangenehm) in uns erzeugt, und dieses Gefühl ist dann das neue »Programm«, das wir aufnehmen. Genaugenommen sind wir also nicht das, was wir denken, sondern das, was wir fühlen (empfinden). Schließlich haben wir

ängstliche, sorgende *Gefühle*, die uns schaden, und die Gedanken sind nur der auslösende Faktor, um die Gefühle zu erzeugen.
Wir haben uns also der Hauptsorge Nr. 1 im Prinzipiellen gewidmet. Es liegt jetzt an Ihnen, etwas für Ihr Herz- und Kreislaufsystem zu tun!
Über Cholera, Pest, Lepra, Pocken und Gelbfieber brauchen wir heute — im Gegensatz zum Mittelalter oder auch heute noch in manchen anderen Ländern — kein Wort zu verlieren; denn es ist letztes Jahr nicht ein Bürger der Bundesrepublik daran gestorben.
Den ursprünglich bekannten Sinn dieses Gebotes wollten wir ja auch vernachlässigen, weil er einfach zu selbstverständlich ist. Interessant ist jedoch, daß die bundesdeutsche (Boulevard-) Presse die Möglichkeit (über die durchschnittlich zwei Morde pro Tag) im vollen Umfang nutzt, Negatives zu berichten. Und zwar geschieht dies so, als würde es *nur noch* Mord und Totschlag geben. Was allerdings gern verschwiegen wird ist, daß die Zahl der Selbstmorde 14 mal höher liegt.
35 Menschen pro Tag, das sind 12 900 pro Jahr, scheiden in unserem Land freiwillig aus dem Leben. Die Dunkelziffer ist noch höher, weil viele Selbstmorde – auch aus versicherungstechnischen Gründen – als Unfälle deklariert werden.
Und die Zahl steigt von Jahr zu Jahr, parallel zum wachsenden Wohlstand, an. 1957 z. B. waren es »nur« rund 9000 Menschen. Es wird viel getan, um die Zahl der ca. 9000 Verkehrsopfer zu senken. Aber so gut wie nichts wird unternommen, um verzweifelte Menschen – denen

ihr Leben aussichtlos erscheint – auf einen sinnvollen und hoffnungsvollen Weg zu bringen. Alle Altersgruppen und Einkommensschichten sind betroffen, vom 9- bis zum über 90-Jährigen und vom Arbeitslosen bis zum »Star«.

Aber darüber wird nicht gern gesprochen.

»Du sollst nicht töten«.

Es sind nicht die Selbstmordkandidaten allein, die sich töten – sie führen es nur aus. Oft in der Hoffnung, gerettet zu werden, oft in der Hoffnung, daß man auf sie aufmerksam wird und immer, weil sie Mitleid, Trost oder Liebe suchen!

Wir müssen endlich — nachdem wir rechnen, schreiben, schwimmen, arbeiten, Auto fahren und fliegen gelernt haben — lernen, Mensch zu werden! Mit uns selbst fertigzuwerden, uns selbst helfen zu können, sollte ein Grundfach ab der 1. Schulklasse sein. Daß es ein paar Jahre später bereits *zu spät* sein kann, zeigen uns jedes Jahr erneut die rund 80 Kinder unter 15 Jahren, für die alle Hilfe zu spät kommt.

Selbstmord! Einer ermordet sich, aber einige haben ihn getötet. »Wir haben doch alles für ihn getan«, hört man Eltern anschließend sagen. Zutreffend müßten sie sagen: »Wir haben ihm doch alles erlaubt«, oder »Er konnte doch von uns alles haben.« »Alles« heißt aber heutzutage »Geld«, weil für die meisten Menschen Geld das Wichtigste ist. Was aber der Partner, der Mitmensch oder das Kind von uns – und damit auch wir von anderen – wirklich braucht, ist Zeit – Zeit zum Zuhören, Zeit für Anerkennung, Zeit für Zärtlichkeit.

Bevor wir aber anderen zeigen können, wie sie sich selbst helfen, müssen wir lernen, uns selbst zu helfen, uns selbst zu helfen aus der negativen Spirale von Unsicherheit – Mißerfolg – Frustration ... herauszukatapultieren.

Wir wollen uns als Erstes einmal klar werden, über welche positiven Eigenschaften wir verfügen. Dafür benötigen wir wieder ein A 4-großes Blatt Papier, das wir mit einer senkrechten Linie in der Mitte in zwei Hälften teilen. Links schreiben wir alle unsere positiven Eigenschaften untereinander und auf der rechten Seite alle uns negativ erscheinenden. Wenn Ihnen zur linken Seite nichts weiter einfällt und Sie schon fertig sein sollten, will ich Ihnen gern ein wenig helfen. Können Sie sich evtl. auch als:

ehrlich, treu, kameradschaftlich, liebevoll, lustig, strebsam, offen, gutherzig, freundlich, säuberlich, höflich, hilfsbereit, verständnisvoll, taktvoll, liebenswürdig, pünktlich, ordentlich, pflichtbewußt, zuverlässig, vertrauenswürdig, fleißig oder mutig bezeichnen?

Was Sie auch aufgeschrieben haben, es gibt viele Menschen auf dieser Welt, die Sie um diese charakterlichen Vorzüge beneiden. Stellen Sie »Ihr Licht nicht unter den Scheffel«. Viele Dinge, die Sie an anderen Menschen bewundern, sind denen selbstverständlich, so wie die Ihnen selbstverständlich erscheinenden für andere bewundernswert sind.

Und von jetzt an machen Sie nie wieder den Fehler, *andere* Menschen danach zu fragen, was sie von Ihnen halten, wie sie Sie einschätzen und beurteilen. Ihre Vor-

und Nachteile kennen Sie selbst am besten. Es ist auch nicht Ihre Aufgabe, sich mit anderen Menschen zu messen oder in Konkurrenz zu treten. Nur *mit sich selbst* können Sie einen fairen Wettbewerb starten – wie?
Sie haben heute Ihre Wettbewerbsbedingungen vor sich auf dem Tisch liegen, Ihre positiven und negativen Eigenschaften. Und das Ziel in diesem Wettbewerb ist es, die positiven Eigenschaften zu stabilisieren und die negativen abzubauen.
In einhundert Jahren möchte ich mein Ziel erreicht haben, sichtbare Fortschritte auf dem Weg zu einer angenehmen Persönlichkeit gemacht zu haben. Ich möchte nicht schöner werden als Apoll, nicht »größer« als Cassius Clay, nicht klüger als Albert Einstein, nicht weiser als Sokrates, nicht finanziell erfolgreicher als Rockefeller und nicht ehrenhafter als Goethe.
Aber ich möchte schöner, »größer«, klüger, weiser, finanziell erfolgreicher und ehrenhafter als der Alfred Stielau-Pallas von heute werden. Und da ich »von Natur aus« nicht viel mitgebracht habe, habe ich den großen Vorteil, es mir aneignen und erarbeiten zu dürfen. Denn, seien wir ehrlich, das – was wir geschenkt bekommen oder sowieso schon haben – ist nichts Besonderes für uns. Aber was wir erst lange ersehnt, erhofft und erwünscht haben und es dann auch noch mit eigener Kraft erreicht haben, macht uns stolz und glücklich.
Ich wollte Ihnen von einem jungen Mann berichten, der meinem Freund Karsten und auch mir viel Geld gekostet hat.
Um mich als Seminarleiter für motivationspsychologi-

sche Seminare ausbilden zu lassen, verpachtete ich mein Geschäft an einen gewissen Werner. Dieser überwies die Miete (der Vertrag lief noch solange auf meinen Namen) regelmäßig an den Hauswirt und die Pacht an mich, bis ich mit meiner heutigen Frau in Urlaub fuhr. Als wir aus dem Urlaub zurückkamen und feststellen mußten, daß die Pachtgebühr nicht überwiesen war, fuhren wir zum Geschäft, um nach dem Rechten zu sehen. Die Miete war ebenfalls nicht bezahlt worden, der Laden war so gut wie leer und von Werner fehlte jede Spur. Für ca. DM 30000,— fehlten Waren, und der Mietvertrag lief noch rund zwei Jahre. Innerhalb kürzester Zeit hatte ich DM 42000,— Verpflichtungen und einen vollstreckbaren Titel in Höhe von rund DM 20000,— gegen Werner. Einen höheren Betrag konnte ich nicht angeben, da ich nicht einmal die Gebühr für einen Zahlungsbefehl über eine größere Summe bezahlen konnte. Das wäre auch zwecklos gewesen; denn Werner besaß laut Offenbarungseid nicht eine müde Mark!

An solchen Tagen – das gebe ich gern zu – ist es schön, wenn man einen Menschen hat, der zu einem hält. Es hat – mit voller Unterstützung meiner lieben Frau – knapp zwei Jahre gedauert, bis wir einigermaßen wieder »flüssig« waren. Da wir möbiliert wohnten, brauchten wir keine Möbel zu kaufen, und so ging es, daß wir uns durchschlagen konnten. Als ich jedoch endlich eine Stelle als Seminarleiter bekam, mußten wir umziehen und standen vor einer leeren Wohnung. Bis auf ein Bett, Kühlschrank und Waschmaschine hatten wir keinerlei

Möbelstücke. Allerdings wird man in solchen Situationen erfinderisch, wenn man sich bewußt wird, daß wenigstens das Gehirn noch funktioniert.
So fing ich an – mit mehr Mut als Ahnung – selbst Möbelstücke zu entwerfen. Auf vielen Papier-Bögen ent- und verwarf ich Wohnzimmer-, Eßzimmer-, Schuh-, Einbau- und Musikschrank, Wohnzimmertisch, Garderobe, Kücheneinrichtung und viele nützliche kleine Dinge. Wie der »Zufall« es wollte, ging in unserer Nähe eine Möbelfabrik in Konkurs, wo ich Bretter, Scharniere und andere Bauteile äußerst preiswert erstehen konnte. Ich änderte verschiedene Maße wieder, um dieses Material optimal nutzen zu können und begann, das 1. Teil zu bauen. Es wurde – mit Zierleisten und Korkverkleidung – ein Schmuckstück von Musikschrank. Nach und nach bekam ich sämtliche Möbel, die ich zu bauen hatte, fertig. Stück für Stück trug dazu bei, mein Selbstbewußtsein zu heben, zumal unsere Besucher stets fragen, wo man solch' ausgefallene, schöne Möbel zu kaufen bekommt. Fragen Sie mich bitte nicht »*wie*«, es genügt mir, *daß* ich es konnte. Ich habe halt begonnen und jedes Problem, als es auftauchte, gelöst – schließlich war das Stück jeweils in meinen Gedanken schon fertig – und weitergearbeitet. Nichts wurde mir dabei geschenkt. Ich kenne jede einzelne der vielen Kieferfurnierstückchen am Eßzimmerschrank »mit Namen« aber ich freue mich jeden Tag wieder auf's neue, etwas Außergewöhnliches, Einzigartiges zu besitzen.
Können Sie sich noch an die 1. Mark erinnern, die Sie verdienten, den 1. Urlaub, den Sie sich selbst finanzier-

ten, das 1. Moped oder Auto, das Sie sich leisten konnten?

Seien wir stolz auf das, was wir haben, anstatt über das zu trauern, was verlorenging!

Seien wir doch glücklich über das, was wir besitzen, anstatt über das zu jammern, was wir nicht besitzen!

Zusammengefaßt möchte ich nochmals verdeutlichen, daß absolut keine Veranlassung besteht, uns mit anderen zu messen, wenn wir bereit sind, uns mit uns selbst zu vergleichen und stetig zu wachsen. Natürlich gibt es Rückschläge und Hindernisse, aber sind sie nicht sogar notwendig, um uns auch die Möglichkeit zu geben, in etwas komplizierteren Situationen zu bestehen?

Wann werden wir endlich lernen, daß in unsere Zeit kein »Kampfprogramm« mehr gehört?

Wann werden wir endlich lernen, daß *persönliche* Bestleistungen für die Gemeinschaft wichtiger sind als einzelne Spitzenresultate?

Wer trägt mehr zu der Gemeinschaft eines Landes bei – der hochgetrimmte Spitzensportler oder der Trimm-Dich-Traber, der seinen Körper gesund erhält?

Wer trägt mehr zum Wohle eines Volkes bei – der »gezüchtete« Manager, der mit 40 oder 50 Jahren »fertig« ist oder der Angestellte, der in vernünftigen Grenzen sein Bestes gibt und seiner Familie ein vorbildlicher Vater ist? (Ich habe wahrscheinlich dramatisiert.)

Wann haben wir endlich begriffen, daß es überhaupt nicht darum geht, in unserem Leben zu gewinnen oder zu verlieren, sondern in erster Linie zu lernen – vom ersten bis zum letzten Tag zu lernen –, mehr aus unseren

Anlagen, Talenten, Fähigkeiten und Eigenschaften zu machen? Ich meine nicht, mehr als andere daraus zu machen sondern mehr als wir selbst gestern. Es ist nicht jeder Tag ein neuer Kampf, sondern eine neue Möglichkeit hinzuzulernen, zu wachsen und uns zu einer Persönlichkeit zu entfalten.

Nehmen Sie sich ruhig jeden Monat Ihr Blatt der Selbsteinschätzung zur Hand und vergleichen Sie, wo Sie an sich gearbeitet haben. Aber vergleichen Sie sich nur mit sich selbst.

Sicher wird jetzt der eine oder andere Leser sagen: »Aber es ist doch in der heutigen Zeit notwendig zu wissen, wo man steht.« Und ich antworte Ihnen: das ist es nur für den, der nicht in der Lage ist, an sich selbst zu arbeiten. Denn was nutzt es mir zu wissen, wo ich stehe (im Vergleich zu anderen), wenn ich bereits das Beste jeden Tag aus mir mache. Wenn ich allerdings erst dann angespornt werde, wenn ich mich im Vergleich mit anderen sehe, nun gut! Dann habe ich aber nicht gelernt, mich selbst zu motivieren und laufe Gefahr, daß andere meine Beweggründe ausnützen und mich für die Erreichung *ihrer* Ziele einsetzen.

Lassen Sie uns gemeinsam überlegen, wie wir Selbstvertrauen gewinnen und wie wir lernen, uns selbst richtig einzuschätzen.

Stärkt es Ihr Selbstvertrauen, wenn Sie von anderen kritisiert werden? Sind Ihnen Menschen, von denen Sie kritisiert werden – wobei nicht ausbleibt, daß es ab und an zu unrecht geschieht – sympathisch?

Werden Sie aktiver und produktiver nach Kritik?

Gehen Sie für den, der Sie kritisiert, »durch's Feuer«? Wenn Sie Freunde gewinnen wollen, wenn Sie ein liebenswürdiger Mensch sein wollen, wenn Sie ein vorbildlicher Vater, Kamerad oder Vorgesetzter sein wollen, können Sie es sich dann noch leisten, andere zu kritisieren?

Stärkt es unser Selbstvertrauen, wenn wir von anderen gelobt werden?

Sind uns Menschen sympathisch, die uns loben?

Setzen wir uns für Menschen ein, die uns loben? – ja, solange das Lob echt ist!

Sobald wir aber hören, daß derjenige, der uns vor der Hand lobt, hinter der Hand schlecht macht, trägt diese Art Lob nicht zur Stärkung unseres Selbstvertrauens bei.

Eine Mischung aus echtem Lob und angebrachter Kritik könnte einigen von uns durchaus helfen.

Was aber unser aller Selbstvertrauen dauerhaft stärkt und aufbaut, sind positive Erfahrungen, also Erfolgserlebnisse. Erfolgserlebnisse, die wir – damit begonnen – bekommen, daß wir unsere tägliche Zielkarte ausschreiben und am nächsten Tag Punkt für Punkt abhaken und – damit fortführend – erhalten, indem wir Monat für Monat in unserer Persönlichkeitsentfaltung Fortschritte machen.

Selbstvertrauen heißt: mir selbst zu vertrauen!

Wie kann ich von anderen erwarten, daß sie mir vertrauen, wenn ich nicht einmal von mir selbst überzeugt bin? Sind Sie sicher, daß Sie ein ehrlicher Mensch sind? Dann können Sie sich doch vertrauen, nicht wahr? Und um andere davon zu überzeugen, daß Sie sich selbst vertrauen, brauchen Sie auch noch einen vertrauenswürdigen Blick. Können Sie anderen stets in die Augen schauen? Wenn nein, dann lernen Sie erst einmal, sich selbst in die Augen zu sehen. Trainieren Sie es vor dem Spiegel so lange, bis Sie es können. Denn leider ist es nun einmal so, daß diese Fähigkeit – einem Menschen in die Augen sehen zu können – oft mit Ehrlichkeit gleichgestellt wird. Aber, wenn diese Meinung nun einmal vorherrscht, dann passen wir uns halt an. Lassen Sie uns lernen, beim Augenkontakt der Stärkere zu sein.

Harry, ein ehemaliger Seminarteilnehmer, beherrschte den Augenkontakt — den er monatelang geübt hatte — so gut, daß ihm keiner von uns standhalten konnte. Der Grund war: er stotterte. Er wollte auf keinen Fall zulassen, daß dies als eine Schwäche ausgelegt wurde. Er witzelte zwar selbst darüber, aber im entscheidenden Augenblick hatte er seinen Gesprächspartner mit seinen Augen »gefesselt«.

Solche Erfolgserlebnisse stärken unser Selbstvertrauen, und das ist es, was wir im täglichen »Daseinskampf« brauchen, um uns selbst zu besiegen.

Auf Ihrem Weg, sich selbst zu verbessern, sich selbst richtig einzuschätzen, sei Ihnen noch gesagt, daß *jeder* Mensch zunächst an mangelnder Selbsteinschätzung leidet, solange er keine Erfolgserlebnisse bekommt. Lassen Sie sich nicht durch die Äußerlichkeiten blenden.

In meinen Seminaren habe ich oft die Erfahrung gemacht, daß Menschen mit einem »sicheren Auftreten« oder mit schon fast arrogant wirkendem Verhalten am

unsichersten sind. Ich bitte Sie, dies nicht generell zu verallgemeinern, aber es kommt häufiger vor als ich selbst dachte.
Ein wichtiges Hilfsmittel auf dem Weg zum Selbstvertrauen ist es, Entscheidungen treffen zu können. 95 % aller Menschen können keine Entscheidungen treffen. Sie überlegen vorher und anschließend, ob es wohl richtig war oder nicht und zermürben sich selbst.
Eine Bäuerin erzählte die Geschichte eines 18-jährigen Jungen, der bei ihr arbeitete. Er war groß gewachsen und baumstark. Sämtliche Arbeiten, wie Zäune reparieren, Heu aufladen oder ernten, erledigte er in kürzester Zeit. Eines Tages gab sie ihm den Auftrag, im Keller die großen, mittleren und kleinen Kartoffeln in drei verschiedene Gruppen zu sortieren. Als er nach Stunden nicht wiederkam, sah die Bäuerin nach und stellte fest, daß er nicht eine Kartoffel heraussortiert hatte. Er sah sie groß an und sagte: »Ich arbeite gern und soviel Sie wollen, aber diese Entscheidungen, ob klein, mittel oder groß, die machen mich fertig.«
Anscheinend geht es vielen Menschen so wie dem Jungen.
Wir müssen also auch lernen, Entscheidungen zu treffen, wenn wir zu einer gesunden Selbsteinschätzung kommen wollen. Bildlich gesprochen pflastern getroffene Entscheidungen den Weg zu einem besseren Selbstverständnis und folgerichtig zum größeren Selbstvertrauen.
Aber auch hier kommt es in erster Linie auf die richtige Programmierung an.

Es gibt Menschen, die sich schnell entscheiden und dann auch bei ihrer getroffenen Entscheidung bleiben, und es gibt Menschen, die schon vorher »wissen«, daß es falsch ist – egal, wie sie sich auch entscheiden mögen. Kennen Sie auch Leute, die sich oft einreden: »Ich kann machen, was ich will – es ist generell falsch!«

Ein herrliches Programm, nicht wahr!

Warum sagen wir nicht: »Ich kann mich entscheiden, wie ich will – es ist generell richtig.«

Wenn meine Frau und ich heute eine Entscheidung treffen, überdenken wir *vorher*, was am besten zu tun ist. Und in dem Augenblick – in dem wir uns für eine Sache entschieden haben – »wissen« wir, daß die Entscheidung richtig ist und bleiben dabei. Egal wie es kommt, es wird seinen Grund haben, daß es so kommt, und es liegt an uns, das Positive daran zu sehen. Wenn ich aber vorher schon weiß, daß es falsch ist, werde ich den Vorteil, den die Entscheidung mitbringt, auch dann nicht sehen, wenn sie richtig war.

Es ist völlig gleichgültig, wo Sie heute stehen – ob reich oder pleite, ob einsam oder in einer Gruppe, ob groß oder klein, ob dick oder dünn, ob krank oder gesund, ob intelligent oder nicht – Sie haben ab heute die Chance, alles zu verändern, wenn Sie bereit sind, sich selbst und damit zuerst Ihr Denken zu ändern.

Gedanken an einen Selbstmord kennen fast alle Menschen. Für die einen war es vielleicht in der Zeit, als sie den ersten Liebeskummer hatten, und für andere, als es Schwierigkeiten im Beruf oder in der Familie gab.

Eine Lösung ist Selbstmord jedoch nie!

Selbstmordgedanken laufen dann an, wenn ein Mensch keinen Sinn im Leben mehr sieht, keine Aufgabe mehr hat und nicht mehr bereit ist, zu »lernen«, wie er das Problem lösen kann.

Unsere Aufgabe besteht aber nun einmal darin, zu lernen, Erfahrungen zu sammeln und geistig reifer zu werden. Unter Lernen verstehe ich auch zu lernen, mit Ent-Täuschungen zurechtzukommen, zu lernen, auch nach dem Verlust eines geliebten Menschen weiterzuleben und zu lernen, selbst ein geliebter, liebender Mensch zu sein.

Selbstmord heißt: zuzugeben, diese Aufgabe nicht bewältigt zu haben. Aber wir können uns nicht darum drücken; wir können diese Aufgabe höchstens verschieben.

In den von den Kirchen festgelegten Regeln und Denkweisen für einen bestimmten Glauben gibt es viele Widersprüche und unbeantwortete Fragen. Ich habe mich mit vielen Religionen beschäftigt und keine gefunden, in der *alle* Fragen für mich zufriedenstellend beantwortet wurden.

Nicht zuletzt aus diesem Grund meine ich, daß es keine festgelegte Glaubensrichtung geben kann, die für jeden Menschen die richtige ist. Allein das »Du sollst nicht töten« bezieht sich für einige Menschen auch auf Tiere, für andere nur auf bestimmte Tiere und für wieder andere sogar auf Pflanzen bzw. bestimmte Pflanzen.

Wenn der eine kein Schweinefleisch und der andere überhaupt kein Fleisch ißt, so ist es – wenn es für ihn Sünde bedeutet – richtig, es nicht zu tun.

Ein Eskimo z.B. hat wohl kaum eine Chance, jemals Vegetarier zu werden.
Jeder sollte sich so gesund ernähren, wie er es für richtig hält und es ihm möglich ist.
Wenn ein Mädchen z.B. einen Strauß Blumen pflückt, um der Mutter damit eine Freude zu bereiten, so ist dieses Verhalten richtig und gut. Da ich selbst aber Pflanzen auch als Lebewesen ansehe, »pflücke« ich nur die, die ich zum Essen benötige – kaufe aber z.B. keine Schnittblumen, die ausschließlich gepflanzt wurden, um sie für ein paar Tage im Zimmer zu haben.
Für jeden Menschen ist das richtig, was er mit seinem Gewissen vereinbaren kann und was der Gemeinschaft nicht schadet.
Und wie sieht es mit der Gerechtigkeit aus, wenn Menschen mit geistigen Schäden geboren werden oder Kinder im Alter von 1, 7 oder 12 Jahren sterben? Wann kommen sie in den Himmel und wann nicht? Und wenn man – bereits als Kind gestorben – generell in den Himmel käme, warum muß ich es mir dann erst »erarbeiten«? Wenn Ihnen Ihre Religion eine zufriedenstellende Antwort auf diese Fragen gibt, dann bleiben Sie dabei! Aber wenn Sie nur zur Antwort bekommen: »Es steht uns Menschen nicht zu, solche Fragen zu stellen«, kann Ihnen die folgende philosophische Betrachtung vielleicht ein paar Anregungen geben, *selbst den für Sie richtigsten Weg zu finden*:
Wäre ein für manche Menschen so kurzes Leben und für andere wieder ein Leben unter den denkbar schlechtesten Bedingungen nicht ziemlich sinnlos bzw. unge-

recht, wenn dieses Leben ihr einzigster »Auftritt auf dieser Bühne« wäre?
Ist es nicht möglich, daß wir (damit meine ich unsere Seele, unser eigentliches ICH, SELBST oder wie wir es nennen mögen) schon eine lange Reihe von Leben hinter uns haben, um uns zu entwickeln, und auch noch eine lange Reihe von Leben vor uns haben, um stets geistig reifer zu werden?
Ist es nicht möglich, daß Jesus »Gottes Sohn« war oder sich nennen durfte, weil er die höchste geistige Reifestufe bereits erreicht hatte?
Vielleicht haben wir als Pflanze begonnen, im Anfang gab es schließlich nur Pflanzen auf dieser Erde, uns als Tier weiterentwickelt, bis wir die Reife hatten, Mensch zu werden. Und heute gibt es schließlich auch viel mehr Menschen als früher. Zusätzlich möchte ich nicht ausschließen, daß man sich auf den anderen Planeten weiter entwickeln kann.
Bekommt nicht jede Situation im Leben plötzlich einen Sinn, wenn ich alles als Lern- und Reifeprozeß ansehe und anerkenne? Allein die Entstehung unserer Erde dauerte über 4000000000 Jahre. Aber unsere gute Erde ist längst nicht das älteste, was es im Universum gibt. Ist es nicht viel wahrscheinlicher, daß der Schöpfer uns eine etwas länger dauernde Aufgabe übertragen hat, als nur einen Tag oder auch 85 Jahre auf dieser Erde zu verbringen?
Welchen Sinn hätte ein Leben, daß nur wenige Minuten dauert, wenn es nicht nur ein kleiner Teil eines »ewig« dauernden Lebens wäre?

Das ist der Grund, weshalb ich vier Seiten zuvor geschrieben habe, daß Selbstmord keine Lösung ist, sondern höchstens ein Verschieben der Bewältigung einer Aufgabe.
Solange wir unsere Aufgabe, die höchste Stufe der geistigen Reife erlangt zu haben, nicht bewältigen, kommen wir immer wieder und »versuchen« es erneut.
Das Ziel heißt: Liebe!
Jede Pflanze, jedes Tier, jeden Menschen und nicht zuletzt mich selbst zu lieben, zu achten und in jedem Geschöpf *das Wesen* zu erkennen, dürfte die Aufgabe sein, die wir einst gestellt bekamen.
Wann wir sie erfüllen? Nun, wir sind erst seit rund 30 000–40 000 Jahren »Mensch« auf dieser Erde, und nur wenige haben es bereits geschafft.
130 Jahre möchte ich auch aus diesem Grund alt werden, damit ich möglichst einen großen Schritt in diesem Leben machen kann. Noch 100 Jahre lang die Möglichkeit zu haben, viel zu schaffen heißt: noch 100 Jahre lang in allem, was mir geschieht, widerfährt und passiert, einen Lernprozeß zu sehen, mich über Dinge freuen zu können, die einen anderen Menschen – der diesen Sinn nicht kennt – vielleicht zur Verzweiflung bringen.
»Du sollst nicht töten« heißt: Du sollst keinen, der auf seinem Weg zur Reifeentwicklung ist, daran hindern bzw. seinen Weg unterbrechen; denn töten können wir sowieso nicht, wir könnten höchstens die Daseinsebene ändern. Wir werden uns noch in zwei weiteren Geboten ausführlicher mit dieser Philosophie beschäftigen, die

für viele Menschen bereits zur Realität geworden ist. Aus diesem gerade erwähnten Blickpunkt heraus wird unsere Pflicht, viel oder sogar alles dafür zu tun, unseren Körper möglichst gesund und lange am Leben zu erhalten, deutlich.

Wir tun nichts *für* uns, wenn wir rauchen, »trinken« und unmäßig essen, obwohl manche Menschen sogar sagen: »Wenn ich darauf verzichten soll, habe ich ja gar nichts mehr vom Leben.«

Wir tun aber viel für uns, wenn wir von Tag zu Tag menschlicher und liebevoller werden.

Zuerst müssen wir Angst und Sorge verbannen; denn sie wirken zerstörerisch auf unseren Geist und Körper.

Und wenn wir anhand einer Selbsteinschätzung unsere Vor- und Nachteile kennen, bauen wir uns damit eine gute Portion Selbstachtung und Selbstvertrauen auf. Beides wird uns behilflich sein, unserem Leben einen Sinn zu geben und alles Leben auf dieser Erde zu achten.

Der Tod ist kein Abschnitt des Daseins, sondern nur ein Zwischenereignis, ein Übergang aus einer Form des endlichen Wesens in eine andere.

Wilhelm v. Humboldt

»Du sollst nicht töten« heißt also, nicht nur keinen Menschen und damit auch uns selbst zu töten und damit den Reifeprozeß vorzeitig zu unterbrechen, anstatt ihn für den größtmöglichen Schritt auszunutzen. Es bedeutet weiterhin, keine Pflanzen und Tiere ohne Grund und Notwendigkeit zu töten.

Es heißt: in der Lage zu sein, selbst gesund zu leben. Und gesund leben bedeutet nicht nur gesundes Essen und Trinken, sondern auch gesunde Arbeit, gesunde Freizeit und eine gesunde Lebens-Einstellung.

All' das ist aber erst möglich, wenn ich in der Lage bin, selbstdiszipliniert zu handeln und damit vorweg selbstdiszipliniert zu *denken*!

Wenn wir unsere Gedanken selbstdiszipliniert unter Kontrolle haben, reagiert auch unser Körper entsprechend, und es wird uns möglich sein, ein gesundes, langes und produktives (auf unseren geistigen Reifeprozeß bezogen) Leben zu führen.

Leben heißt: erleben, aber das kann ich nur, wenn ich »ja« zum Leben sage.

DU SOLLST NICHT EHEBRECHEN!

Nun sind wir bei Thema Nummer 1 in der heutigen Zeit. Sex ist laut Meinungsumfragen eins der meistgebrauchten Wörter bei Unterhaltungen in der Bundesrepublik Deutschland. Das Wort Liebe rangiert allerdings erst nach Krieg, Mord, Rauschgift, Terror, Atom und Politik an 8. Stelle. Womit wir schon fast den Kern des Gebotes getroffen haben.

Wir sind in den vorangegangenen Kapiteln davon ausgegangen, daß die Gedanken, mit denen wir uns am häufigsten beschäftigen, quasi unsere Programme sind, die unsere Verhaltensweise steuern oder zumindest wesentlich beeinflussen. Da unsere Gesprächsthemen im wesentlichen von den Massenmedien wie Radio, Fernsehen und Presse gesteuert werden, dürfen wir uns über die Rangfolge nicht wundern. Ich kann es keinem Jugendlichen verübeln, wenn er die herkömmliche Ehe nur belächelt und Treue als altmodisch bezeichnet. In welchem Fernsehprogramm, in welchem Radiobericht oder in welchem Zeitungsartikel wird über eine gut funktionierende Ehe berichtet, die man sich als Vorbild wählen und als wünschenswert ansehen könnte?

Gut, die meisten Menschen sehen Treue in der Ehe nach wie vor als Wichtigstes an. Aber welcher Mann hat z.B. den Mut, am Stammtisch zuzugeben, daß er seiner Frau

immer treu war oder, daß seine Frau sogar die erste und einzige ist, mit der er intim war?
Es ist »in«, ein »richtiger« Mann zu sein.
Wieviele Frauen jedoch gibt es andererseits, die nur zu gerne einen »völlig unerfahrenen« Mann heiraten möchten?
Haben wir nicht das Idealbild der Ehe selbst zerstört? Sind wir nicht auch diesmal zu feige zu sagen, daß wir unsere Ehe am liebsten »altmodisch« führen möchten? Vom Partner erwarten wir natürlich absolute Treue, aber selbst möchten wir – genauso natürlich – zu den Cleveren und Erfahrenen gehören.
Stellen wir uns einen Mann vor, der in seiner Stammkneipe voller Begeisterung erzählt, was er für ein vorbildlicher Ehemann ist: »Ich bin meiner Frau stets treu und käme nicht einmal auf den Gedanken, mich nach einer anderen umzusehen. Für mich ist meine Frau nach wie vor die Schönste – egal ob geschminkt, mit Lockenwicklern oder müde und abgespannt; auch mit Schürze oder in Arbeitskleidung ist sie stets attraktiv. Sie ist eine so tolle Frau, daß sich alle nach ihr umsehen, und natürlich hat sie auch hier und da einen Freund. Sie ist schließlich eine Frau, wie es sie nicht alle Tage gibt.«
Unvorstellbar?
Mit umgekehrten Vorzeichen ist es sogar selbstverständlich!
Vom Partner wird Treue als Basis vorausgesetzt und selbst ist man erst dann ein »toller Hecht«, wenn man zumindest davon spricht, es hier und da mit der Treue nicht ganz genau zu nehmen.

Mit der Eroberung eines neuen oder anderen Partners unter solch einem Vorzeichen wird aber nicht das Bedürfnis nach Liebe und Zuneigung befriedigt, sondern meist nur das Bedürfnis nach Anerkennung. Allerdings hat sich hier der Betroffene eine komplizierte Lösung seines Problemes, Anerkennung zu bekommen, ausgesucht. 1. wird das Bedürfnis nur für kurze Zeit befriedigt und 2. bringt es neue Probleme mit sich.
Wir sehen also hier wieder ganz deutlich, wie wichtig es ist, daß wir uns unserer tatsächlichen Bedürfnisse bewußt werden, um unsere Situation nicht noch komplizierter zu machen!
Sicher gibt es Psychologen und Psychotherapeuten, die der Meinung sind, ein Seitensprung könne eine kaputte Ehe retten. Und da wir 6 000 000 000 Menschen auf dieser Welt und alle verschieden sind, will ich auch auf keinen Fall behaupten, daß diese Meinung generell falsch ist. Es mag für den einen oder anderen zutreffen, aber für die Menschen – die ich bisher kennenlernte – traf es nicht zu. Entscheidend dürften die Erziehung und die Umwelt sein, die in uns eine bestimmte Grundeinstellung oder Vorstellung zur und von der Ehe geprägt haben. Sobald ich mit mir (meinem Gewissen) in Konflikt bin, liege ich auf jeden Fall falsch. Und sobald mein Partner durch meine Verhaltensweise in Konflikt kommt, sollte ich mein Handeln ebenfalls sehr überdenken.
Generell scheint nur Eines, gerade in bezug auf die Ehe, gesagt werden zu können: Es ist nicht möglich, gute oder gutgemeinte Ratschläge zu erteilen; denn was für

den einen richtig ist, kann für den nächsten bereits total falsch sein – also hoffnungslos? –
keinesfalls! Wir müssen uns nur auch hier wieder dem Kern der Sache zuwenden und die universellen Gesetze zwischenmenschlicher Beziehungen erkennen und anwenden.
Die Erkenntnis, daß Gedanken Kräfte sind – die unser Verhalten bestimmen – wird uns hier sehr nützlich sein. Und wir wollen herausfinden, ob es nicht sogar möglich ist, mit der Kraft unserer Gedanken auch unseren Partner positiv zu beeinflussen.
Die meisten meiner Seminarteilnehmer sind Ehepaare, die oft unter dem unbewußten Vorwand »reden lernen« oder »sich entspannen lernen zu wollen« ins Seminar kommen. Das tatsächliche Problem ist meist eine unerfüllte Ehe, zumindest aus der Sicht *eines* Partners. Was heißt unerfüllt? –
wenn die Vorstellung, die ich von der Ehe (oder vom Partner) hatte, mit der derzeitigen Realität nicht übereinstimmt. Jeder der beiden Partner bringt verschiedene Grundbedürfnisse mit in die Ehe, die er befriedigt sehen möchte. Sieht er die Möglichkeit, sein Problem in der Ehe zu lösen (sein Bedürfnis zu befriedigen), ist er vom Heiraten begeistert. Sobald man sich aber seines Bedürfnisses nicht bewußt ist, kann man auch nichts gezielt dafür tun, dasselbe zu befriedigen, und so wird es dem Zufall überlassen, ob die Umstände in der Ehe es mit sich bringen, daß jeder zu seinem »Recht« kommt.
Jeder Mensch hat gewöhnlich zwei Gründe, etwas zu tun. Einen, der gut aussieht und einen wahren.

Gute Verkäufer wissen darum und fragen Ihren Kunden, wenn er unter einem Vorwand »nein« sagt: »Und was ist der wirkliche Grund?« Wenn z.B. eine Gruppe von Urlaubern für 14 Tage zum Skilaufen fährt, hat jeder einzelne einen anderen Grund. Der eine möchte gern in einer geselligen Gruppe im Bus zum Urlaubsort fahren. Der andere sitzt gern abends gesellig in einer Gruppe zusammen. Jemand ist dabei, etwas für seine Figur zu tun oder man zeigt gern seine Skikünste. Vielleicht möchte man diese auch erst erlernen, um sie anschließend zeigen zu können. Wieder ein anderer fotografiert gern, um anschließend seine Dias vom Skiurlaub zu zeigen oder es ist einfach »in«, im Skiurlaub gewesen zu sein. Eventuell möchte man sich einmal so richtig verausgaben, um gut schlafen zu können oder alles andere zu vergessen. Möglich, daß auch der abendliche Baraufenthalt den entscheidenden Anstoß zum Teilnehmen gab. Vielleicht wollte man auch Kontakte knüpfen. Dies sind viele Gründe, um jeweils ein Grundbedürfnis zu befriedigen. Das Grundbedürfnis nach Hunger, Durst, Schlaf, Sex, Liebe, Anerkennung, Zugehörigkeit, sozialem Status . . .
Nun lernen sich zwei Menschen in diesem Urlaub näher kennen, indem jeder sein unbewußtes Bedürfnis befriedigt bekam. Der eine vielleicht nach Anerkennung, weil er so toll Ski gefahren ist, und der andere bekam sein Bedürfnis nach Zugehörigkeit befriedigt, weil er sich in einer wirklich duften Gruppe aufhielt. Man ist glücklich und zufrieden, was sich natürlich positiv auf die Verhaltensweise auswirkt und – man mag sich. Später ändern

sich die Situation oder auch die Bedürfnisse, und man fragt sich: »Wie konnte ich mit *ihm* oder *ihr* jemals glücklich sein?«

Sie meinen, Sie würden niemals so schnell geheiratet haben? Gut! Aber waren Sie sich Ihres und Ihres Partners wirklichen Bedürfnisses – egal nach welcher Zeitspanne – bewußt, als Sie heirateten?

In meinen Seminaren erlebe ich es immer wieder, daß die wenigsten Menschen überhaupt nur eine Vorstellung haben, wie sie sich das Verhalten ihres Partners – oder die Ehe im allgemeinen – konkret wünschen.

Was will ich?

Können Sie sich noch an diese Frage erinnern?

Die Antwort heißt doch sicher: glücklich sein.

Haben Sie eine genaue Vorstellung, was Sie von Ihrem Partner erwarten und wissen Sie eigentlich, wie Ihre ideale Ehe aussehen soll?

Diese Frage stelle ich an Sie, egal ob Sie bereits verheiratet sind oder nicht. Und außerdem, haben Sie sich überhaupt schon einmal fest dazu entschlossen, glücklich sein zu wollen oder warten Sie lieber ab, wie sich alles ergibt?

Haben wir überhaupt eine Chance, glücklich zu sein, wenn wir uns noch nicht einmal dazu entschlossen haben, es sein zu wollen? Wenn man sich fest als Ziel gesetzt hat, eine glückliche Ehe zu führen und dieses Ziel als einen der wichtigsten Punkte in seinen »Computer einprogrammiert« hat, dann sollte man sich bei einem evtl. eintretenden Streit fragen: »Was will ich – recht haben oder glücklich sein?«

Wissen Sie, heutzutage hab' ich nur noch selten recht, aber dafür bin ich glücklich, und obendrein kann ich meine Vorstellungen in den meisten Fällen verwirklichen. Früher gehörte ich zu den Menschen, die stets als Bestätigung ihres schwachen Selbstbewußtseins recht bekommen müssen. Heute weiß ich, daß jeder Mensch aus seiner Perspektive (Blickpunkt) recht hat. Es gibt für mich keine fruchtlosen Diskussionen mehr und keine Meinungsverschiedenheiten über differierende Standpunkte.

Gestern unterhielt ich mich mit einem Regisseur des Salzburger Landestheaters. Er gab den Zuschauern nach einer Aufführung Gelegenheit, mit den Schauspielern über das Stück zu diskutieren. Dieses Experiment brach er jedoch bald wieder ab, als er feststellen mußte, daß es den Sprechern der Diskussionsrunde (dies sind in der Regel höchstens 20 % der Anwesenden) nicht um das Für oder Wider des Stückes ging, sondern nur um die Möglichkeit, sich selbst in den Mittelpunkt zu stellen und sich interessant zu machen.

Und wenn ich mir viele Sitzungen und Diskussionsrunden – egal in welchen Bereichen – anschaue, bin ich nur selten davon überzeugt, daß es den Rednern in erster Linie um ein Ergebnis geht. Entscheidungen, so scheint mir, werden in Diskussionen selten getroffen, und Ergebnisse erzielt man auf andere Weise sicherer und schneller.

»Aber man kann doch nicht dauernd nachgeben«, werden Sie jetzt sagen – sicher nicht. Aber wann habe ich eher die Chance, zwei verschiedene Bedürfnisse zu befriedigen, wenn ich recht haben will und dem anderen damit zeige, daß ich klüger bin (und hiermit sein Bedürfnis nach Anerkennung und Wertschätzung bereits mit Füßen trete) oder wenn ich seine Meinung als wichtig ansehe und auch meinen Standpunkt berücksichtigt haben möchte.

Wann, meinen Sie, ist der andere eher zur Zusammenarbeit auf Dauer bereit?

In Dingen, die mir nichts bedeuten und die meine Ziele nicht durcheinander bringen, *will* ich überhaupt kein recht haben. Es sind großartige Gelegenheiten, anderen recht zu geben, ohne daß ich einen Nachteil dadurch habe.

Was ich mit diesen letzten Sätzen sagen will, ist, daß ich es für überflüssig und vergiftend halte, wenn man jedesmal recht haben will, nur um recht zu haben.

Wenn ein Mensch immer recht hat, hat er keinen Grund mehr zu leben. Es ist langweilig; denn er kann alles, weiß alles und macht alles richtig. Der Sinn des Lebens, ständig zu lernen, ist also verlorengegangen, und der Unsinn des Lebens beginnt.

Um Resultate zu erzielen, ist es nicht notwendig, daß einer recht hat und der andere nicht, sondern es kommt nur darauf an, dem anderen die Befriedigung seines Bedürfnisses so zu ermöglichen, daß auch das eigene Bedürfnis berücksichtigt bleibt.

Angenommen, »er« sehnt sich nach Feierabend ein wenig nach verwöhnender Zärtlichkeit. »Sie« dagegen hat seit langem den Wunsch, mal wieder ein Buch zu lesen, wozu sie tagsüber nicht kommt. Sie geraten in Streit;

denn beide haben aus ihrer Sicht recht. Sie will nicht einsehen, »geistig zu verkümmern«, und er möchte nach Feierabend »etwas« von seiner Frau haben. Sicher möchte sie auch Zärtlichkeit, aber sobald er sagt, sie möge sich abends für ihn Zeit nehmen, ist sie verständlicherweise der Meinung, er würde ihre Hausarbeit nicht anerkennen und ihr keine Ruhe oder Weiterbildung gönnen.

Ist einer von beiden klug, so verzichtet derjenige darauf, recht zu haben, der Verständnis für die Lage bzw. das Bedürfnis des anderen zeigt. Er denkt darüber nach, wie würde »ich« in der Situation meines Partners denken und handeln. Sobald wir uns nämlich *konkrete* Gedanken über eine bestimmte Situation machen (und daran scheitert es meist), kommen wir auch auf eine Lösungsmöglichkeit.

In unserem konstruierten Beispiel könnte das so aussehen, daß »sie« eine »Zeiteinsparungsmaschine« (Geschirrspülautomat usw.) oder Hausgehilfin bekommt. Oder aber, daß man z. B. gemeinsam *einmal* wöchentlich einkaufen fährt, wäre eine Möglichkeit, freie Zeit zum Lesen zu haben. Dadurch ist sie am Abend frei für Zärtlichkeiten, die sie ihm gern gibt, weil er Verständnis für ihre Bedürfnisse gezeigt hat.

Anstatt selbst dauernd Wünsche zu äußern (die meisten davon meinen wir sowieso nicht ernst), sollten wir den Partner fragen, womit wir ihm eine Freude bereiten könnten. Allein die Tatsache, daß wir den anderen und seine Wünsche wichtig nehmen, reicht oft schon aus, um ihn selbst erkennen zu lassen, daß nicht alle Wünsche

realisiert werden können. Sobald aber aus Prinzip ein »Nein« gesprochen wird, will der Partner – ebenfalls aus Prinzip – »ja« sagen. Dieses Verhalten ist mit folgendem Beispiel zu vergleichen:
»Sie« steht vor dem Spiegel und kämmt sich; »er« kommt vorbei und sagt anerkennend: »Du siehst wirklich süß aus, und deine Haare glänzen wieder so schön.« Die Antwort wird mit Sicherheit so ausfallen: »Ach, weißt du, ich müßte meine Haare eigentlich mal wieder einlegen, und außerdem bin ich auch sonst nicht so sehr mit meinem Aussehen zufrieden.«
Angenommen, »er« hätte statt dessen gesagt: »Du siehst z.Z. wirklich nicht besonders gut aus. Und außerdem bin ich der Meinung, du könntest dir mal wieder dein Haar einlegen.« So müßte »er« sich sicher anhören: »Ich habe auch überhaupt keine Zeit mehr für mich. Die Hausarbeit, die Kinder, du willst pünktlich dein Essen haben...«
Fragen wir uns also: Was will ich? Will ich recht haben, oder will ich Ergebnisse erzielen?
Wenn ich also z.B. als Frau erreichen will, daß »er« sich vor dem Ausgehen noch einmal rasiert, so sage ich nicht: »Du mußt dich noch rasieren«, denn er wird zig Gründe haben, warum er sich nicht noch rasieren muß, oder zumindest wird er brummen.
Mit der Bemerkung: »Ich glaube nicht, daß es sonderlich auffällt, daß du dich seit heute morgen nicht mehr rasiert hast«, wird sie zwar im Unrecht sein – denn er ist plötzlich der Meinung, daß es doch auffallen würde – aber »sie« erreicht ihr Ziel.

Dies soll bitte keine Gebrauchsanweisung sein, sondern nur ein Gedankenanstoß für die Frage »was will ich«. Wenn also jemand sagt: »Du bist im Unrecht«, dann ist er nicht in der Lage, sich in die Gedankenwelt des anderen hineinzuversetzen (was bitte nicht generell negativ zu bewerten ist).

Aber er kann mir auf keinen Fall mit einer solchen Äußerung weh tun; denn schließlich ist *er* es, der nicht in der Lage ist, mich für seine Ideen zu begeistern oder zu motivieren.

Kritisieren wir, so erwarten wir vom anderen, daß er etwas nach unserer Vorstellung tun soll. Wir geben ihm damit zu verstehen, daß wir seine Vorstellung mißachten, und genau das tut weh!

Wenn wir also möchten, daß der andere etwas tun soll – so wie wir es uns vorstellen (wir sagen natürlich: so wie es richtig ist (?!) – gibt es nur eine Möglichkeit. Wir müssen den anderen dahin bringen, daß er zu der Überzeugung kommt, es sei seine eigene Idee oder Vorstellung, es so tun zu *wollen*.

Ein Kunde kauft nur, wenn er kaufen will. Und mein Partner »kauft« mir meine Idee nur dann ab, wenn er sie »kaufen« will – wenn er sie also gut findet.

Was aber finden wir gut? – auf jeden Fall das, was wir selbst als eigene Idee ansehen.

Was will ich also, selbst den Ruf des Ideenreicheren von uns beiden haben oder dem anderen diesen Ruf gönnen und lieber Ergebnisse erzielen?

Wenn wir einen Freund um einen Rat bitten, haben wir ja selbst eine Vorstellung davon, wie wir das Problem am liebsten oder am besten lösen würden. Wir sind z.B. mit uns selbst im Zweifel, ob wir am kommenden Samstag, wie immer, mit zum Fußballplatz gehen oder – weil die Schwiegermutter kommt – zu Hause bleiben sollen. Selbst hätten wir der Frau gegenüber ein schlechtes Gewissen und hielten es eigentlich für richtiger, zu Hause zu bleiben. Wenn der um Rat gebetene Freund sagt: »Ich würde auf jeden Fall zum Fußballspiel gehen«, reagieren wir skeptisch und finden den Ratschlag nicht so gut. (Worunter auch das Image unseres Freundes in unseren Augen leidet.) Sagt er aber: »Ich würde zwar gern mit dir gemeinsam zum Fußballplatz gehen, aber in einem solchen Fall, würde ich an deiner Stelle deiner Frau den Gefallen tun und zu Hause bleiben«, so wird er uns nicht nur noch sympathischer, sondern wir finden den Ratschlag wirklich gut. Bevor wir selbst also Rat-Schläge geben – und Sie sehen es am Wort selbst, daß diese sehr weh tun können – sollten wir *erst* hören, was der Ratsuchende selbst dazu meint. Denn

1. kann er seine Situation am besten beurteilen,
2. wird er doch tun, was er für richtig hält und
3. bleibt uns höchstens übrig, Denkanstöße zu geben, sollte der Ratsuchende mit seiner Meinung »völlig daneben« liegen.

Wenn wir also in der Lage sind, unseren Partner mit Hilfe von Denkanstößen dahinzubringen, daß er *selbst* auf eine andere (und vielleicht sogar auf die von uns erhoffte) Idee kommt, wird er gern bereit sein, diese Idee zu verwirklichen, weil es schließlich seine und damit (logischerweise) auch die beste ist.

Gute Chefs geben ihren Angestellten immer das Gefühl, daß Ideen für Neuerungen aus den eigenen Reihen kommen; denn nur dann sind die Mitarbeiter bereit, sich dafür einzusetzen und sie zu verwirklichen.
Selbst Kinder kann man fragen: »Möchtest du dies oder jenes tun?« anstatt zu befehlen: »Du mußt!« Heißt die Antwort: »Nein, ich möchte nicht«, können wir fragen: »Wie hast du es dir vorgestellt?«
Wir sehen also, daß wir mit Fragen und Denkanstößen den Willen des anderen beeinflussen und steuern können.
Befinden wir uns noch auf ethischem (mit unserem Gewissen zu vereinbarenden) Boden? Entscheiden Sie selbst, was humaner und vorteilhafter für alle Beteiligten ist: ein »Du mußt« oder ein »Möchtest du?«
Vielleicht werden Sie sagen, dafür kann ich mir keine Zeit nehmen; das ist mir zu umständlich. Ich bin sicher, daß die andere Methode auf Dauer gesehen mehr Kraft, Zeit und Nerven kosten wird. Denken Sie einmal darüber nach, was Ihre Eltern bei Ihnen mit »Du sollst« und »Du mußt« erreicht haben und wie Sie sich dabei gefühlt haben.
Sobald wir jedoch Anerkennung aussprechen und damit zeigen, daß wir die Idee des anderen akzeptieren, ist er bereit, sich auch unsere anzuhören. Und Anerkennung brauchen wir nun einmal alle, so, wie die Luft zum Atmen.
Anerkennung heißt: die Meinungen, Vorstellungen, Ideen und Taten des Partners als – aus seinem Standpunkt – richtig anzuerkennen. Bitte übertragen Sie dies

nicht alles direkt auch auf Kinder; denn Kinder wollen und müssen erzogen werden, Erwachsene dagegen nicht mehr. Anerkennung geben heißt: den anderen akzeptieren, tolerieren und verstehen – also etwas, was wir tun, wenn wir einen Partner »erobern« wollen. Wir zeigen Verständnis für seine Lage, finden seine Ideen toll, begeistern uns für seine Hobbys, finden seinen Beruf großartig und erkennen das an, was er tut und denkt. Aber kaum ist man verheiratet, schon wird das – was wir gestern noch als etwas Besonderes anerkannt haben – selbstverständlich, oder es geht uns sogar »auf den Wekker«. Die tollen Briefmarken von gestern sind die dämlichen Briefmarken von heute. Gestern waren sie toll, weil »er« bzw. »sie« sie gesammelt hat, und heute sind sie dämlich, weil sie den Partner während der Zeit beanspruchen, während der wir ihn gern für uns haben möchten. Die Briefmarken nehmen soviel freie Zeit in Anspruch, daß der Partner uns während der Zeit nicht beachtet – die Marken sind ihm wichtiger.

Möchten Sie eine Lösung (die Sie bitte auch nicht als 08/15-Lösung sehen wollen) kennenlernen?

Meine Frau sammelt auch – allerdings in bescheidenem Maße – Briefmarken. Vor der Ehe wußte ich nicht einmal davon, was allerdings nichts Besonderes ist; denn es gibt kaum etwas, was sie nicht sammelt oder sammeln möchte. Anstatt mich darüber zu ärgern oder obendrein auf Anerkennung zu verzichten, bringe ich ihr alle deutschen Neuerscheinungen vom Postamt mit und – bekomme Anerkennung, indem ich ihre Sammler-»Leidenschaft« anerkenne.

Anerkennung heißt also nicht unbedingt: Lob oder Komplimente auszusprechen, sondern die eigene Art des anderen zu tolerieren und achten.

Geht dieses gegenseitige Anerkennen mit der Zeit verloren, kann schon ein kleiner Anlaß eine große Wunde in die gemeinsame Beziehung reißen. Es braucht nur ein anderer das anzuerkennen, was der Partner kritisiert, und die einstige Ideal-Vorstellung — das »Ich liebe dich so, wie du bist« — gerät ins Wanken. Die Anlässe sind meistens Kleinigkeiten, und der Grund ist stets ein unbefriedigt gebliebenes Bedürfnis. Sollten wir also nicht auf die Idee kommen, uns mit unserem Partner so oft wie möglich zu unterhalten?

Sie fragen: »Worüber?« Nun, auf diese Frage finden viele Ehepaare keine Antwort. Lassen Sie sie uns also untersuchen!

Gehen wir davon aus, daß wir nur dann wirklich glücklich sein können, wenn auch unser Partner glücklich ist. Bevor ich weiß, ob und wie mein Partner glücklich zu machen ist, muß ich seine tatsächlichen Wünsche, Träume, Ziele und Bedürfnisse kennen. Diese erfahre ich allerdings nur, wenn ich mich ständig mit ihm unterhalte und mich in seine Lage versetze.

Anhand unseres Skiurlaub-Beispieles haben wir gesehen, wieviele verschiedene Gründe es gibt — und es gibt weit mehr als angeführt — einen Skiurlaub durchzuführen. Nehme ich also *nur den Wunsch* nach (z.B.) Skiurlaub wahr, heißt das noch lange nicht, daß ich mit der Erfüllung dieses Wunsches auch das Bedürfnis des Partners befriedige.

Wir müssen uns also ständig und ausführlich darüber im klaren sein, *warum* der Partner dies oder jenes tut bzw. möchte. Und wenn es in unserem Beispiel die Erinnerung an eine nette Gemeinschaft am Kaminfeuer war, die jetzt den Wunsch prägt, einen solchen Urlaub zu wiederholen, ist es noch keine Garantie, erneut eine nette Clique anzutreffen. Wenn ich aber das *Bedürfnis* des Partners kenne, so kann es auch ein Urlaub am Meer sein, der mir selbst vielleicht mehr zusagt. Vorausgesetzt natürlich, hier kann das Bedürfnis des Partners nach Gruppenzusammengehörigkeit o.ä. befriedigt werden. Bedürfnisse kann ich allerdings nur dann herausfinden, wenn ich bereit bin, *aufmerksam hinzuhören*, was mir der andere sagt.

Sobald man sich jedoch »nichts mehr zu sagen hat«, wird es Zeit, sich darüber zu unterhalten, *weshalb* man sich nichts mehr zu erzählen weiß.

»Du sollst nicht ehebrechen« heißt in dieser Situation; daß die Verbindung mit einem anderen neuen Partner nur einen Momenteffekt bringen würde. Denn schließlich ist es mir nicht gelungen, dieses Problem zu lösen. Und wenn ich heute ein Problem »löse«, indem ich es beiseite schiebe, kann ich auf den Tag warten, an dem es in alter Form und vielleicht neuer Verpackung wieder auftaucht.

Wir haben jetzt zwei entscheidende Faktoren im Buch kennengelernt, die für eine glückliche Ehe erforderlich

sind bzw. auch den Sinn des Fortbestandes einer Ehe ausmachen.
Den einen Punkt haben wir in diesem Kapitel erläutert: jeder der Partner muß selbst den Beitrag zu einer glücklichen Ehe leisten *wollen*!
Der andere Punkt ist: meine geistige Vorstellung (meine hauptsächlichen Gedanken) muß das Bild von einer glücklichen Ehe sein.
Dieser erscheint mir der Kernpunkt zu sein, an dem die Entscheidung fällt, ob die Ehe weiterzuführen oder aufzugeben ist.
Wenn es *beide wollen*, ist es auch zu schaffen!
Sobald aber nur einer von beiden die Gemeinschaft nicht mehr fortführen will, wird das Zusammenleben zu einem Krampf. Ich möchte allerdings nicht ausschließen, daß es nicht möglich sein kann, den Willen zur Ehe wiederherzustellen, möchte aber stets auf die Überlegungen der vorangegangenen Seiten hinweisen.
Zwingen bringt Zwang –
kämpfen bringt Kampf.
Eigener Wille bringt Verdruß und schlechtes Gewissen, aber keine Resultate, wenn der Wille des Partners (oder sein Bedürfnis) nicht berücksichtigt wird.
Vielleicht möchten Sie ganz klar und deutlich meine Einstellung zum Thema Scheidung hören. Ich will auch nicht »um den heißen Brei reden«, sondern Ihnen die für Sie richtigste Antwort geben.
Fragen Sie sich:
1. Was will ich?
2. Ich entschließe mich zu folgender Lösung und kon-

kretisiere die Lösung zur Zielsetzung, die ich folgendermaßen beschreibe:

....

3. Ich bin sicher, daß dieser Weg der richtigste für mich ist. (Wenn Sie hier nicht sicher sind, beginnen Sie bitte bei Punkt 1.)
4. Anstatt mich über mein »Schicksal« zu beklagen, frage ich mich, welche positive Seite die Situation hat und was ich daraus lernen kann ....
5. Ich werde mich ab jetzt nur noch mit der positiven und – nach meiner Meinung – für beide Seiten besten Lösung in Gedanken beschäftigen.

Wenn Sie diese o.g. Punkte (und vielleicht sogar Ihr Partner für sich selbst auch) durcharbeiten und schriftlich fixieren, haben Sie die für Sie richtigste Lösung gefunden.

Bleiben Sie dabei!

Ich hoffe, Sie erwarteten von mir (der ich Ihre Situation nicht kenne) nicht etwa eine oberflächliche Lösung, die nicht Ihren Bedürfnissen und Umständen entsprechen kann.

Was für Sie richtig ist, wissen nur Sie selbst am besten, vorausgesetzt Sie sind bereit, sich auch zu fragen und zu antworten.

Der größte Feind, den wir haben, ist die Entschlußlosigkeit.

Wenn ich nicht weiß, was ich will, dann weiß ich auch nicht, was ich tun soll. Und wenn ich nicht weiß, was ich tun soll, tue ich meist gar nichts. Und dieses »gar nichts Tun« bringt mich nicht weiter, sondern fördert einzig

und allein meine destruktive Einstellung. Negative Gedanken zerstören auch die beste Ehe.
Zweifel ist der Vorbote, den wir als warnendes Leuchtfeuer so früh wie möglich erkennen müssen, um nicht auf eine Sandbank oder auf ein Riff aufzulaufen.
Sobald wir beginnen, an einer guten Ehe (oder guten Partnerschaft) zu zweifeln, benötigen wir die gleiche Menge Vertrauen, um das Gleichgewicht wiederherzustellen.
Wie aber kann ich einem anderen Menschen vertrauen? Wie kann ich Vertrauen erzeugen? Gehen wir erst einmal davon aus, daß Ihr Partner Ihr Vertrauen bis jetzt noch nicht gebrochen hat. Wir beginnen also eine Freundschaft oder Ehe mit dem 1. Baustein Sympathie und benötigen zum Weiterbauen den Baustein Vertrauen. Bevor wir aber einem anderen vertrauen, ist es da nicht notwendig, daß wir uns selbst vertrauen, daß wir uns auf uns selbst verlassen können?
Sobald wir uns selbst dabei ertappen, daß wir gegen unser Gewissen denken und handeln, setzen wir es als normal voraus, daß auch der andere in entsprechenden Situationen so denken und handeln würde.
Da die »ausgleichende Gerechtigkeit« in unserem Gewissensspeicher fest verankert ist, wird es uns immer in irgendeiner Form belasten und Schwierigkeiten mit sich bringen, wenn wir etwas tun, was wir selbst nicht als gut oder richtig empfinden.
Was ist aber gut und richtig?
Hier hilft uns ein alter Leitsatz, mit uns selbst und in uns selbst zur Ruhe zu finden:

Was du nicht willst, das man dir tu',
das füg' auch keinem andern zu!
Dieses Sprichwort möchte ich noch ergänzen:
Verhalte dich zu andern so, wie du möchtest,
daß sich andere dir gegenüber verhalten sollen.
Jeder von uns hat eine eigene Vorstellung von richtig und falsch und von gut und böse.
Jeder von uns hat also ein *eigenes* individuelles Gewissen. Und es ist für jeden von uns Grundvoraussetzung, mit dem eigenen Gewissen nicht in Konflikt zu kommen, also mit uns selbst in Harmonie zu sein. Sobald ich gegen mein Gewissen verstoße, habe ich entweder Angst, der andere könnte es auch tun, oder aber ich bekomme ein sogenanntes schlechtes Gewissen. Im 2. Fall beginne ich, Entschuldigungen vor mir selbst zu suchen und fertige mir damit selbst Rechte an (Recht-fertigungen). Diese Rechte, die mir eigentlich überhaupt nicht zustehen (schließlich habe ich sie mir nur selbst gefertigt), benötige ich, um nicht vor mir selbst als minderwertig oder schlecht zu gelten. Außerdem benötige ich diese angefertigten Rechte für den Fall, daß der Partner mein Verhalten kritisieren sollte.
Wir haben uns also schon selbst bestraft, indem wir uns Vorwürfe über unser Verhalten gemacht haben. Kommen nun auch Vorwürfe des Partners hinzu, so erscheint uns die Bestrafung zu groß, und wir beginnen, uns zu rechtfertigen. Da der Partner nicht wissen kann, daß wir (durch uns selbst) bereits bestraft wurden, ist er überrascht, daß wir nicht »wenigstens einsehen«, einen Fehler begangen zu haben.

Hätten wir (rein theoretisch) diese Selbstbestrafung laut in Gegenwart unseres Partners vorgenommen und vielleicht gesagt: »Ich habe ein schlechtes Gewissen, weil ich Manfred einer Einladung zugestimmt habe, ohne dich zu fragen. Es tut mir leid, und ich bin am Überlegen, ob ich nicht anrufen und absagen sollte, was mir allerdings peinlich wäre. Andererseits weiß ich, daß du abends lieber deine Ruhe hast«, so bekämen wir zur Antwort: »Na, so schlimmm ist es auch nicht. Aber vielleicht denkst du das nächste Mal vorher daran.« Weiß der Partner aber nichts von unserer »Gerichtsverhandlung mit uns selbst«, so wird er kein Verständnis zeigen können! Wir sehen also, daß wir nicht nur verschiedene »Bausteine« brauchen, um glücklich zu sein, sondern auch den verbindenden »Mörtel«. Und der Mörtel, der alle Bausteine verbindet und zu allen Bausteinen Kontakt hat, heißt Kommunikation.

Lassen Sie uns mehr miteinander reden!

Zu spät zum Reden ist es nie, aber je früher man beginnt, um so leichter ist es. Sollten Sie mit Ihrem Partner sprechen wollen (bitte verzeihen Sie mir, daß ich in diesem Kapitel davon ausgehe, daß Sie einen haben), so legen Sie jetzt das Buch beiseite und tun Sie es. Ist er nicht da oder schläft er schon, dann schreiben Sie ihm doch mal wieder einen Brief! Ein günstigerer Zeitpunkt als jetzt kommt nicht mehr; denn die Zeit vergeht unausweichlich. Und der frühestmögliche Zeitpunkt ist der beste.

Lassen Sie uns noch für ein paar Gedanken beim Vertrauen bleiben. Es ist eine ähnliche Angelegenheit wie mit dem Glauben. Wir sollten zwar beides haben, aber

keiner konnte uns je sagen, wie man es bekommt. Wie bekommen wir Nicht-Glauben? –
indem wir an »Nicht-Glauben« denken und uns mit »Nicht-Glauben« beschäftigen!
Wie bekommen wir »Nicht-Vertrauen«? –
indem wir an »Nicht-Vertrauen« denken und uns in unseren Gedanken mit »Nicht-Vertrauen« beschäftigen. Lesen Sie ruhig alle Zeitungsartikel über Untreue. Schauen Sie sich ruhig alle Fernsehfilme über Betrug und Verbrechen an. Ihr Geist wird diese »Programme« ganz bestimmt nicht aufnehmen oder speichern. Ja, Sie können sich voll und ganz darauf verlassen, daß Ihr Geist in solchen Fällen nicht funktioniert! Oder vielleicht doch?
Um einem anderen Menschen vertrauen zu können, muß ich mir also als erstes selbst vertrauen können. Und um zu Vertrauen zu kommen, muß ich auch erst Vertrauen speichern.
Denken wir stets daran:
Was ich nicht speichere, kann ich nicht abrufen!
Zwei Frauen sitzen beim »Kaffeeklatsch«, und die Gastgeberin bemerkt: »Mein Mann müßte eigentlich schon von der Arbeit gekommen sein.« Worauf die andere erzählt, daß ihr Mann neulich anrief, weil er angeblich noch etwas Geschäftliches erledigen mußte. Und ein paar Tage später berichtete ihr eine Bekannte, sie habe ihren Mann um die fragliche Zeit in einem Café neben einer anderen Frau gesehen. Kommt nun der Ehemann unserer Gastgeberin zu spät nach Hause, weil er eine Reifenpanne hatte, so wird er kaum eine Chance haben, dies glaubhaft zu machen. Und seine Frau wird viel-

leicht, trotz seiner schmutzigen Hände, mißtrauisch sein. Hätte die Kaffeetischfreundin aber erzählt: »Letzte Woche wartete ich auch auf meinen Mann und war so wütend, weil das Essen fertig war und ich es so schlecht warmhalten konnte. Zwei Stunden später kam er dann. Bevor er mich begrüßen konnte, legte ich natürlich los, was er sich wohl denke. Danach erzählte er mir, daß er einen Unfall hatte und sogar ins Krankenhaus mußte, um sich eine Platzwunde am Hinterkopf nähen zu lassen. Du kannst dir vorstellen, wie leid mir das tat ...« In dieser Situation könnte der Mann der Gastgeberin sogar tatsächlich von seiner Freundin kommen. Seine Frau würde es nie vermuten. Und selbst ein unsicherer Gesichtsausdruck würde von der Frau völlig anders eingeordnet werden. Sie wäre froh, ihren Mann gesund zurückzuhaben.

Lassen wir uns also nicht verrückt machen, sondern Vertrauen aufbauen! Auch wenn die Zeitungen voll sind von Skandalen, so ist doch immer noch nicht von *allen* Menschen die Rede, sondern von dem weitaus *kleinsten* Teil.

Sich vorher »verrückt machen« bringt absolut nichts; wir unterstützen mit unseren negativen Gedanken eher die Verwirklichung des Gefürchteten!

»Das, was ich am meisten fürchtete, ist über mich gekommen«, lesen wir schon im Alten Testament. Wundert Sie das noch?

Hieße es nicht richtiger:

»Das, was ich am meisten dachte, ist über mich gekommen?«

Nochmals ganz deutlich: »Meine Gedanken, Gefühle und geistigen Vorstellungsbilder wollen sich verwirklichen!«
Und nun viel Spaß beim Mißtrauen!
Vertrauen Sie bloß keinem Menschen; Sie würden enttäuscht werden!
Das, was Sie denken, ist Ihr Programm. Genauso das, was Sie sich ständig einreden, sucht nach Verwirklichung.
Setzen Sie sich bitte einmal auf einen Stuhl, ganz auf die vorderste Kante. Und nun schließen Sie Ihre Augen und stellen Sie sich *bildlich* vor, Sie würden jetzt aufstehen. Nun, was geschieht mit Ihrem Körper?
Also bitte, wenn Sie es nicht ausprobieren, können Sie es natürlich auch nicht spüren. Legen Sie also bitte das Buch beiseite – Sie lesen gerade Seite 221 – und führen Sie die Übung einmal durch. Spüren Sie nun, wie Ihr Körper reagiert und aufstehen will?
Gedanken sind Kräfte, real und meßbar!
Wenn wir uns also in unseren Gedanken damit beschäftigen (egal, ob aus Angst oder Mißtrauen), daß unser Partner untreu ist, wie werden wir uns dann ihm gegenüber verhalten – liebevoll, vertrauenswürdig, anziehend und herzlich *oder* fragend, zweifelnd und später sogar abweisend?
Unsere Gedanken wirken auf unser Verhalten, und unser Verhalten ist entscheidend für die Reaktionen unseres Partners.
Sicher bin ich dafür, mit offenen Augen durch's Leben zu gehen, aber ich halte nicht viel von »hellsehen«, wenn es meine Gefühlswelt negativ beeinflußt.

Machen wir uns doch die vorausgegangenen Erkenntnisse zunutze und benutzen das »positive Hellsehen«, um unser Verhalten und damit das unseres Partners, *positiv* zu beeinflussen.

Um Vertrauen zu bekommen, muß ich Vertrauen denken. Um morgen glücklich sein zu können, muß ich erst in meinen Gedanken »morgen glücklich« sein.

Sie haben mit diesem Buch gelernt, sich zu entspannen und gelernt, Ihre Gedanken zu konzentrieren, um eine andere Verhaltensweise annehmen zu können.

Für das Glück unserer Ehe können wir auch etwas tun!

Meine Frau und ich sitzen jeden Morgen gemeinsam, um uns (jeder für sich selbst) auf unser harmonisches Zusammensein zu konzentrieren und zu programmieren. Früher war mein Giselchen gar nicht so sonderlich davon begeistert und sagte: »Wenn du mich nicht von allein liebst und es dir erst jeden Tag programmieren mußt, dann ist es keine echte Liebe.«

Heute ist es ihr auch bewußt geworden, daß die Beeinflussung durch die Umwelt oft sehr ehefeindlich ist und negative Gedanken fördert. Um also allein meine »echte Liebe« erhalten zu können, ist es notwendig, mir ebenso viele positive Einflüsse (Programme) zu beschaffen wie negative (die von allein kommen), um wenigstens das Gleichgewicht zu halten. Es ist inzwischen eine unserer liebsten Angewohnheiten, uns so auf Liebe, Glück und Vertrauen zu »programmieren«.

Diese Sitzung schafft eine so angenehme, liebevolle Atmosphäre, die uns den ganzen Tag über Kraft gibt, das Verhalten des anderen positiv zu beurteilen.

In unseren Seminaren erleben wir immer wieder die Angst der Teilnehmer »der Partner will mir eins auswischen«, »er sieht nur seinen Vorteil« oder »er will mich benachteiligen«. Jeder gibt aber zu, daß es in den *meisten* Fällen ein Vorurteil war und der Partner es eher zum Besten des anderen dachte und wollte.
Ein »kleines Mißverständnis« mit großer Wirkung; denn es sind stets die kleinen Dinge, die unser Leben schwer machen. Aber leider halten wir es nur selten für notwendig, diese Kleinigkeiten zu klären. »Das ist doch überall so«, ist der erste Schritt, es als normal anzusehen. Aber »normale« Dinge haben es an sich, unbemerkt größer zu werden und in unseren Augen stets »normal« zu bleiben, nur weil es inzwischen zur Gewohnheit geworden ist.
Bücher, eine gute Ehe zu führen, sind sicher schon viele geschrieben worden, und deshalb wollte ich Ihnen mit meinen Zeilen auch nur Denkanstöße geben. Auf jeden Fall möchte ich Ihnen versichern, daß es möglich ist, eine glückliche Ehe zu führen. Lassen Sie uns den Kernpunkt dieses Gebotes noch einmal von einer anderen Seite betrachten.
Mit dem Bedürfnis nach Arterhaltung hat der Mensch – und im Besonderen der Mann – eine der stärksten, wenn nicht die stärkste Kraft überhaupt, zur Verfügung, um seine Ziele zu verwirklichen. Nicht umsonst heißt es: Hinter einem erfolgreichen Mann steht eine erfolgreiche Frau. Und wenn wir uns die Geschichte anschauen, haben oft Frauen über Krieg und Frieden, über Sieg und Niederlage oder über Erfolg und Mißerfolg entschieden.

Selten übten sie direkt Einfluß aus, aber stets in Beeinflussung des Mannes. Napoleon wäre ohne Josefine nicht das, was er war – aber davon später.
Für eine Frau ist der Mann bereit, alles zu tun, alles aufzugeben und gegebenenfalls auch alles – was er geschaffen hat – zu zerstören. Wenn eine Frau klug genug ist, diese Kraft im Mann zu erkennen, zu fördern und im ethischen Sinn für beide zu nutzen, ist sie emanzipierter als wenn sie darauf bestehen würde, dieses Energie-Potential aus lauter Gleichberechtigungswahn zur Hausarbeit zu vergewaltigen.
Die Erfolge des Mannes gehören der Frau ebenso wie ihm. Nur, meine Damen, machen Sie ihn nie direkt darauf aufmerksam!
Eine kluge Frau genießt den Erfolg ihres Mannes wie den eigenen und stellt ihren Mann in den Mittelpunkt der Anerkennung. Die Früchte erntet schließlich sie selbst, indem sie von den Erfolgsresultaten profitiert. Ein kluger Mann läßt seine Frau *spüren*, daß er gern für sie erfolgreich ist; denn er bekommt Erfolg, Anerkennung und Beförderung für sie, ohne ihr jemals vorzuhalten, was er alles für sie tut.
»Der im Mann veranlagte Wunsch, den Frauen zu gefallen, ist es, der dem weiblichen Geschlecht die Macht verleiht, einen Mann zum Erfolg zu führen oder ihn zu vernichten«, sagt Napoleon Hill, ein amerikanischer Bestsellerautor.
Die Frau hat es also in der Hand, ob der Mann erfolgreich wird oder zerbricht. Aber, meine Herren, es kommt auf uns an, ob wir unserer Frau diese Rolle zu-

kommen lassen oder ob sie daheim verkümmert. Nicht, daß wir uns falsch verstehen, die meisten Frauen erfolgreicher Männer sind eher bescheiden und wollen gar nicht in der Öffentlichkeit auftreten. Aber wir dürfen sie deshalb nicht zu Hause versauern lassen oder gar zu Mägden oder billigen Arbeitskräften versklaven.
Unsere Frauen sind oft viel intuitiver veranlagt als wir und haben ein Gespür, das wir nicht verlachen, sondern fördern sollten. Dieses Gespür für Dinge, die sich nicht logisch erklären lassen, sollten wir aber trotzdem viel öfter bei unseren Entscheidungen mit berücksichtigen. Nicht zuletzt auch aus dem Grund, damit wir uns sicher sein können, daß sie – egal, was auch geschieht – hinter uns steht.
Wir wollen nicht nur niemals gegen unser Gewissen eine Entscheidung treffen, sondern auch das Gewissen unserer Frau muß stets im Einklang mit unserem Vorhaben stehen.
Fast alle Männer, die Geschichte oder Geld gemacht haben, verdanken dies ihrer Frau. Genauso gibt es viele erfolgreiche Frauen, die von ihrem Mann zum Erfolg aufgebaut wurden. Einige vergaßen dies und suchten sich, als sie Erfolg hatten, einen anderen Partner. Die meisten von ihnen – und so auch Napoleon Bonaparte – verloren dann die einstige, fast übermenschliche Kraft und beendeten damit ihre Karriere.
Ich möchte aber auch nicht versäumen, die Ausnahmen zu erwähnen, die nicht von ihren *eigenen* Frauen inspiriert wurden, Großes zu erreichen. Für einige war dies die Geliebte, die Mutter oder auch die Schwester. In der

weit größeren Mehrzahl der Fälle jedoch wird die Kraft des Mannes durch eine Geliebte vom Erfolg weggeführt. Er wird zwischen zwei Frauen hin- und hergerissen oder er ist bereit, für seine Geliebte alles andere zu vernachlässigen, ja vollends aufzugeben. Ein Spiel mit der Liebe – und hier spreche ich auch die Damen an – ist halt ein Spiel – reizvoll, interessant und abwechslungsreich. Aber hier gibt es, wie bei jedem anderen Spiel, einen Verlierer.

Was will ich?

Will ich spielen oder will ich meine geistige Reife entwickeln?

Will ich meine Bedürfnisse für mich einsetzen und ausnutzen, oder will ich mich von meinen Bedürfnissen ausnutzen lassen und zum Spielball werden?

Mit der »Geschlechtskraft« können wir Menschen, wenn wir sie richtig einsetzen, nicht nur Großes vollbringen, sondern auch glücklich und zufrieden werden. Unkontrolliert jedoch kann die gleiche Kraft einen Menschen zur Bestie werden lassen, die gänzlich ihrem rein tierischen Trieb unterliegt. Die Eifersucht bekommt ihre Kraft ebenfalls aus dem Fortpflanzungstrieb, den wir gerade im positiven Sinn untersucht haben. Ein eifersüchtiger Mensch ist nicht mehr Herr seiner Sinne, was wörtlich genommen werden kann. Ein solcher Mensch ist aber bereits Jahre vor dieser Äußerung der Eifersucht nicht Herr seiner Sinne gewesen. Denn um eifersüchtige Gedanken im Kopf zu haben, muß ich diese ja erst einmal dort hineingebracht haben. Entweder, indem ich viel über Untreue gelesen habe oder das

liebe Fernsehen hat es geschafft, mir eine »Wirklichkeit« vorzugaukeln, an die ich jetzt glaube.
Ein Hauptgrund, weshalb ich nichts von Seitensprüngen halte, ist nicht nur der – daß ich mit meinem eigenen Gewissen in Konflikt komme – sondern auch der, daß ein Seitensprung dazu beiträgt, mir das Vertrauen in den Partner zu nehmen. Denn, was ich mir zutraue, das traue ich auch meinem Partner zu. Und wenn ich selbst an mir erfahren mußte, wie gute Vorsätze und moralische Werte – die ich einst mit in die Ehe brachte – von meinem eigenen Geschlechtstrieb besiegt wurden bzw. werden, kann ich nicht mehr daran glauben, daß mein Partner einen stärkeren Willen hat als ich.
Sobald man selbst dem eigenen Trieb unterlegen ist, beginnt man damit aufzupassen, daß der Partner erst gar nicht in Versuchung kommt und sieht Dinge, die eher in den Bereich der Phantasie als in den Bereich der Wirklichkeit einzustufen sind.
Ich habe die Erfahrung gemacht, daß Menschen – die es mit der Treue nicht so genau nahmen – anschließend sehr darunter litten, weil sie nun (meist völlig grundlos) Angst hatten, der Partner könnte ebenfalls ...
Wir wissen aber, was uns Angst bringt. Wenn wir uns also dauernd in unserem Geist damit beschäftigen, daß der Partner auch ..., dann programmieren wir unsere Verhaltensweise damit so, daß wir für unseren Partner nicht mehr anziehend und reizvoll sind. Denn welcher Mensch hat es schon gern, wenn er spürt, daß ihm der eigene Partner nicht mehr vertraut und in allem – was er tut – einen verwerflichen Hintergrund sieht?

In diesem Gebot wird sehr deutlich, daß wir uns bei Nichteinhaltung nicht eine Fahrkarte zur Hölle nach dem Tod erkaufen, sondern bereits hier auf Erden die Hölle erleben. Wer je einen eifersüchtigen Menschen kennengelernt hat, wird dies bestätigen können. Ich habe für jeden treuen Ehepartner volles Verständnis, wenn er die Konsequenzen aus einer solchen Ehe zieht. Wir sehen also, daß dieses Gebot – trotz Pille – seine volle Gültigkeit behalten hat. Früher kamen zusätzlich noch die eventuellen Folgen einer Untreue zum Tragen, die im heutigen Zeitalter in bezug auf Kinder wesentlich kleiner geworden sind.

Eines aber ist geblieben beziehungsweise seit der »Pille« wieder enorm angestiegen: die Zahl der Geschlechtskrankheiten. Wenn Sie, lieber Herr, auch keine Angst zu haben brauchen, Vater zu werden (dank Pille) und Sie, liebe Dame, keine Angst zu haben brauchen, ein Baby zu bekommen – was Sie nicht wünschen – so sind die Folgen einer Geschlechtskrankheit auch nicht gerade die angenehmsten. Ohne Ihnen Angst davor machen zu wollen, möchte ich nur darauf hinweisen, daß Kinder geschlechtskranker Eltern – und schließlich ist es ja möglich, daß man sich mit dem Ehepartner auch nach einem Seitensprung Kinder wünscht – mit verheerenden Mißbildungen zur Welt kommen.

Auch die psychischen unsichtbaren Folgen sind trotz »Pille« die gleichen geblieben.

Ich bin mir sicher, daß ein Mensch – wenn er seine Geliebte in den Armen hält oder auch umgekehrt – nicht darüber denkt, was dies alles für Folgen haben kann.

Aber vielleicht sollten wir der Rasse homo sapiens damit die Ehre erweisen, indem wir uns nur den Partner aussuchen, mit dem wir ein gemeinsames Leben führen wollen, ohne das Bedürfnis nach einem anderen zu haben. Ich bin der Meinung, daß bei der Wahl des Ehepartners zu viele Kompromisse eingegangen werden – oft in der Meinung, »eine ideale Ehe gäbe es ja wohl doch nicht«. Wenn aber der Entschluß, sich für ein ganzes Leben aneinander zu binden, auf drei und nicht nur auf einer Ebene getroffen wird, dürfte die Grundlage wesentlich sicherer sein.

Diese drei Ebenen sind:

a) die körperliche, b) die geistige und c) die geistliche. Allerdings bin ich der Ansicht, daß die Prüfung des Partners heute allzuoft bei der körperlichen Ebene beginnt und evtl. auch schon aufhört. Damit hat es unsere Zivilisation endlich einmal wieder geschafft, sich auf die Stufe des Tieres zurückzuentwickeln.

Um also einen Partner für's Leben zu finden, sollte man sich zuerst auf der geistigen und der geistlichen Stufe prüfen, weil eine Trennung auf diesen Ebenen kaum Spuren hinterläßt, die einem von beiden Schmerzen verursachen können. Wenn ich also mit der Religionsvorstellung und Erziehung eines Menschen nicht übereinstimmen kann, werde ich im engeren Zusammensein nur wenig Verständnis für seine Verhaltensweise und Gefühlswelt aufbringen können. Und wenn der geistige Stand zu unterschiedlich ist, wird sich auch keine gemeinsame Basis finden lassen. Wenn aber im geistlichen und geistigen Bereich Übereinstimmung im Wesentli-

chen und Ergänzung im Detail erzielt werden, so sind ideale Voraussetzungen auch für den körperlichen Bereich vorhanden.
Auch hier haben die Menschen diese Welt viel zu kompliziert gemacht und versuchen — damit werden in der Bundesrepublik dreistellige Millionenbeträge umgesetzt — die Auswirkungen zu verbessern, anstatt die Ursache zu ändern.
Körperliche Übereinstimmung und damit die Voraussetzungen für Treue hängt von der Art und dem Inhalt unseres Speichers ab. Denn wenn ein Junge puritanisch erzogen wurde, so wird ein eher frei erzogenes Mädchen den armen Jungen total durcheinander bringen und ihn mit seinem Gewissen in Konflikt setzen. Die Auswirkung zeigt sich dann auch im sexuellen Bereich.
Nun gibt es Menschen, die ihr Leben lang die Auswirkungen ändern wollen und nicht begreifen, die Ursache suchen zu müssen. Da ich aber nicht in der Lage bin, die Ursache »auf den Kopf zu stellen« – Sie haben gesehen, was für Schwierigkeiten es mit sich bringt, *eine* Verhaltensweise zu ändern – muß ich mich dieser Ursache anpassen und mir einen Partner suchen, der in mein Gedanken- und Assoziationsschema paßt!
Wenn ich gern im Fahrersitz eines Rolls-Royce sitzen möchte, so passen das Chassis und die Karosserie des Rolls-Royce am besten dazu. Sollte ich aber einen Fiat 600 fahren, so bliebe der Versuch – die Sitze der Nobelkarosse in mein Auto einzubauen – stets nur eine halbe Sache. Genauso, wie die Sitze meines Fiat nicht in den Rolls-Royce passen und dort stets disharmonisch blei-

ben. Vielleicht bringt es ein paar Wochen Spaß, aber ständig möchten wir in einem solchen Auto sicher nicht fahren (geschweige denn, ohne uns jemals in ein anderes setzen zu dürfen).
Der Reiz des Neuen, die Eroberung, die Erinnerung an die »erste große Liebe«, all' das sind Gefühle, die einen Seitensprung interessant machen. »Man wird doch noch mal so richtig jung«, habe ich schon oft gehört.
Wir sehen also, daß wir uns den Partner auf allen drei Ebenen für uns passend aussuchen müssen, um später nicht umzufallen und die Ehe zu zerstören. Denn, verlorenes Vertrauen wieder aufzubauen, ist nicht nur im Geschäftsleben fast unmöglich, sondern auch in der kleinsten Gemeinschaft, die wir Ehe nennen.

Also:
Bereits bei der Wahl unseres Partners fällt die Vorentscheidung, ob wir die Ehe später brechen werden oder nicht.
Den für uns richtigsten Partner können wir finden, indem wir uns nicht mit einem Kompromiß begnügen, sondern auf allen drei Ebenen suchen.
Genauso, wie wir uns keinen Freund suchen – mit dessen Verhalten wir nicht einverstanden sind – und uns keinem Menschen anschließen – der eine völlig andere Einstellung zum Leben hat als wir – sollten wir uns keinen Partner für's Leben auserwählen, der nur körperlich zu uns zu passen scheint.
Die Kräfte – die frei werden, um einem »auserwählten« Menschen zu imponieren – können wir zum Positiven

und Negativen einsetzen. Ein Mensch – der in der Lage ist, diese Kräfte bei seinem Partner nutzbringend für beide zu aktivieren – hat zu dem Erfolg genausoviel beigetragen, wie der, der sie einsetzt.
Wenn der Wille zu einer glücklichen Ehe vorhanden ist, gibt es genug Mittel und Wege, diese in die Praxis umzusetzen.
Das gegenseitige Achten und Anerkennen der verschiedenen Meinungen sind für ein gemeinsames Handeln erforderlich. Voraussetzung für das Erfüllen von Wünschen ist ständige Kommunikation, um die eigentlichen Bedürfnisse des Partners stets zu kennen.
Vertrauen ist die Grundvoraussetzung für ein dauerhaftes Zusammenleben. Um Vertrauen zu entwickeln, sind der Wille dafür und absolute Aufrichtigkeit auf beiden Seiten notwendig. Vertrauen setzt voraus, daß ich »Vertrauen« denke und speichere. Das Vertrauen zum anderen muß mir zwangsläufig verlorengehen, wenn ich mir selbst nicht mehr vertrauen kann, weil ich meinem Trieb unterlegen war.

Nicht mangelnde Liebe, sondern mangelnde Freundschaft führt zu unglücklichen Ehen.

F. Nietzsche

DU SOLLST NICHT STEHLEN!

Gertraud Laurer hört die Haustürglocke schellen und geht zum Öffnen an die Tür. Zwei Polizeibeamte und ihr Sohn Herbert sind es. »Sind Sie Frau Laurer?« fragt einer der Beamten. »Ja, was ist denn passiert?« will Frau Laurer wissen. »Dürfen wir eintreten?« erkundigt sich einer der Beamten. Gertraud Laurer gibt mit einer Geste, völlig verstört, ihr Einverständnis. »Um Gottes willen, was ist denn bloß passiert? Hattest du einen Unfall?« »Nein, Frau Laurer«, erklärt der ältere der beiden Beamten: »Ihr Sohn wurde bei einem Diebstahl in einem Kaufhaus vom Hausdetektiv ertappt.« »Aber Herbert, das kann doch nicht wahr sein! Du hast doch alles von uns bekommen, was du wolltest. Und außerdem hast du nie gesagt, daß dir das Taschengeld nicht ausreicht. Sag mir, daß es nicht wahr ist, daß man dich verwechselt hat.« »Nein, Mutter, es ist genauso, wie es dir der Polizist eben gesagt hat.« Gertraud Laurer kann sich nicht mehr beherrschen und beginnt zu weinen. Der ältere Beamte versucht, sie zu trösten und macht sie vor dem Weggehen noch darauf aufmerksam, daß sie zum Gerichtstermin eine Vorladung erhalten werden. Als die Beamten die Wohnung verlassen haben, verzieht sich Herbert wortlos auf sein Zimmer. Nach kurzer Zeit folgt ihm seine Mutter. Als sie das Zimmer betritt, sagt er ihr, daß es ihm für sie leid täte. – eine Szene, wie sie Tag für Tag nicht nur einmal vorkommt.

»Warum ausgerechnet unser Kind?« fragen sich die Eltern immer wieder, und sie können nicht verstehen, daß gerade ihr Sohn zu »denen« gehört...

Worum ging es Herbert eigentlich? Wollte er wirklich nur den kleinen Walkman besitzen, wo er doch zu Hause schon einen hatte?

Früher galt es als Mutprobe, bei fremden Leuten die Türklingel zu drücken und dann wegzulaufen. Und für Kinder, die auf dem Land groß werden, gibt es auch heute noch viel mehr Gelegenheiten, ihren Mut zu beweisen, ohne mit dem Gesetz in Konflikt zu kommen als dies für Stadtkinder der Fall ist.

Aber fangen wir am besten ganz von vorn an:

Wenn wir geboren werden, steckt in uns bereits das Bedürfnis nach sogenannten Streicheleinheiten (Strokes). Wir brauchen diese Streicheleinheiten genauso dringend wie z.B. Nahrung. Würden wir nämlich als Säugling keinerlei Beachtung bekommen und vielleicht sogar mechanisch ernährt werden – also ohne Kontakt zu einem Menschen – gingen wir mit Sicherheit elend zu Grunde. Untersuchungen in Waisenhäusern in Südamerika haben heute das bestätigt, was man in sog. Findelkinder-Häusern um die Jahrhundertwende bereits vermutete. Ein Kleinkind mit nur wenig Kontakt zur Mutter oder Pflegerin muß – erst psychisch und als Folge auch physisch – krank werden. Die erwähnten Streicheleinheiten sind aber nicht nur als Streicheln zu sehen, sondern als Kontakt im weitesten Sinn.

Wir unterscheiden sogenannte positive und negative Streicheleinheiten: Unter negativen Streicheleinheiten verstehen wir z. B.: Schläge beziehungsweise das Zufügen körperlicher Schmerzen schlechthin. Ein vorwurfsvoller oder böser Blick, Beschimpfungen, wütende und zornige Reaktionen sind sogenannte indirekte negative Streicheleinheiten. Positive Streicheleinheiten sind dagegen: ein liebevoller Blick, Anerkennung in jeder Form, Lächeln und im weiteren dann die direkten positiven Streicheleinheiten, wie das Streicheln selbst, zärtliches Berühren, in die Arme nehmen, an sich drücken und küssen.

Bekommt ein Kind keine positiven Streicheleinheiten, so wird es (unbewußt) alles mögliche anstellen, um wenigstens negative Streicheleinheiten zu bekommen. Es wird versuchen, sich in irgendeiner Form bemerkbar zu machen, um die Aufmerksamkeit eines anderen Menschen zu erlangen. Hat es auch damit keinen Erfolg, so gibt es sich selbst Strokes. Es beginnt, mit dem Kopf hin- und herzuschaukeln, schlägt den Hinterkopf an die Wand oder beißt sich in die Finger und Zehen. Dies alles sind höchste Alarmzeichen für Eltern, ihrem Kind unbedingt mehr Aufmerksamkeit und Zärtlichkeit zu schenken.

Vielleicht können Sie sich noch an ihre Schulzeit erinnern, wenn sich die ganze Klasse einmal abgesprochen hatte, einen »Auserwählten« für eine bestimmte Zeit »links liegenzulassen«. Vielleicht gehörten Sie selbst einmal zu den Menschen, die von anderen (wenn auch nur für kurze Zeit) nicht beachtet wurden. In einer solchen Situation fühlt man sich so miserabel, daß man die ganze Welt nicht mehr versteht.

Leider hat ein Kleinkind keine Möglichkeit, sich zu wehren oder auch nur eine Erklärung dafür zu finden. Es hat das Bedürfnis nach Streicheleinheiten und versucht alles, diese zu bekommen. Gelingt dies nicht, kann es dieses unbefriedigte Bedürfnis nicht einordnen, geschweige denn verkraften. Der Körper reagiert entsprechend auf diese »Unordnung« des Geistes und erkrankt. Wir erkennen also, daß dem Menschen negative Streicheleinheiten lieber sind als überhaupt keine. Schließlich zieht es das Kind also vor, schlecht zu leben als überhaupt nicht zu leben (was sich später allerdings ändern kann).

Was meinen Sie, fördert unser Selbstbewußtsein und unsere Fähigkeit, mit anderen Menschen gut zusammenzuleben, mehr – wenn wir überwiegend angenehme Erfahrungen mit unserer Umwelt gemacht haben, oder wenn wir in erster Linie unangenehme Kontakte speichern mußten?

Aber seien Sie getröstet. Egal, wie Ihre Kindheit auch aussah, wir haben schließlich unseren Willen und unseren Verstand, eine uns nicht angenehme Situation zu ändern. Auch hier haben wir wieder zwei Möglichkeiten: Die eine Möglichkeit besteht darin, daß wir uns unser ganzes Leben lang selbst bedauern, ein Mensch zu sein, der von Kindheit an vernachlässigt oder – im anderen Extrem – verhätschelt wurde. Wir werden sicher recht haben und genügend Leute (vielleicht sogar einen Ehepartner, der sich das eine gewisse Zeit gefallen läßt) fin-

den, bei denen wir Trost und Mitleid erhalten. Aber unsere Kernfrage in diesem Leben heißt nicht: Wie bekomme ich Mitleid und Verständnis auf anderer Leute Kosten? – sondern auch hier wieder:
Was will ich?
Damit finden wir die zweite Möglichkeit von selbst. Denn wenn ich mit meinem Leben etwas anfangen will, das mir gegebene Startkapital nutzen und mehren will, dann werde ich nach Wegen suchen, mich und meine Einstellung zu ändern – nachdem ich die Möglichkeit, dies zu können, erkannt habe.
Sagen Sie jetzt bitte nicht: »Es gibt aber doch Menschen, die nicht die Kraft haben, es zu schaffen.« Ich gebe Ihnen zwar darin recht, *aber Sie gehören nicht dazu*! Und *dieses Buch habe ich* nicht für irgendwen, sondern *für Sie geschrieben*! Die Menschen, die Sie mit diesem Einwand bedauern wollen, haben auch nicht die Kraft und die Zuversicht, dieses Buch bis hierher zu lesen. Das ist der Grund, wieso ich von Ihnen weiß, daß Sie in der Lage sind, Ihre Vergangenheit zu bewältigen und Ihre Zukunft zu meistern!
Wenn Sie stets anderen gegenüber behaupten: »Ich benötige keine Anerkennung; ich brauche keine zwischenmenschlichen Beziehungen«, dann passen Sie auf sich auf! Sie brauchen mehr Anerkennung als Sie bekommen und haben diese Behauptung nur als Schutzwall aufgebaut, um mit sich selbst im Gleichgewicht zu sein. Nun, das ist nichts Schlimmes, aber warum wollen Sie es sich so schwer machen?
Lassen Sie uns dieses Bedürfnis erkennen und in den

Griff bekommen; denn sonst kann es uns passieren, daß uns das Bedürfnis (unser Leben lang) im Griff hat und uns versklavt!

Nun gibt es genügend Menschen, die nichts von dieser zwingenden Notwendigkeit, Streicheleinheiten zu bekommen, wissen. Sie machen oftmals nicht nur sich selbst, sondern auch anderen Menschen das Leben schwer.

Die Frau eines ehemaligen Chefs von mir war der typische Fall eines Menschen, der stets negativ auf sich aufmerksam machte, um wenigstens auf diese Art und Weise zu Streicheleinheiten zu gelangen. Aus diesem Grund war sie natürlich auch nicht in der Lage, ihrer damals 4jährigen Tochter die notwendige Zuneigung zu geben. Die Augen des Mädchens, das (oft auch nur aus Bequemlichkeit) von seiner Mutter zu allen möglichen und unmöglichen Tageszeiten in's Bett gesteckt wurde, waren so leer und einsam, wie ich es noch nie vorher bei einem Kind gesehen hatte. Die Mutter war obendrein stolz auf ihr »artiges, wohlerzogenes« (in meinen Augen animalisch dressiertes) Kind, das stets gehorchte.

Die Mutter selbst hatte die eigenartige Gabe, sich bei jedem im Büro unbeliebt zu machen. Sie sammelte ihre Streicheleinheiten, indem sie jeden und alles kritisierte und entsprechende Reaktionen bei den Mitarbeitern hervorrief.

Was kann man nun mit einem solchen Menschen tun? Antworten Sie aber bitte nicht voreilig, wenn Sie sich diesmal wieder fragen:

Was will ich?

Will ich überhaupt mit diesem Menschen auskommen? Wenn nein, dann ziehe ich es vor, die Arbeitsstelle zu wechseln. Wenn ich mich für gute Zusammenarbeit entschlossen habe, gibt es eine gute Methode. Dieser Mensch will also Streicheleinheiten. Er hat in der Vergangenheit scheinbar mit positiven Versuchen kein Glück gehabt und versucht nun (meist völlig unbewußt), wenigstens negative Streicheleinheiten zu bekommen. Sobald ich ihm nun ein Erfolgserlebnis zukommen lasse, bestätige ich ihn in seiner Verhaltensweise. Ein Erfolgserlebnis ist in diesem Fall für den Aufmerksamkeit Suchenden, wenn ich auf seine – mir unangenehme – Verhaltensweise reagiere. Beginne ich jedoch, ihm bei seinem – mir nicht gefallenden – Verhalten *keine* (negativen) Streicheleinheiten zu geben, so lernt er mit der Zeit, daß er mit seiner »Boshaftigkeit« bei mir keinen Erfolg hat. Um ihn aber nicht zu verärgern (denn keine Streicheleinheiten sind ihm ja noch unangenehmer als negative), muß ich jede sich bietende Gelegenheit nutzen, ihm positive Streicheleinheiten zu geben. Sicher ist es nicht einfach, bei einem uns (wegen seiner »unlogischen« Verhaltensweise) unsympathischen Menschen, etwas Positives zu finden und dies auch noch gleich zu loben oder auf andere Art und Weise anzuerkennen (z.B. durch korrekte Ausführung der mir gesetzten Aufgaben). Aber, wir hatten uns ja vorher gefragt: »Was will ich?« Und wenn wir wirklich mit diesem Menschen harmonisch auskommen wollen – um damit letzten Endes auch wieder mit uns selbst in Harmonie zu sein – gibt es auch für uns die Möglichkeit, daß *wir* den

Anfang machen und auch für *ein paar Wochen dabei bleiben.*
Einen ähnlichen Beweggrund mag auch unser imaginärer Herbert Laurer gehabt haben, als er sich dazu verleiten ließ, einen Walkman »mitgehen« zu lassen. Er erhoffte sich (unbewußt oder bewußt) Streicheleinheiten, seien es nun positive, durch die Anerkennung seiner Kameraden, oder negative, durch die Reaktionen seiner Eltern.
Wir sehen an diesen Beispielen wieder ganz deutlich, wie wichtig es ist, uns unserer Bedürfnisse bewußt zu werden, um nicht Dinge zu tun, die völlig unlogisch, unproduktiv und nur im negativen Sinn erfolgreich sind. Können Sie sich vorstellen, was die Eltern in dieser Situation mit einer Strafpredigt erreichen würden, wenn es dem Jungen vielleicht tatsächlich darum ging, von seinen Eltern negative Streicheleinheiten zu bekommen? Er wäre im wahrsten Sinne des Wortes erfolgreich!
Vielleicht werden Sie mich jetzt fragen wollen: »Ja, wie erzieht man denn nun ein Kind richtig, damit es nicht auf ›die schiefe Bahn‹ gerät?« Generell ist jedes Kind verschieden, was speziell Eltern mit mehreren Kindern am besten bestätigen können. Aber ich möchte Ihnen noch ein paar Blickpunkte geben, warum Kinder in der Trotzphase (etwa im 4. Lebensjahr) und in der Pubertät alle Regeln unseres logischen Denkens scheinbar auf den Kopf stellen: Wenn wir geboren werden, ist die Mutter ein zu uns gehörender Teil, also kein separates Wesen, sondern ein Teil von uns. Wir müssen also noch viel lernen. Was wir bereits gelernt haben, ist: sobald wir

schreien, kommt etwas zu essen. Eines Tages lernen wir hinzu, daß wir schreien und es kommt kein Essen. Hier wird uns das erste Mal »bewußt«, daß das Essen nicht allein kommt, sondern daß die Mutter dazugehört – also: ohne Mutter kein Essen. Und da wir in diesem Lebensalter fast nur während des Essens wach sind, speichern wir auch: ohne Essen keine Mutter, also Mutter und Essen gehören zusammen. Wir werden uns bei diesem Lernprozeß zum ersten Mal »bewußt«, daß wir völlig hilflos und abhängig sind. Werden wir zulange allein gelassen, wenn wir vor Hunger schreien, bekommen wir Angst, nichts zu essen zu bekommen. Und wenn wir nichts zu essen bekommen, müßten wir verhungern. Ein »es kommt ja sicher gleich« können wir uns in diesem Alter noch nicht vorstellen und bekommen, wenn nicht bald Essen bekommt, regelrechte Todesangst! Wir lernen in dieser Phase recht schnell, der Mutter zu gefallen, damit wir die berechtigte Hoffnung haben können, weiterhin versorgt zu werden. Diese Formulierung ist zwar abstrakt, aber sie trifft den Kern der Sache mit wenigen Worten am ehesten. Werden wir vernachlässigt oder gar mißhandelt, versuchen wir unsere Verhaltensweise zu ändern, um dadurch wieder einen wünschenswerten Zustand zu erreichen. Das Baby ist also in dieser Phase dressierbar wie ein Tier und übermäßig autoritäre Eltern haben keinen Grund stolz zu sein, »einen gut funktionierenden Computer zu besitzen!«

Das »gefallen Wollen« oder das »sich Anpassen« des Kindes ist anfangs nahrungsbezogen und dehnt sich später auf das Erlangen von Streicheleinheiten aus. Es benötigt also Aufmerksamkeit, die es sich zuerst auf angenehme Art und Weise holen will. Gelingt dies aber nicht, versucht es, diese auf uns unangenehme Weise zu bekommen. Anzeichen für Streicheleinheiten-Bedarf sind: »Mutti, guck mal hier« oder »was ich schon alles kann« oder ähnliche – auf sich aufmerksam machen wollende – Hinweise. Wird dieses Bedürfnis nach Streicheleinheiten nicht befriedigt und bekommt es auch keine negativen Streicheleinheiten, beginnt es wieder in die Hose zu machen oder es beginnt evtl. zu stottern. Ja, es kommt sogar vor, daß es sich direkt in eine Krankheit flüchtet. Manche Kinder haben auch Angst davor, sich mit »schlechtem Benehmen« wenigstens negative Streicheleinheiten zu holen. Diese brave Verhaltensweise ist dann für die bereits erwähnte Flucht in die Krankheit eher noch förderlich. Nicht, daß Sie etwa denken, es spielt Krankheit – nein, der Geist wirkt auf den Körper – wie wir wissen – und »produziert« echte Krankheitssymptome.

Ich selbst kann mich noch daran erinnern, innerhalb von Minuten Fieber und Erbrechen bekommen zu haben, sobald sich meine Eltern einmal stritten.

Und wer von uns hat es nicht entweder selbst erlebt oder kennt Fälle, in denen sich Kinder vor Prüfungen in der Schule mit Erfolg »gedrückt« haben, indem sie echt und wirklich krank wurden.

Aber erst noch einmal zurück in das sog. Trotzalter: Sobald ein Kind zu sprechen beginnt, spricht es von sich noch nicht in der Ich-Form, sondern es sagt z.B.: »Jens möchte einen Keks.« Es ist ihm also schon klar geworden, daß es ein eigenständiges Wesen ist, aber die Persönlichkeitsentwicklung hat das Ich-Stadium noch nicht erreicht. Ist dies jedoch eines Tages der Fall, befindet sich das Kind in der sog. Trotzphase. Der Begriff ist allerdings nicht ganz zutreffend und mit Vorurteilen behaftet. Ich meine, dies sollte treffender Versuchsphase genannt werden. Denn hier versucht das Kind herauszufinden »was kann ich mir alles erlauben, wie stark bin ich, wie stark ist mein Wille im Verhältnis zu den Großen ...« Verbieten die Eltern dem Kind in dieser Phase grundsätzlich alles, so wird das Kind kein Selbstvertrauen aufbauen können und zu der Überzeugung gelangen, ein schwaches, unfähiges Kind zu sein. Lassen dagegen die Eltern alles durchgehen, so schätzt sich das Kind im Verhältnis zu den anderen zu hoch ein und ist der Meinung, daß die Erwachsenen schwach und unfähig sind. Ein entsprechend tyrannisches Verhalten des Kindes ist die zwangsläufige Folge.

Damit das Kind also ein gesundes Selbstwertgefühl (SWG) entwickeln kann, ist weder die antiautoritäre noch die autoritäre Erziehung richtig. Die »goldene Mitte« ist also hier, wie in vielen anderen Lebensbereichen, erstrebenswert und legt gleich den Baustein für eine problemlose Pubertätsphase.

Hat ein Kind seine Eltern zu hoch eingeschätzt, so erkennt es plötzlich (im Pubertätsalter), daß auch die Eltern Fehler haben. Ein Ideal zerbröckelt also, und das Kind baut sich ein neues Ideal auf, das zwar auch seine Fehler hat, aber andere als die der eigenen Eltern. Kluge Eltern versuchen also gar nicht erst, den Kindern ein allwissendes und alles-richtig-machendes überirdisches Geschöpf zu sein, was dann in dieser Phase um so mehr unter die Lupe genommen und kritisiert würde. Auch hier sollte man sich die Frage stellen: »Will ich als Vater oder Mutter immer recht haben, oder will ich meinem Kind ein *natürliches Vorbild* sein?«

Das andere Extrem sind Kinder, bei denen die Trotzphase von den Eltern unterdrückt wurde und die jetzt das Nachholbedürfnis haben auszuprobieren, wie stark ihr persönliches Ich ist.

Bitte versuchen Sie jetzt nicht selbst noch Ihre Kinder in eines dieser Schemen hineinzudrängen und nach Anleitung Nr. 08/15 zu verfahren. Ich möchte Ihnen mit diesem Thema nur Denkanstöße gegeben haben.

Als abschließende Erkenntnis dürfte eines als sicher angenommen werden: unser Geist vergleicht ja – wie wir bereits wissen – sämtliche Informationen, die wir bekommen (also auch Ereignisse, Probleme und Verhaltensweisen), mit den bereits gespeicherten (erlebten). Unsere Verhaltensweise richtet sich dann natürlich nach unseren gemachten Erfahrungen.

Haben wir also in unserer Kindheit, Jugend und auch später gute Erfahrungen im Umgang mit den Mitmenschen gehabt, sind wir eher aufgeschlossen und kontakt*bereit*. Haben wir aber schlechte Erfahrungen gemacht – sind wir also von unseren Mitmenschen oft enttäuscht worden – wird unser Verhalten eher verschlossen, scheu oder aggressiv sein.

Wir sehen also auch hier, daß wir uns mit der Art, wie wir denken und fühlen, unsere Umwelt selbst prägen.

Wir sind das Produkt unserer Erfahrungen und das, was wir daraus gelernt haben!
Wenn ich nichts aus meinen Erfahrungen lerne und damit ständig dasselbe Produkt bleibe, so entwickle ich mich nicht weiter, sondern trete auf der Stelle und überlasse mein Lebensziel und meinen Lebensinhalt dem Zufall. Erst wenn wir bereit sind, aus jeder Situation zu lernen, sind wir auf dem richtigen Weg, den Sinn unseres Lebens zu erkennen und das »Ruder unseres Lebensschiffes« selbst in die Hand zu nehmen. Erst dann bestimmen wir selbst, wie unser Leben aussieht und das, was wir im Leben erreichen wollen. Und dann spielt es auch plötzlich keine Rolle mehr, wie lange wir leben; denn wir haben ja das uns Mögliche getan, aus unserem Leben etwas zu machen und uns geistig weiterzuentwikkeln.
Alfred Kempner, der als Schriftsteller unter dem Namen Kerr bekannt wurde, prägte den Satz:
»Lebe jeden Tag, als wäre es der letzte.«
Angenommen, es wäre heute unser letzter Tag, kämen wir auf die Idee, einem anderen Menschen weh zu tun, etwas zu stehlen? Oder wären wir bestrebt, alles »gut zu machen« und etwas für unser »Seelenheil« zu tun? Auf jeden Fall würden wir versuchen, diesen Tag bewußt zu leben. Wir würden versuchen, diesen Tag zu nutzen, etwas Besonderes damit anzufangen und keine Minute verschenken.
Wissen Sie, ob es nicht Ihr letzter Tag ist?
Und vor allem, warum muß erst der letzte Tag kommen, um uns wach zu machen? Warum wollen wir nicht heute

schon beginnen, jeden Tag zu *leben*, um uns jeden Abend in's Bett legen zu können und zu sagen: »Ja, es hat sich heute für mich wirklich gelohnt zu leben!«
Die meisten Menschen freuen sich nur auf morgen – und das jeden Tag!
Nicht nur heute etwas aus unserem Leben machen, sollte unsere Devise werden, sondern – jetzt gleich!
Dieses »jetzt gleich«, den Tag nutzen, das Leben leben, ist natürlich eine Verhaltensweise – wenn Sie uns noch einen Augenblick bei der Erziehung bleiben lassen wollen – die sich von den Eltern auf die Kinder übertragen kann, vorausgesetzt, daß sie vorgelebt wird und nicht anerzogen werden will.
Nun, wenn ich jeden Tag so leben soll, als wäre es mein letzter, so könnte ich es mir doch ganz bequem machen und mit »ruhigem Gewissen« in einen Laden gehen, alles stehlen, was ich für den letzten Tag benötige und mir ein schönes Leben gestalten; denn, wer weiß, ob ich zum Gerichtstermin noch lebe? Die Frage ist nur, habe ich wirklich ein »ruhiges Gewissen«, oder *hoffe* ich in diesem Augenblick, daß es mein letzter Tag *sein möge*, damit man mich nicht bestrafen kann.
Um mit mir selbst in Harmonie zu sein, ist es notwendig, daß ich mit meinem Gewissen in Harmonie bin. Um mich am Abend über mich selbst und über den erlebten Tag freuen zu können, ist es notwendig, daß ich mit mir zufrieden bin. Und zufrieden kann ich nur dann mit mir sein, wenn dies mein Gewissen zuläßt.
Jetzt kommen wir zu einer entscheidenden Erkenntnis. Unser Gewissen ist bereits zum Teil vor der Geburt in

uns und wird durch unsere Umwelt zusätzlich in uns geprägt. Es hat also nicht jeder Mensch den gleichen Zugang zu seinem Gewissen, nicht die gleiche Einstellung zu dem, was »gut und böse« ist. Sie können sich noch erinnern, daß die Art – wie wir denken – und der Blickpunkt – aus dem wir diese Welt sehen – durch unsere Erbanlagen und durch Umwelteinflüsse (speziell die der ersten drei Monate) geprägt wird. Für das, was wir später als richtig und falsch ansehen, sind natürlich unsere Erziehung und unsere Umweltbeeinflussung entscheidend, was aber stets durch die »Brille« unserer Erfahrungen gesehen wird.
Ist also dieses Gebot: »Du sollst nicht stehlen!« wirklich ein Verbot, das wir uns von Generation zu Generation weitergegeben haben, also stets neu anerzogen haben? Oder steckt auch hier ein universelles Gesetz dahinter, das auch dann zum Tragen kommt,wenn es einmal nicht anerzogen wurde?
Sobald Sie sich – egal in welcher Richtung – mit den geistigen Regeln und Gesetzen beschäftigen, werden Sie immer wieder feststellen, daß jemand, der sich ohne »Berechtigung« etwas erwirbt, es nicht auf Dauer behalten kann oder andere schwerwiegende Nachteile dafür in Kauf nehmen muß.
Hinzu kommt, daß der Mensch in fast allen Fällen – wenn er etwas ohne »Berechtigung« erhält – diese Dinge nicht achtet und sie ihm keinen Spaß und keine Zufriedenheit bringen.
Auf der anderen Seite sollten wir uns dessen bewußt sein, daß ein Mensch im Leben alles, was er sich zu besitzen vorstellen kann, auch erhalten kann, wenn er be-

reit ist, es sich selbst zu erarbeiten. Warum kommt aber ein Mensch überhaupt auf die umständliche Idee, einem anderen etwas wegzunehmen, anstatt es sich selbst zu erarbeiten?

Als ich noch mein Fotogeschäft hatte, haben sich drei junge Männer vom ca. 130 km entfernten Hannover auf den Weg gemacht, um sich mein Geschäft einmal genau anzusehen. Sie haben sich die Kameras angeschaut, die Schaufenster und die Straßenverbindungen im Ort. Ein paar Tage später setzten sie sich wieder in ihren Pkw und fuhren mitten in der Nacht dieselbe Strecke. Unterwegs besorgten sie sich einen ca. 1 m langen Baumstamm, mit dem sie ein großes Loch in die Schaufensterscheibe einschlugen. Sie nahmen Kameras im Wert von etwa 7000,– bis 8000,– DM mit und verkauften sie an einen Mann, der bekannt dafür war, solche Kameras aufzukaufen – allerdings zu einem Preis, der mich selbst in größtes Erstaunen versetzte, nämlich für rund 600,– DM. Das hieß also, daß es für jeden der beteiligten Diebe DM 200,– gab. Nachdem die Benzinkosten und die »Spesen« abgezogen wurden, blieben für den einzelnen noch knapp DM 150,– übrig. Für diese DM 150,– mußten sie, alles in allem gerechnet, über 15 Stunden »arbeiten«. Die Zeit der gedanklichen Vorbereitung ist noch nicht mitgerechnet. Dies entspricht also einem Stundenlohn von DM 10,– brutto! Jeder ungelernte Arbeiter im VW-Werk Hannover verdiente zum gleichen Zeitpunkt bereits mehr!

Von den zwölf Monaten Gefängnis und den Folgen daraus möchte ich gar nicht schreiben.

In diesem Fall war es eine eindeutig umständliche Idee! Aber wir haben es ja in der heutigen Zeit in erster Linie mit einer anderen Art von Diebstahl zu tun, der in allen Bevölkerungsgruppen vertreten ist.
Wenn ich heute das Geld hätte, das in meinem 38 qm großen Laden an Warengegenwert innerhalb eines Jahres gestohlen wurde, könnte ich dafür zwei Monate Urlaub im Süden verbringen! Vom Drahtauslöser bis zur Kamera, von Schallplatten über 60 × 90 cm große Poster bis zur Milchkanne – die als Schirmständer diente – wurde alles mögliche gestohlen. Es waren kaum Professionelle und auch keine Leute – die kein Geld für das tägliche Leben hatten – sondern in erster Linie Jugendliche, die diesen »praktischen« Weg wählten. Aber es gehörten auch Erwachsene dazu, für die es wohl mehr ein Hobby war, ein Reiz, einmal etwas Verbotenes zu tun – gekoppelt mit der inzwischen gesammelten Erfahrung, daß es ja bis jetzt immer gut ging.
Sind diese Menschen glücklich? Ist es für sie wirklich ein einfaches Leben, zu stehlen anstatt zu bezahlen? Oder müssen sie den Preis nur in einer anderen Form bezahlen, den sie – aufgrund ihrer Nichtkenntnis der geistigen Gesetze – später nicht einmal erkennen?
Wie kann man sich eine solche »Berechtigung« erwerben?
Nun, der Mensch – als höchstes Wesen in der Erdentwicklung – durchläuft einen stetigen Entwicklungs- und Reifeprozeß, der ihn in den letzten Jahrtausenden ein gutes Stück vorangebracht hat. Daß ihm seine technischen Entwicklungen – speziell in den letzten beiden

Jahrhunderten – bereits davongelaufen sind, ist eine andere Sache.

Am Anfang dieser Reife-Entwicklung erwarb man sich die »Berechtigung« damit, daß man sich das, was man besitzen wollte (sei es Nahrung, Wohnung oder Frau), erkämpfen mußte. Im Laufe der Zeit, als wir begannen, uns mit Ackerbau und Viehzucht zu beschäftigen, erwarben wir diese »Berechtigung« mit Arbeit. In dieser Stufe stehen wir auch heute noch. Allerdings haben sich mit der Zeit immer mehr Menschen herauskristallisiert, die diese »Berechtigung« nicht nur durch körperliche, sondern auch geistige Arbeit erworben haben. Und es gibt auch schon seit langen Zeiten Menschen, die sich hier ihre geistigen Kräfte zunutze machen konnten und damit auf ethische Art und Weise diese »Berechtigung« erwarben und anderen Menschen dadurch voraus waren. Sie bekamen, weil sie bereit waren, in irgendeiner Form auch zu geben.

Habe ich die »Berechtigung« zu erhalten aber allein schon dadurch, daß ich gebe, oder gehört noch etwas dazu? Ich kenne Menschen, die viel gegeben haben oder auch geben mußten und trotzdem alles – was sie selbst haben wollten – sich schwer erarbeiten mußten und dies als ungerecht ansahen.

Vorweg möchte ich darauf hinweisen, daß es entscheidend darauf ankommt, mit welcher Einstellung und aus welchem Beweggrund heraus ich gebe. Wenn ich nicht aus Freude heraus – dem anderen einen Gefallen zu tun – gebe, sondern in der Hoffnung, Dank oder gar Gegengeschenke zu erhalten, sollte ich es lieber gänzlich unterlassen! Das Geben, gleich in welcher Form – also, ob die Eltern dem Kind Fürsorge geben, der Lehrer in der Schule den Schülern Wissen vermittelt, der Arbeiter seinem Chef sein Arbeitsprodukt gibt oder der geistige Lehrer seinen Hörern den Weg zur geistigen Reife weist – muß immer selbstlos sein, um beiden Seiten Freude bereiten zu können. Leider sind viele Arbeitsplätze heute so beschaffen, daß das damit verbundene unpersönliche Verhältnis diesen Idealzustand nicht mehr ermöglicht. Alle großen Erfindungen, Kunstwerke und Meisterstücke sind jedoch immer unter dem Gesichtspunkt des Gebens, also des freudigen Schaffens, erreicht worden. Die gewinnbringendste Einstellung ist auf die Dauer gesehen das Geben gemeinsam mit dem tiefen Vertrauen, das stets zu erhalten, was wir zum Leben brauchen. Damit ist aber nicht die Einstellung gemeint, daß wir nur geben, um zu bekommen. Der Unterschied liegt allein in der Einstellung zum Geben.

In der Liebe ist dies genauso zutreffend; denn nur wenn ich in der Lage bin zu geben, kann ich auch empfangen. Ein Mensch, der aber nur geben kann in der Hoffnung, auch etwas dafür zu bekommen, wird diese Denkweise zwangsläufig dem Partner unterstellen und stets darauf bedacht sein, daß er selbst nicht zu kurz kommt. Für hingebungsvolle, echte Liebe hat er überhaupt keinen Sinn mehr. Und wenn ein Partner eine echte gebende Liebe ausnutzt, so ist er ein ebensolcher Dieb wie der, der Pelzmäntel oder Autos stiehlt. Aber bleiben wir noch bei der Frage, ob das Geben allein für die »Berechtigung«, etwas zu erhalten, ausreicht.

Es gibt Menschen, die der Meinung sind, wer viel Geld verdienen will, muß auch viel arbeiten. Und es gibt Menschen, die der Meinung sind, wer acht Std. am Tag arbeitet, hat keine Zeit mehr zum Geldverdienen.
Beide haben recht!
Es kommt wieder ganz darauf an, was ich in meinem Speicher für Programme untergebracht habe – also auf das, was ich glaube. Ein Mensch, der sein Leben lang »arbeiten mußte«, um sein Geld zu verdienen, kommt überhaupt nicht auf die Idee, daß es auch anders gehen könnte. Ein Mensch, der von klein auf erkennt, daß man mit Arbeit allein nichts Großes auf die Beine stellen kann, macht sich Gedanken darüber, wie dies auf einem anderen Weg erreicht werden könnte. Er läßt also bereits in seinen Gedanken eine Möglichkeit zu, mehr zu erreichen, ohne auch »mehr arbeiten« zu müssen.
Können Sie sich noch daran erinnern, daß ich Ihnen von unserem Bankangestellten berichtete – dem ich anbot, bei mir Seminare zu besuchen, um zu lernen, mit weniger Arbeit mehr Geld zu verdienen? Seine einzige Lösungsmöglichkeit bestand darin, daß er mich von dem Zeitpunkt an meine Formulare selbst ausschreiben ließ, um wenigstens mit mir weniger Arbeit zu haben. Bevor er überhaupt jemals nur einen Seminarabend besuchen wollte, machte er mir mit seiner Verhaltensweise bereits klar, daß es für ihn völlig unvorstellbar sei. Er wird also, wenn er bei dieser Denkweise bleibt, niemals auch nur eine andere Möglichkeit als die von ihm erwählte erkennen, die ihm vielleicht diese Chance einmal bieten könnte. »Das war bis jetzt noch nicht so, und darum

kann es auch nicht sein.« Diese Einstellung hat uns Menschen schon viel Kraft, Zeit und Opfer gekostet. Wenn wir uns irgend etwas nicht vorstellen können, so können wir es auch niemals erreichen. In unserem 4. Kapitel haben wir gelernt, unsere Verhaltensweise zu ändern, indem wir *erst* unsere *Vorstellung* – wie wir uns verhalten werden – ändern mußten. Ebenso geht es uns hierbei. Bevor ich die »Berechtigung« erhalte – etwas zu bekommen, was mir meiner Meinung nach zusteht – muß ich erst die Vorstellung ändern, daß es mir nicht zustehen könnte!

Was sind das für Gründe – die uns daran zweifeln lassen, daß uns eine glückliche Ehe, Gesundheit, Zufriedenheit oder auch materielle Dinge zustehen? Einmal spielt es natürlich eine Rolle, welche Einstellung meine Eltern zur »Berechtigung« irgendwelcher Dinge hatten. Zum anderen ist mein eigenes Gewissen ein Faktor, der mich mit Überzeugung an etwas als für mich richtig oder nicht richtig glauben lassen kann.

Nehmen wir ein Beispiel:

Angenommen mein Vater war Arbeiter, der stets bemüht war, rechtschaffend zu arbeiten und zu leben und ein glückliches Familienleben zu führen. Aus Zeitungsberichten geht oft hervor, daß gut verdienende und höhergestellte Personen nicht glücklich sind oder sie ihre Position nicht durch Rechtschaffenheit erreicht haben. Als Kind wird mir nun von meinen Eltern stets klar gemacht, daß es besser sei, bei seinen »Leisten zu bleiben«, anstatt hoch hinaus zu wollen und vielleicht nicht glücklich zu werden.

Daß das eine mit dem anderen *nicht zwangsläufig verbunden* sein muß, begreifen viele Menschen nicht, oder sie wollen es nicht begreifen oder zugeben, um das eigene Image (den Grund, warum sie es selbst nicht zu mehr gebracht haben) nicht zu verlieren. Sind aber erst einmal die Assoziationen: glücklich und finanziell arm oder nicht glücklich und finanzieller Wohlstand im Gehirn gespeichert, so muß diese Vorstellung als erstes geändert werden, um später auch die Realität ändern zu können.

Auch hier stellt sich wieder ganz deutlich die entscheidende Frage:

Was will ich?

Will ich wirklich dieses oder jenes erreichen oder bin ich der Meinung, daß das Erreichen des Zieles mit größeren Nachteilen verbunden ist als es Vorteile mit sich bringt? Sobald wir beginnen, uns die Nachteile – die eventuell eintreten können – ständig vor Augen zu führen, zeigen wir bereits kein Interesse mehr an der Verwirklichung des Zieles. Ja, wir beginnen Ausreden zu sammeln, warum wir es eigentlich überhaupt nicht erreichen wollen.

Scherzhaft, aber treffend, wird eine solche Situation in einem Lied des Hamburger Ohnesorg-Theaters geschildert: Die Eltern eines Kindes suchen (vor den Nachbarn) Gründe, weshalb ihr Kind nicht die Höhere Schule besucht und führen als Grund an, sie würden jemanden kennen, der als Handwerker uralt geworden sei und ein anderer Bekannter wäre – gerade als er sein Studium beendet hatte – verstorben.

Ich hoffe, daß ich deutlich machen konnte, was hier gemeint ist und als Voraussetzung für die »Berechtigung«, irgend etwas zu erhalten, notwendig ist. Der andere Faktor ist der, daß es mich mein Gewissen glauben lassen muß, daß mir das Gewünschte zusteht. Nun, was damit gemeint ist, läßt sich am besten mit unserer Situation als Kind kurz vor Weihnachten vergleichen.

Wenn wir uns unartig verhalten haben, können wir uns nur schwer vorstellen, daß der »Weihnachtsmann« oder das »Christkind« unseren Wunsch erfüllt. Haben wir uns aber das ganze Jahr über bemüht, stets brav zu sein, gehen wir mit größter Erwartung – das Gewünschte auch zu erhalten – dem Weihnachtsfest entgegen.

Ähnlich ist es auch heute. Sobald wir gegen unser Gewissen handeln, erwarten wir in irgendeiner Form Strafe und nehmen uns somit selbst die »Berechtigung«! Wir erlegen uns also selbst die Strafe auf!

Wie aber können wir unser Gewissen erleichtern, so daß wir trotzdem – auch wenn wir irgendwann falsch, also gegen unser Gewissen handelten – einen Wunsch erfüllt bekommen?

Hier haben sich die Menschen in der Vergangenheit viele Möglichkeiten einfallen lassen – vom Tier- bis zum Menschen-Opfer, vom Rosenkranz-Beten bis zur Selbst-Kasteiung. Aber diese Methoden scheinen mir nicht fruchtbar zu sein und im Gegensatz zu meiner Auffassung zu stehen: Gott will uns erfolgreich sehen. Um unser Ziel zu erreichen, uns stets zu entwickeln und menschlicher zu werden, erscheint mir der Weg der Liebe noch der sinnvollste zu sein. Aber wenn ich ein

Tier opfere oder mich selbst bestrafe, kann ich kein liebevolles oder dem Schöpfer gegenüber ehrerbietendes Verhalten erkennen. Denn ER gab mir einen mehr oder weniger gesunden Körper, und es ist nicht mein Körper – mit dem ich tun und lassen kann, was ich will – sondern ich habe die Pflicht, diesen Körper – soweit es in meinen Kräften steht – gesund zu erhalten. Und wenn ich ein Tier opfere, so opfere ich nicht *mein* Tier; sondern es ist SEIN Geschöpf, was ich töte. Ich sehe keinen Sinn darin, etwas – was mir nicht gehört – zu töten in der Hoffnung, IHM damit einen Gefallen zu tun.
Ich bin sicher, daß auch Sie nicht begeistert davon wären, wenn ich Ihr Auto kaputtschlagen würde in der Annahme, Ihnen einen Gefallen damit zu tun!
Mein Gewissen kann ich also nicht wieder dadurch in Harmonie bringen, daß ich mich selbst bestrafe – denn damit schränke ich einen »wertvollen Mitarbeiter Gottes« bei seiner Arbeit ein – sondern ich sollte eher daraus lernen und mir selbst und anderen helfen, in Zukunft liebevoller zu handeln. Wann aber kann ich in Zukunft liebevoller handeln – wenn ich mit meinen Gedanken dauernd damit beschäftigt bin, was ich alles falsch gemacht habe, oder wenn ich mir vorstelle, wie ich in Zukunft alles richtiger machen werde?
Ich kann also mit meinem Gewissen nur dann wieder in Einklang kommen, wenn ich einem anderen Menschen etwas Gutes tue. Das ist das richtige »Programm«, um mir in Zukunft selbst wieder etwas Gutes tun zu können. Und daß ich mit »etwas Gutes tun« nicht »mehr rauchen«, »mehr trinken« oder »mehr essen« meine,

sondern mir selbst einen Schritt zu meiner weiteren Reife-Entwicklung ermögliche, brauche ich ja wohl nicht extra betonen.
»Du sollst nicht stehlen« könnte für denjenigen, der den Sinn erkennt, sogar heißen:
»Du brauchst nicht zu stehlen;
denn es gibt einen ethischen Weg, um das – was du zum Leben und für deine Aufgabe benötigst – wesentlich einfacher und sorgloser zu erhalten.«
Einen ebenfalls sehr entscheidenden Faktor für diese »Berechtigung« werden wir noch im letzten Kapitel des Buches kennenlernen.
Über dieses Gebot wollen wir uns noch ein paar Gedanken aus der Sicht unserer bereits erwähnten Philosophie machen.
Ich bin davon ausgegangen, daß unser Leben – egal, wie lange es dauert – erst dann einen gerechten Sinn bekommt, wenn wir glauben, daß dies nicht der einzige »Auftritt auf dieser Bühne« bleibt. Der Sinn liegt also darin, uns ständig weiterzuentwickeln und stets geistig zu reifen.
Wenn wir aber stehlen – völlig gleichgültig ist dabei, wem wir was stehlen –, haben wir den ethischen Weg, etwas zu bekommen (also mit »Berechtigungsschein«), noch nicht erkannt – wir müssen also noch lernen. Ist es da nicht mehr als vorstellbar, daß unser nächstes Leben so gestaltet wird (die uns gegebenen Umstände), daß wir die Möglichkeit haben – angeregt durch andere Lernprozesse – diesen speziellen Lernprozeß zu laufen?
Viele Menschen, die diese These der Wiedergeburt

(Reinkarnation) vertreten, gehen davon aus, daß wir die »Sünden« des jetzigen Lebens im nächsten Leben auszubaden haben, daß wir also mit »schlechteren Lebensverhältnissen« bestraft werden. Diese Denkweise leitet jedoch dazu, die Einstellung zu bekommen: »Lebt ihr man ruhig in Saus und Braus, ihr werdet schon sehen, was ihr davon habt.« Wie destruktiv und schädlich aber gerade eine solche Einstellung sein kann, werden wir noch im übernächsten Kapitel erfahren.
Lassen Sie uns in unserer Philosophie davon ausgehen, daß wir uns selbst schon hier für alles bestrafen, was wir entgegen den universalen Gesetzen tun bzw. getan haben. Wir haben uns allein schon dadurch selbst bestraft, daß wir nichts oder wenig mit dieser Möglichkeit – uns in diesem Leben ein gutes Stück weiterzuentwickeln – angefangen haben. Wann werden wir Menschen endlich die Reife haben, etwas zu tun oder zu unterlassen, wenn uns keine Bestrafung angedroht wird? Wann werden wir endlich die Reife haben zu erkennen, daß uns unser Schöpfer nicht bestrafen will, sondern uns die Chance anbietet, uns zu entwickeln. Natürlich ist es klar, daß wir – je ethischer wir uns verhalten, um so eher geistig reifer werden. Und andererseits wird unsere Reife-Entwicklung natürlich verzögert, wenn wir uns gegen die universalen Gesetze stellen.
Aber auch hier sollten wir stets daran denken, daß wir nicht mit *anderen* im Wettstreit stehen und darauf zu achten haben, wie sich andere entwickeln oder nicht; sondern um zu Resultaten auf diesem Weg zu kommen, können wir uns nur mit uns selbst vergleichen! Wir wol-

len also versuchen, jeden Tag ein bißchen ethischer, menschlicher zu denken und zu handeln als gestern! Und das allein ist für uns ein Anhaltspunkt, eine Basis, um festzustellen, wie weit wir es bereits in diesem Leben gebracht haben.
Ich kann nicht daran glauben, daß ein Mensch – weil er in diesem Leben gestohlen hat – im nächsten dafür büßen muß – von Hölle, Satan und Fegefeuer ganz zu schweigen. Ich kann mir aber gut vorstellen, daß ein Mensch – der das universale Gesetz »Du sollst nicht stehlen« in diesem Leben noch nicht begriffen hat – vielleicht im nächsten Leben etwas deutlicher darauf aufmerksam gemacht wird, um es selbst zu erkennen. Mit anderen Worten heißt das: Wenn ich eine wünschenswerte Verhaltensweise nicht annehme – weil ich die Vorteile, die diese mit sich bringt, nicht erkenne – ist es nötig, daß ich auf die Nachteile hingewiesen werde (oder die Nachteile am eigenen Leib spüren muß), um die gegenteilige Verhaltensweise als falsch zu erkennen. Es liegt also an uns selbst, wann wir wie schnell lernen. Und es liegt weiterhin an uns selbst, wie schwer oder leicht ein solcher Lernprozeß aussehen wird.
Festzustehen scheint also, daß jeder Lernprozeß – der notwendig ist, um uns geistig reifen zu lassen – um so einfacher ist, je früher er begonnen wird. Dies ist also ein weiterer Grund, zum Leben »ja« zu sagen. Völlig gleichgültig ist es, was auf uns zukommt – es hat alles seinen Grund! Und je früher wir diesen Grund akzeptieren, um so eher haben wir auch die Möglichkeit, diesen Grund zu erkennen.

Zusammenfassung:
Im Anfang dieses Kapitels haben wir gesehen, daß auch dieses Gebot nicht mehr den gleichen Sinn haben muß wie zu »Moses Zeit«. Oft wird das Stehlen nur als Mutprobe oder aus anderen – nicht um des Besitzes willen – Gründen getan.

Es ist uns klar geworden, daß Kinder und später auch Erwachsene – die nicht genügend »Streichel-Einheiten« bekommen – eine »unlogische« Verhaltensweise annehmen, um diese Streichel-Einheiten (wenn schon nicht positive, dann doch auf jeden Fall negative) zu erhalten.

Um solch »unlogische« Verhaltensweie zu vermeiden, ist es unumgänglich, daß wir uns unserer tatsächlichen Bedürfnisse bewußt werden. Nur dann wird es uns möglich, aus unseren Erfahrungen zu lernen und unsere Zukunft positiv zu beeinflussen.

Uns das Recht zu erwerben, irgend etwas zu erhalten, wird durch mehrere Faktoren bestimmt:

1. Unser Gewissen muß der »Meinung« sein, daß es uns rechtmäßig zusteht.
2. Wir müssen es uns in irgendeiner Form »erarbeiten« – also bereit sein, etwas dafür zu geben.
3. Wichtig ist unsere Einstellung zum Geben. Es muß gern gegeben werden und ohne Erwartungen, die nicht abgesprochen wurden.
4. Wir müssen uns vorstellen können, »es« zu besitzen.
5. Wir müssen »es« besitzen *wollen*.
6. Diesen Faktor erfahren Sie noch im letzten Kapitel.

DU SOLLST NICHT FALSCH ZEUGNIS REDEN WIDER DEINEN NÄCHSTEN!

Wären wir Menschen nicht so sensationslustig, so bräuchte nur halb soviel gelogen werden. Würden sich alle Zeitungen strikt an dieses Gebot halten, die Seitenzahl würde erheblich reduziert.
Hätte ich stets die Wahrheit gesagt, könnte ich so manche Dinge aus meinem Gedächtnis streichen!
Auch die Lüge ist auf den ersten Blick ein einfacher Weg, einen unumgänglichen Lernprozeß zu vermeiden!
Was ist jedoch Wahrheit, und was ist sogar »objektiv«? Allein mit den ersten drei Sätzen dieses Kapitels habe ich manipuliert. Das »halb soviel« wird jeder Leser verschieden bewerten, obwohl es sich wie 50 % anhört. Das »erheblich« im 2. Satz wird durch die vorige Satzaussage bereits so beeinflußt, daß man mindestens 35–40 % dafür einsetzt. Und um die Sache glaubhaft zu machen, schließe ich mich im 3. Satz mit ein – achte aber darauf, daß ich gut dabei abschneide und betone, *nicht stets* das Gebot beachtet zu haben – was soviel wie 5 bis 10% gelogen heißen könnte.
Wir sehen also, daß es nicht nur ein *kleiner* Unterschied zwischen »Wahrheit und Lüge« ist, sondern daß auch hier jeder Mensch seine eigene Einstellung und Meinung hat. Was von dem einen noch als objektiv bezeichnet

wird, ist für den anderen bereits Manipulation. Und was für den einen wahr ist, ist für den nächsten bereits gelogen.
Auch hier wird uns klar, daß das Gebot *nicht* heißt: »Du sollst aufpassen, daß die anderen nicht lügen«, sondern wir sind ganz persönlich angesprochen und haben nur darauf zu achten, daß wir die Wahrheit sagen.
Bitte denken Sie jetzt nicht, ich wolle die Justiz abschaffen! Ich versuche nur deutlich zu machen, daß die Einhaltung des Gebotes *uns selbst* etwas nützt und die Nicht-Einhaltung *uns* Nachteile bringt.
Dieses Buch habe ich nicht geschrieben, damit Sie es an die Leute weiterempfehlen, die »es besser gebrauchen können« als Sie! Ich habe es einzig und allein für Sie geschrieben, damit Sie sich die Passagen heraussuchen, die Ihnen nützen!
Den Teilnehmern meiner Seminare schreibe ich stets im Begrüßungs- und Anmeldebestätigungsschreiben, daß sie erst dann ihren Freunden und Bekannten vom Besuch des Kurses erzählen mögen, wenn sie ihn abgeschlossen und einen sichtbaren Nutzen aus dem Kurs gezogen haben. Natürlich sind immer wieder Teilnehmer dabei, die es nicht lassen können, für das Seminar Reklame zu machen, obwohl sie selbst erst 2–3 Abende besucht haben und von einer praktischen Anwendung noch einige Schritte entfernt sind. Die Antwort der Freunde ist dann stets die gleiche: »Ja, daß so ein Seminar für dich genau richtig ist, das glaube ich bestimmt. Aber ich brauche so etwas nicht.«
Warum wollen Sie also Gefahr laufen, daß es Ihnen

ebenso ergeht? Wenn Sie auf dieses Buch angesprochen werden – weil Bekannte oder Freunde erfahren, daß Sie es lesen – dann antworten Sie doch auf die Frage, ob Sie es empfehlen können, daß es Ihnen zwar gefällt, Sie aber nicht wüßten, ob es auch eine geignete Lektüre für den Fragesteller sei! (Wenn dies der Fall ist)
Und jetzt zurück zu Ihnen. Bitte begehen Sie nicht den Fehler, der Meinung zu sein, dieses Buch wäre für diesen oder jenen besonders geeignet, sondern beginnen Sie bei sich selbst, sich noch weiter zu verbessern, sich auf Ihrer geistigen Reifestufe noch weiter zu entwickeln.
In der gesamten Menschheitsgeschichte wurde immer und immer wieder versucht, die Menschheit durch neue »bessere« Systeme zu verändern – oft in guter Absicht, aber immer mit dem Fehler, *andere* ändern zu wollen! Dies wird uns nie gelingen, und wir sollten uns Gedanken darüber machen, wie wir unsere Kinder von klein auf und weiterhin während der Schulzeit so erziehen können, daß sie erkennen, *sich selbst* ändern und stets verbessern zu wollen. Was nützt es mir, wenn ich es bis zum Ende meines Lebens tatsächlich geschafft haben sollte, alle Menschen zum Positiven zu ändern, aber keinen Grund habe, mit mir selbst zufrieden zu sein?
Wir werden nicht danach beurteilt, wie sehr wir andere Menschen auf ihre Fehler aufmerksam machen konnten, sondern einzig und allein danach, was wir aus unseren Fehlern gelernt haben!
Und genau an dieser Stelle beginnt dieses Gebot.
»Du sollst nicht lügen« heißt nämlich auch: »Du sollst dich nicht selbst belügen!«

Was nützt es mir, wenn ich nach »außen hin« noch so großartig dastehe, aber mit mir selbst im Konflikt bin? Seien Sie an dieser Stelle bitte einmal ehrlich zu sich selbst. Unter welchem Gesichtspunkt haben Sie dieses Buch bis hierher gelesen? »Mal sehen, was der Stielau-Pallas mit seinen dreißig Jahren so alles schreibt?« »Das ist nicht viel Neues, was es hier zu lesen gibt!« »Wahrscheinlich gibt es kaum Leute, die diese Übungen und Anregungen in die Tat umsetzen.« Oder haben Sie den Sinn bereits erkannt und sagen sich: »In diesem Buch gibt es tatsächlich einige Sätze, die genau auf mich zutreffen und mit deren Hilfe ich mein Leben entscheidend verbessern kann. Diese Sätze waren es wert für mich gelesen zu werden, und ich werde die Anregungen in die Tat umsetzen, um an mir zu arbeiten.«
Sie selbst entscheiden über den Wert oder Unwert des Buches, und es ist absolut unwichtig, ob außer Ihnen noch 2000 oder 2000000 Menschen dieses Buch lesen! Dieses Buch bringt nur dann Erfolg, wenn *Sie persönlich* etwas damit anfangen.
Wir Menschen lassen uns zu oft durch die Meinung anderer beeinflussen und werden dadurch von unserem Ziel mehr oder weniger schnell weggebracht. Es kommt nicht darauf an, wie und durch was *andere* erfolgreich geworden sind, sondern einzig und allein, daß wir selbst unser Leben leben. Lassen Sie uns stets mutig und ehrlich genug sein, dies vor uns selbst zu erkennen und zuzugeben. Uns selbst zu belügen, heißt: den Sinn des Lebens nicht erkennen und stets auf der Flucht vor dem Leben sein.

Was will ich?
Hoffentlich gehe ich Ihnen mit dieser Frage nicht langsam auf die Nerven! Aber es ist die einzige Möglichkeit »Mensch zu werden«. –
ein Mensch, der aber trotz aller Persönlichkeitsentfaltung ein Mensch bleibt und sich dessen auch stets bewußt sein sollte.
Angenommen wir fahren, unsere Tochter auf dem Rücksitz, mit unserem Auto in die Stadt. Die Parkplätze sind rar, und wir stellen uns mit unguten Gefühlen in ein Halteverbot, in dem ein 3minütiges Halten erlaubt ist. Nach 30 Minuten kommen wir — die Tochter an der Hand — zurück und sehen gerade, wie ein »Hüter des Gesetzes« dabei ist, unsere Autonummer zu notieren. Lassen wir uns dann nicht die tollsten »Notlügen« einfallen, um der Strafe zu entgehen? Was für eine Wirkung hat diese Verhaltensweise aber nun auf unsere Tochter? Sie wird es kaum hinnehmen und wortlos verkraften können. Vielleicht wird sie uns bei unseren Beteuerungen, nur 4 Minuten fortgewesen zu sein, unterbrechen und beweisen wollen, daß sie bereits die Uhr kennt, und darauf aufmerksam machen, daß es nicht nur 4, sondern bereits 30 Minuten waren.
Was will ich? –
DM 10,– sparen oder meine Tochter richtig erziehen?
Sie sehen, wie hart diese Frage »was will ich« sein kann.
Wir wollen uns aber wieder gemeinsam fragen: »Bringt es einen Vorteil, wenn wir dieses Gebot mißachten?«
Ich meine: »Nein!«
Es belastet unser Selbstwert-Gefühl bereits genug, wenn

wir uns schon nicht so verhalten, wie wir es von uns erwarten. Wenn wir dann *zusätzlich* noch lügen, trägt das nicht dazu bei, mit uns in Harmonie zu kommen, sondern hindert uns am Erreichen unserer Ziele, die »Berechtigung« dafür zu erhalten.

Nun steht jeder von uns auf einer anderen Entwicklungsstufe und ist mit anderen Lernprozessen »beauftragt«. So kann es durchaus sein, daß der eine von uns seine Unwahrheiten nicht als Handicap erkennt und sich wundert, warum dies oder jenes nicht nach seiner Vorstellung verläuft. (Hier kann es z. B. auch vorkommen, daß dieser Mensch nicht zufrieden ist, ohne ersichtlichen Grund und ohne es je zu erfahren.) Und der andere weiß darum, daß ihm seine eigenen Lügen im Weg sind und erreicht deshalb seine Ziele nicht, weil ihn sein schlechtes Gewissen belastet.

Wenn Sie zu den Menschen gehören – die sich stets bemühen, die Wahrheit zu sagen und sich auch ansonsten eines ethischen Lebenswandels bemühen – kann es sein, daß Sie sich wundern oder vielleicht sogar ärgern, wenn Sie sehen, daß es Menschen – die es nicht so genau nehmen – scheinbar weiter bringen. Ein wesentlicher Faktor wird noch im letzten Kapitel behandelt, aber eines noch vorweg: Woher wollen wir wissen, daß es dieser Mensch »weiter gebracht« hat? Ist es nicht möglich, daß er mit sich selbst überhaupt nicht zufrieden ist und nur eine zufriedene Fassade zur Schau trägt – so, wie der Unsichere besonders »sicher« auftritt? Und ist es nicht andererseits möglich, daß ein solcher Mensch noch nicht einmal erkannt hat, daß ihm sein Verhalten selbst im Weg ist und

daß er seine eigentliche Aufgabe noch gar nicht erahnt – geschweige denn genau kennt?
Sie sehen, wir können es uns – wenn wir unser Leben nicht unnütz schwerer machen wollen als dies notwendig ist – überhaupt nicht erlauben, uns über andere Menschen und deren »Seelenheil« – sprich Erfolg – Gedanken zu machen; wir haben *mit uns selbst genug zu tun*!
Lassen Sie mich noch einmal darauf hinweisen, daß wir keine Veranlassung haben, uns im Vergleich mit anderen Menschen zu messen! Sie stehen einzig und allein im Wettbewerb mit sich selbst!
Wir wollen nun dieses Gebot untersuchen und werden dabei feststellen, daß zum »Nichtlügen« viele Faktoren berücksichtigt werden sollten.
Angenommen, wir treffen eine Verabredung mit einem uns bekannten Menschen. Um 16.00 Uhr wollen wir uns im Café »Sei pünktlich« treffen. Wir bemühen uns zwar, pünktlich zu sein, aber im letzten Augenblick tritt etwas Unvorhergesehenes ein, und wir kommen mit 20 Minuten Verspätung an.
Sind wir nun unpünktlich gewesen, oder haben wir aus der Sicht des Wartenden gelogen?
Wenn wir des öfteren zu spät kommen oder vielleicht die *erste* Verabredung nicht pünktlich einhalten, so mindert dies auf jeden Fall unsere Glaubwürdigkeit.
Ich gehörte früher auch einmal zu den Menschen, die häufiger zu spät als zu pünktlich kamen. Stets war ich der Meinung, meine Zeit optimal nutzen zu müssen, und blieb so lange zu Hause, daß keine Zeit mehr für unvorhergesehene Dinge übrig blieb. Und

wenn ich schon einmal früh genug fertig war, meinte ich immer, noch dies oder jenes schnell erledigen zu können.

Während meiner Ausbildung zum Seminar-Leiter war es nötig, fast jedes Wochenende nach Frankfurt/M. zu fahren. Ich wohnte zu dieser Zeit noch im Harz, und die Fahrstrecke betrug ca. 330 km. Das Seminar sollte um 9.00 Uhr beginnen, und so stand ich um 4.00 Uhr auf. Über Nacht hatte es den ersten Schnee gegeben, und bis ich mich nun bis zur Hauptstraße durchgeschaufelt hatte, war es bereits fast 6.00 Uhr. Um 9.15 Uhr kam ich in Frankfurt/M. an und wollte dem Ausbilder erklären, weshalb ich zu spät gekommen war. Dieser unterbrach mich jedoch sofort und bat mich, am nächsten Wochenende pünktlich zu kommen und schickte mich wieder nach Hause.

So lernte ich, in Zukunft pünktlich zu sein. Es geht hier nicht um gerecht oder ungerecht, um gemein oder nicht, sondern um die Möglichkeit zu lernen! Und tatsächlich hat diese »Radikalkur« so bei mir gewirkt, daß ich in den letzten vier Jahren fast immer pünktlich war, was bei einer Kilometerleistung von bis zu 80000 km pro Jahr nicht immer einfach ist.

Auch hier mußte ich meine Denkweise ändern, und schon erzielte ich Resultate.

Inzwischen habe ich immer wieder bemerkt, daß der zu spät Kommende stets im Nachteil ist. Er hat etwas gut zu machen und darum von vornherein eine schlechte Ausgangsposition. Ist er allerdings so eingebildet, daß er meint, es sich leisten zu können, erntet er nur »Unsympathie«. Es ist jedenfalls schwieriger, zu einem unpünktlichen Menschen Vertrauen zu haben als zu einem pünktlichen.

Ganz nebenbei: Genauso ist es mit unserer Kleidung, mit unserem Äußeren. Je mehr Wert ich auf korrekte Kleidung lege, um so weniger rufe ich negative Vorurteile hervor. Warum soll ich mir also das Leben unnötig schwer machen?

Mit der Unpünktlichkeit haben wir unseren Verabredungs-Partner zwar nicht bewußt belogen, aber zumindest haben wir fahrlässig gehandelt.

Lassen Sie uns nun einen Blickpunkt einnehmen, indem wir vorsätzlich die Unwahrheit sagen.

In dem bereits erwähnten Institut, in dem ich ein halbes Jahr tätig war, spielte sich einmal folgendes ab:

Für 18.00 Uhr war ein Termin für mich vereinbart worden, zu dem ich einem Interessenten ein Biofeedback-Gerät vorführen sollte. Ich fuhr um 17.00 Uhr in das Büro, um mir noch Informationen über den potentiellen Kunden zu holen und beabsichtigte, gegen 17.30 Uhr zu dem Kunden weiterzufahren. Der kfm. Geschäftsführer hielt mich aber im Büro fest in der Meinung, es käme nicht so genau darauf an, pünktlich zu sein, und was er mir noch zu sagen hätte (dies hing nicht mit dem Kundenbesuch zusammen) wäre äußerst wichtig. Um genau 18.05 Uhr rief der Kunde im Büro an und erfuhr von der Sekretärin, daß ich seit gut 45 Minuten im Büro des Geschäftsführers saß. Er ließ sich mit dem Geschäftsführer verbinden, und dieser erzählte ihm die

»Story«, ich hätte angeblich von unterwegs angerufen und würde noch in einem Verkehrsstau stecken.
Um 18.20 Uhr war ich dann endlich bei dem Kunden, der mich mit den Worten empfing: »Bestellen Sie Ihrem Geschäftsführer bitte, er müsse das Lügen noch besser lernen.« Sie können sich vorstellen, wieviel Zeit ich allein dafür benötigte, überhaupt erst einmal das Vertrauen des Kunden zu gewinnen.
Aber, wir sollten uns dessen bewußt sein, daß ein Mensch – auch wenn es nicht so offensichtlich wie in diesem Fall ist – genau spürt, ob er belogen wird oder ob er es mit einem aufrichtigen Partner zu tun hat. Wenn Sie merken, daß Sie angelogen werden, gehen Sie bitte auch davon aus, daß es andere Menschen merken, wenn Sie sie anflunkern! Es ist nur das Taktgefühl des Gesprächspartners, wenn er es sich nicht anmerken läßt, daß er die Lüge durchschaut hat.
Noch eine Bemerkung zum Thema »zu spät kommen«: Wenn wir schon den Termin nicht eingehalten haben, so ist es immer noch das Beste – diese Erfahrung habe ich gemacht – wenn wir wenigstens den wahren Grund nennen oder zumindest nicht nach einer Ausrede suchen. Denn, seien wir ehrlich, nehmen wir einem zu spät Gekommenen die Ausrede ab? Warum erwarten wir es dann also von anderen, daß sie es uns abnehmen sollen? Sehr oft werde ich gefragt, ob es nicht manchmal doch von Vorteil ist, wenn wir die Unwahrheit sagen.
Lassen Sie uns einmal ansehen, wieviel Energie wir verbrauchen, wenn wir uns nur selbst etwas »vormachen«. Wir haben im 5. Kapitel eine Aufstellung über unsere

Vor- und Nachteile, unsere positiven und negativen Seiten geschrieben. Damit haben wir unser Real-Ich (also so, wie wir uns sehen) schriftlich fixiert. Jetzt wird es Zeit, uns unser Ideal-Ich (also so, wie wir uns sehen möchten) einmal schriftlich festzuhalten.
Nehmen Sie bitte ein neues Blatt Papier und schreiben Sie auf, welche Ihrer positiven Eigenschaften Sie ausbauen und welche Sie vielleicht sogar etwas abbauen möchten. Genauso machen Sie es bitte mit den negativen Eigenschaften. Vielleicht nehmen Sie sich die Liste Ihres Real-Ichs noch einmal vor und versehen alle Eigenschaften mit positivem (+) Vorzeichen, wenn Sie sie verstärken wollen, und alle Eigenschaften – die Sie abschwächen wollen – mit negativem (–) Vorzeichen. Anschließend gehen Sie Ihre Liste noch einmal durch und entscheiden sich, welche Eigenschaften besonders intensiv geändert werden sollen. Ich empfehle meinen Seminar-Teilnehmern, diese Wertung immer mit entsprechend vielen Plus- oder Minuszeichen zu versehen. Wenn sie also wesentlich »aktiver« werden wollen, so versehen Sie diese Eigenschaft mit +++++ (fünf Plus-) Zeichen, und wenn Sie bereits sehr freundlich sind, aber hier und da noch etwas freundlicher werden wollen, versehen Sie diese Eigenschaft nur mit einem + Zeichen.
Jetzt versehen Sie Ihre beiden Blätter mit dem Datum, an dem Sie die Aufzeichnungen vorgenommen haben. Denken Sie nun bitte an unser 1. Kapitel und entscheiden Sie sich für *eine* Eigenschaft, die Sie in Angriff nehmen wollen. Alle Eigenschaften gleichzeitig zu verbessern, versuchen Sie schon, solange Sie zurückdenken

können, und mit welchem Erfolg – das können Sie am besten beurteilen. Erinnern Sie sich noch an die Wunschkarten-Warte-Insel? Genauso machen Sie es mit Ihren heutigen Aufzeichnungen. Legen Sie die beiden Listen für vier Wochen zur Seite und arbeiten Sie mit Hilfe einer Zielkarte, auf der Sie die gewünschte Eigenschaft notieren. Von jetzt an tragen Sie diese Zielkarte ständig bei sich und erinnern Sie sich so oft wie möglich daran, wie Sie werden wollen und nicht daran, wie Sie nicht sein wollen! Sie werden erstaunt sein, was Sie innerhalb von 4 Wochen geschafft haben! Dann schauen Sie wieder auf Ihre Liste, korrigieren Sie diese — wenn nötig — und nehmen Sie sich die nächste Eigenschaft vor.

Viele Menschen machen sich diese hilfreiche Arbeit nicht und sind ständig im Geist mit allen »möchte gern-« Eigenschaften beschäftigt. Da sie aber wissen, daß sie nicht so sind wie sie sein möchten, haben diese Menschen Angst, die Mitmenschen könnten dies merken. Diese peinliche Annahme führt aber zum Selbstbetrug! Denn man möchte nur nach außen hin nicht durchblikken lassen, wie groß der Unterschied zwischen dem Real- und dem Ideal-Ich ist und beginnt, eine »Schau abzuziehen«, die sehr viel Energie kostet. Diese kostbare Energie geht uns natürlich an anderer Stelle verloren, und letzten Endes haben wir für die tatsächliche Verbesserung überhaupt keine Kraftreserven mehr frei.

Dies zu verhindern, wird uns mit Hilfe unseres Planes gelingen.

1. Wir halten schriftlich fest, wie wir sind (aus unserer eigenen Sicht).
2. Wir halten schriftlich fest, wie wir sein wollen.
3. Wir entscheiden uns für *eine* Verhaltensänderung.
4. Wir fixieren diese erwünschte Verhaltensweise auf eine Zielkarte.
5. Wir legen beide Pläne für mind. vier Wochen in eine Schublade und beschäftigen uns auch in unseren Gedanken nicht mit den Plänen, da wir keine Angst zu haben brauchen, etwas zu vergessen.
6. Wir beschäftigen uns in unseren Gedanken jetzt nur noch damit, wie wir die erwünschte Eigenschaft bereits erreicht haben.

Auf diese Art und Weise erreichen wir nicht nur Schritt für Schritt eine Annäherung an unser Ideal-Ich, sondern wir kommen wieder zu Energiereserven, die wir vorher für unser »Möchte-gern-den-Eindruck-machen-Ich« vergeudet haben!

Wir sehen also, wenn wir beginnen, uns selbst etwas vorzumachen, uns selbst zu belügen, haben wir nicht die geringste Chance, zum tatsächlichen Erfolg zu kommen.

Lassen Sie uns von unserem Real-Ich begeistert sein! Lassen Sie uns von der *realen* Möglichkeit – *einen* Schritt unserem Ideal-Ich näherzukommen – begeistert sein; denn mit dieser Einstellung sind wir – wir selbst! Mit dieser Einstellung haben wir es nicht mehr nötig, uns selbst zu belügen, und diese Sicherheit macht uns stark und überträgt sich auf andere Menschen. Sie ist das Geheimnis des sicheren Auftretens!

Warum wird eigentlich überhaupt gelogen?
Nun, ein Grund scheint mir zu sein – ähnlich wie beim Stehlen – in den Besitz einer Sache zu kommen, in den man auf legale, ehrliche Weise – so meint man jedenfalls – nicht kommen würde. Nachdem wir aber im letzten Kapitel gesehen haben, daß wir erst die »Berechtigung« erwerben müssen, um irgend etwas dauerhaft zu besitzen und auch Freude daran haben zu können, leuchtet uns schon allein unter diesem Gesichtspunkt ein, daß wir mit Hilfe der Lüge nur einen Scheinerfolg erzielen können.
Schauen wir uns als Beispiel einmal zwei Versicherungsvertreter an. Nennen wir den einen Wolfgang und den anderen Peter. Wolfgang sitzt bei einem Kameraden und erzählt alles – was zu seinem Verkaufsgespräch gehört – und wartet, daß ihm der Kunde endlich zustimmt. Auf die Frage, ob man denn eine Versicherungspolice als Sicherheit für einen Kredit hinterlegen könnte, antwortet Wolfgang, um dem Kunden die Sache schmackhaft zu machen: »Ja, sicher, Sie können die Lebensversicherungspolice über den Nennwert beleihen.« Der Kunde will sich in etwa 2 Jahren eine neue Wohnzimmer-Einrichtung kaufen, und weil er über keine anderen Sicherheiten verfügt, stimmt er dem Versicherungsabschluß zu. Nach 2 Jahren geht er zu einer Bank und muß sich dort anhören, daß seine Police nicht einen Pfennig wert sei. Darüber ist er natürlich verärgert; denn schließlich hat er doch — zumindest in den letzten 24 Monaten — DM 85,— x 24 = DM 2 040,— eingezahlt. Und jetzt soll die ganze Sache überhaupt nichts wert sein, ge-

schweige denn den ihm versprochenen Wert in Höhe von DM 15000,—? Der Kunde ist sauer und storniert seine Versicherung. Ja, er ist sogar bereit, seine bereits gezahlten DM 2040,— »in den Wind zu schreiben«; denn mit so einer Versicherung will er nichts mehr zu tun haben.

Wolfgang bekommt diesen Vertragsabschluß, der nun »in die Hose« ging, am Monatsende zu spüren. Die Provision von fast DM 600,— wird ihm nun von seinem Gehalt abgezogen. Sicher, er hätte noch die Möglichkeit, zum Kunden zu gehen und die Sache aufzuklären. Aber er sucht einen neuen Kunden, bei dem er mit weniger Arbeit einen neuen Vertrag abschließen kann.

Schauen wir uns dagegen Peter an. Er antwortet auf die Frage des Kunden wahrheitsgemäß, daß seine Beiträge in den ersten drei Jahren vorwiegend für den Verwaltungsapparat und für die Sicherheit, also für den Eventualfall, gezahlt werden. Erst danach werden seine Beiträge angespart und die Police bekommt einen Rückkaufswert. Es sei also nicht damit zu rechnen, daß die Police schon nach kurzer Zeit von der Bank als Sicherungsleistung akzeptiert wird. Der Vorteil sei jedoch, daß seine Ehefrau – sollte ihm etwas passieren – sofort schuldenfrei sei, weil in diesem Fall schließlich die gesamte Versicherungssumme frei werde.

Lassen wir es offen, ob dies ein Grund für den Kunden ist, trotzdem abzuschließen.

Eines jedoch steht fest: Wolfgang hat einen Kunden verloren und Peter hat einen Kunden gewonnen, den er von nun an jedes Jahr besuchen kann.

Ich möchte in diesem Zusammenhang ausdrücklich betonen, daß ich einen Versicherungsvertreter persönlich kenne, der pro Jahr mehr als DM 150000,– verdient, und zwar für selbst getätigteGeschäfte,ohne eine einzige Stornierung! Bei einem bestimmten Wettbewerb innerhalb der Versicherungsgesellschaft liegt er seit Jahren an der Spitze. Die Wettbewerbsunterlagen habe ich selbst eingesehen.
Ich will hiermit nur sagen, daß es auch ohne Lügen geht! Dieses Beispiel zählt für alle anderen Branchen und Gebiete natürlich ebenso. Die Versicherungsbranche habe ich deshalb gewählt, weil ihr Ruf nicht überall der beste ist und weil die korrekte Arbeit in dieser Berufssparte als besonders schwierig gilt.
Ein anderer Grund, warum überhaupt gelogen wird, scheint mir der zu sein, daß man nicht in der Lage ist, den Gesprächspartner zu begeistern. »Begeisterung« so sagt Frank Bettger in seinem Buch »Lebe begeistert und gewinne«, »ist die bestbezahlte Eigenschaft.« Warum haben nur so wenige Menschen diese Fähigkeit erworben? – nicht zuletzt aus dem Grund, weil sie oft mit Angabe und Übertreibung – gerade gegenüber Kunden – gleichgesetzt wird. Aber die Begeisterung – von der hier die Rede ist – hat nichts mit der Begeisterung zu tun, die ein Bauchladenverkäufer zeigt, wenn er seine Ware anpreist. Er kann seine Begeisterung an- und abstellen wie ein Radio. Die Begeisterung aber – die ich an dieser Stelle meine – kommt von innen heraus und ist eher mit der Begeisterung vergleichbar, die wir hatten, als wir das erste Mal verliebt waren. Um mit Begeisterung durch's Le-

ben zu gehen, brauchen wir etwas, wofür wir uns auch begeistern können!
Dies kann durchaus die Liebe zu unserem Partner sein und bleiben. Dies kann die Begeisterung sein, für Gott etwas zu tun. Und das kann die Begeisterung sein, etwas Außergewöhnliches zu schaffen. Aber es kann auch die Begeisterung für unseren Beruf sein – und wenn er noch so normal ist. Wenn ich von einer Sache aus tiefster Überzeugung begeistert bin, so habe ich es 1. nicht nötig zu lügen, und es würde mir auch 2. selbst völlig »gegen den Strich« gehen.
Warum sind wir in Dingen – die wir beherrschen – meist bescheiden und in Dingen – die wir nicht beherrschen – meist übertrieben in unseren Ausführungen darüber? Um überdurchschnittliche Resultate zu erzielen, ist es absolut notwendig, von dem – was wir tun und denken – auch begeistert zu sein; denn nur dann, wenn wir selbst von etwas begeistert sind, können wir berechtigte Hoffnung haben, daß auch andere von unseren Plänen und Vorstellungen begeistert sind.
Nun können Sie sich die gleiche Mühe machen – die ich mir gemacht habe, bevor ich dieses Kapitel schrieb – und viele Bücher lesen, um herauszufinden, wie man Begeisterung entwickelt. Sollten Sie dieselben 20 Bücher in die Hand bekommen – bei denen Sie aufgrund des Titels annehmen können, eine Antwort zu finden – so werden Sie genauso enttäuscht sein wie ich. Sie werden zwar ein Buch voller Begründungen finden – warum Sie begeistert sein sollen – aber kaum, wie Sie es erreichen können. Und auch dann gibt es nur Ratschläge, die nicht für

jeden von uns zutreffen. Trotzdem möchte ich Ihnen diese Literatur empfehlen; denn es ist wichtig, immer und immer wieder zu lesen, was Sie mit Begeisterung alles erreichen können. Dies wird wichtig sein zu dem Zeitpunkt, zu dem Sie geneigt sind, wieder in den alten Trott zurückzufallen.

Von dem bereits erwähnten Institut — für das ich arbeitete — wurde eine Zeitungsanzeige aufgegeben, um Seminarleiter zu finden. Es stellten sich mehr als zehn Personen vor, die alle einen akademischen Grad aufzuweisen hatten. Ein damaliger Kollege von mir stellte jedem dieser Herren während des Vorstellungsgespräches die abschließende Frage: »Sind Sie in der Lage, eine Seminargruppe zu begeistern?« Die Antworten gingen von »Ich weiß es nicht«, über »Das ist sehr schwer«, bis »Ich glaube nein«.

Heute wissen wir bereits, daß ein Schüler – ohne sich für den zu lernenden Stoff in irgendeiner Form begeistern zu können – kaum eine gute Ausgangsbasis findet, diesen auch zu begreifen oder zu behalten. Wie aber kann ein Schüler vom Stoff begeistert sein, wenn der Lehrer ihn schon ohne Begeisterung vorträgt? Wie kann ich vom positiven Denken sprechen, wenn meine Gesichtszüge eher das Umgekehrte ausdrücken? Und wie kann ich meine Schüler begeistern, wenn allein mein Gesichtsausdruck frustrierend ist? Warum werden Lehrer als Lehrer zugelassen, ohne daß man Ihnen auferlegt hat, sich wenigstens einmal im Spiegel zu beobachten oder – im Zeitalter der Technik – wenigstens einmal vor der Video-Kamera gesprochen zu haben? Wenn ich die mei-

sten Lehrer der Bildungs-Programme im Fernsehen anschaue, frage ich mich, aus welchem Grund sie wohl diese Aufgabe übernommen haben.
Was will ich nun mit diesen letzten Zeilen sagen?
Ihnen – die Sie studiert haben – möchte ich einen Anreiz geben, Ihre Fähigkeiten mit Einsatz von Begeisterung viel besser »verkaufen« zu können und sich selbst damit um ein Wesentliches erfolgreicher zu machen.
Und Ihnen – die Sie nicht studiert haben – wollte ich zeigen, daß Sie diese Fähigkeit – die ein entscheidender Faktor zum Erfolg ist – nicht auf der Universität erlernen können und aus diesem Grund keinen Anlaß zum Trauern haben.
Über welchen Witz lachen wir mehr – über einen »schwachen«, der mit Begeisterung vorgetragen wurde, oder über einen »guten«, bei dem der Vortragende schon fast einschlief? (Mit Ausnahme natürlich von Witzen über die Berner, die so vorgetragen werden sollten.)
Wann aber sind alle begeistert? –
beim Fußballspiel sicher, an unserem Geburtstag, zu Silvester und natürlich zum Karneval, also zu Zeiten, in denen es normal ist, begeistert zu sein. Diese Zeiten – in denen wir begeistert sein »dürfen« – werden uns im Kalender also vorgeschrieben. Aber zu diesen Gelegenheiten ist es nichts Besonderes, begeistert zu sein; denn da sind wir ja alle begeistert und »dürfen« es auch ruhig sein.
Wenn wir mit der gleichen Begeisterung unsere Arbeit erledigen würden, wären wir entweder bereits in der halben Zeit fertig oder würden das Doppelte verdienen.

Stellen Sie sich einen Geistlichen vor, der seine Predigt mit Begeisterung vortragen würde. Ich bin sicher, daß sein Erfolg zumindest so groß wäre, um laufend neue Zuhörer zu gewinnen.

Begeisterung – und das ist der Grund, weshalb diese oft falsch verstanden und in den Bereich des Unglaubwürdigen eingestuft wird – hat nicht unbedingt etwas mit großer Lautstärke und mit Superlativen zu tun. Begeisterung ist eine Einstellung zur Sache, eine innere Überzeugung, eine antreibende, bewegende und aufbauende Energie.

Mit der Begeisterung ist es ähnlich wie mit unseren Wünschen. Wir müssen uns erst darüber im klaren sein, ob es sich lohnt, aus einem Wunsch ein Ziel zu formen. Und mit dieser Entscheidung setzt meine Begeisterung ein, dieses Ziel auch zu erreichen. Früher gehörte auch ich zu den Menschen, die sich für *alles* begeistern konnten. Viele Dinge schienen mir erstrebenswert zu sein, und so verpuffte meine Begeisterung für alles mögliche ins Nichts. Genauso erging es mir mit meinen Wünschen. Im 1. Kapitel dieses Buches haben wir jedoch gelernt, uns für ein Ziel zu entscheiden und dann so lange dabei zu bleiben, bis wir es erreicht haben. Lassen Sie uns anfangs auch erst einmal nur für *eine* Sache begeistert sein, um dann mit dem Erfolgserlebnis die Begeisterung später auf andere Gebiete übertragen zu können. Lassen Sie uns später diese erlernte Fähigkeit so generalisieren, daß wir stets die Wahrheit mit Begeisterung zum Ausdruck bringen, anstatt uns gezwungen zu sehen, die Unwahrheit zu sagen.

Begeisterung beginnt damit, daß wir uns für unsere Arbeit begeistern können. Finden Sie in ihrem Beruf die ehemals erhoffte Erfüllung oder ist er bereits zum Job geworden, mit dem Sie nur Geld verdienen wollen? Bedenken Sie stets, daß Ihr Leben zu kostbar ist, um auch nur eine Stunde am Tag Dinge zu tun, die Sie nicht mit Begeisterung tun können!

Ändern Sie entweder Ihre Einstellung oder Ihren Arbeitsplatz – zu spät ist es nie! Und wenn Sie bereits Rentner sind und sich für Ihre 24 Stunden pro Tag nicht begeistern können, dann machen Sie sich Gedanken und halten Sie diese schriftlich fest, wie Sie Ihr Leben inhaltsreicher und sinnvoller gestalten können. Sie belügen sich selbst, wenn Sie etwas tun, was Ihnen verhaßt ist.

Ich habe soeben einen Artikel gelesen, weshalb japanische Automobile zu den am besten verarbeiteten Fahrzeugen in der ganzen Welt gehören. Experten aus Wolfsburg sind selbst in Japan gewesen, um dieser Frage nachzugehen. Das Phänomen, so wird berichtet, ist nicht in Zahlen anzugeben und nicht in Statistiken zu beschreiben. Es liegt eindeutig an der Einstellung der Menschen zu ihrer Arbeit und, so wörtlich: »daß es allein in der Mentalität der Japaner zu finden ist, nur das Beste produzieren zu wollen.«

Wenn Sie diese Einstellung nicht auch zu Ihrer Arbeit haben, dann lassen Sie es lieber sein und suchen Sie sich eine Aufgabe, die Ihnen sinnvoll erscheint – nur dann haben Sie die Chance erfolgreich zu sein.

Vielleicht werden Sie jetzt denken: Aber ich kann doch nicht immer nur das tun, was mir Freude bereitet. Nun, ich gebe Ihnen völlig recht. Aber alles das, was wir zu tun haben, können wir mit Freude tun! Wir betrügen uns selbst um unser Leben, wenn wir Dinge – die wir tun müssen – deshalb gleich *ungern* tun! Unser Leben – darunter dürfen wir nicht verstehen: 60, 70 oder 80 Jahre, ist jetzt, in diesem Augenblick!

Und wenn Sie fühlen, daß Ihnen dieses Buch nichts gibt, dann stellen Sie es in den Schrank oder verschenken Sie es! Aber kommen Sie bitte nicht auf die Idee, Ihr Leben, Ihre kostbare Zeit mit dem Lesen dieses Buches zu vergeuden, nur weil Sie ein paar Mark dafür ausgegeben haben; denn dann würden Sie sich nur selbst betrügen!

Sie werden mich jetzt so langsam fragen wollen: »Wie wird man denn nun begeistert?« nicht wahr? Wichtig ist, daß Sie den Mut haben, zu sich selbst ehrlich zu sein – zuzugeben, daß Sie großartig sind.

Ja, Sie sind großartig!

Und in die nächste Zeile, die ich extra für Sie freilasse, schreiben Sie bitte Ihren Namen

Ich, ...

bin großartig!

Und nun gewöhnen Sie sich daran, daß Sie großartig sind! Kein anderer Mensch hat das Recht, das Gegenteil zu behaupten!

Ja, Sie sind großartig! Und der Schöpfer hat dafür gesorgt, daß es keinen Menschen auf dieser Erde gibt, der Ihnen gleich ist! Warum wollen Sie sich selbst belügen? Warum wollen Sie sich selbst etwas Unwahres vormachen? Warum dürfen wir nicht großartig sein? – nur weil man uns gesagt hat: »Gib nicht so an« und »Sei hübsch bescheiden«? Nun, ich habe nicht davon gesprochen, daß Sie es jedem erzählen sollen. Und ich habe auch nicht gesagt, daß andere Menschen dafür nicht großartig sein dürfen. Aber das ist noch lange kein Grund für Sie anzunehmen, *nicht* großartig zu sein. Also, nun zu den Punkten – die Sie zu einer Persönlichkeit entwickeln, die andere Menschen begeistern kann:

1. Entscheiden Sie sich, für was Sie als erstes Begeisterung entwickeln wollen.
2. Schreiben Sie nun alle positiven Seiten auf, die diese Sache für Sie und gegebenenfalls für Ihre Mitmenschen mit sich bringt.
3. Freuen Sie sich darüber, und schauen Sie sich im Spiegel an, ob ein anderer Mensch erkennen könnte, daß Sie begeistert sind!
4. Starten Sie nun Ihren »Vorstellungs«-Film, und sehen Sie sich im Mittelpunkt, wie sich andere Menschen von Ihrer Begeisterung anstecken lassen. Sehen Sie ganz deutlich, wie man an Ihren Ausführungen – oder um was es auch geht – interessiert ist.
5. Erst wenn Sie innerlich fühlen, daß Sie alle eigenen Zweifel beseitigt haben und allen Zweiflern gewachsen sind – zumindest in Ihrer Vorstellung – setzen Sie die Begeisterung in die Praxis um, und handeln Sie jetzt so, wie Sie es sich seit Tagen oder Wochen einprogrammiert haben.

Nehmen Sie sich nicht gleich als erstes ein zu hohes Ziel oder gar Ihren Lebenszweck zum Mittelpunkt Ihrer ersten Begeisterungsaufgabe; denn Sie können sich nur dann Begeisterung aneignen, wenn Sie

1. sich ein Ziel setzen, das Sie für wertvoll erachten und
2. entdecken, daß Sie bei der Erreichung dieses Zieles auch Fortschritte machen.

Seien Sie anders als andere. Denn nur dann können Sie zu sich selbst finden und brauchen nicht eine Rolle zu spielen, die überhaupt nicht zu Ihnen paßt!

Begeisterung ist ein Ausdruck der Hoffnung, des Glaubens und der Liebe. Sie schafft in den Menschen das Gefühl der Einheit, Vervollkommnung und Verständnis. Auf die Begeisterung muß aber die Tat folgen!

Wir haben nun einen großen Teil dieses Kapitels dem sog. authentisch sein gewidmet, also dem »Nicht sich selbst belügen«. Nun wollen wir uns auch noch anschauen, was es für Vor- oder Nachteile mit sich bringt, wenn wir zu anderen ehrlich bzw. unehrlich sind.

»Du sollst nicht falsches Zeugnis reden wider Deinen Nächsten« scheint mir der vielleicht wichtigste Rat zu sein, um ein erfolgreiches Leben »auf die Beine stellen« zu können.

Wahrheit bringt uns Vertrauen
und
Unwahrheit bringt uns Mißtrauen!

Suchen Sie sich selbst die Basis aus, auf der Sie Ihre Zukunft bauen wollen!

Und hier einige Punkte, wie wir das Vertrauen anderer Menschen gewinnen können:

1. Die sicherste Art, das Vertrauen unserer Mitmenschen zu erhalten ist die, es uns zu verdienen. Das heißt also, wir sollten bestrebt sein, in allen unseren Handlungen und Ausführungen stets die Erwartun-

gen – die in uns gesetzt werden – auch zu erfüllen. Das beinhaltet natürlich auch, *vorher* gemeinsame Klarheit über diese Erwartungen zu erzielen. Es kann nämlich durchaus vorkommen, daß unser Partner (privat oder geschäftlich) völlig andere Vorstellungen hat als wir selbst! Es ist also wichtig, *rechtzeitig* die gegenseitigen Pflichten und Rechte – wenn möglich und sinnvoll – schriftlich zu fixieren.

2. Absolute Ehrlichkeit ist Grundvoraussetzung für eine Vertrauensbasis; denn auf die Dauer gesehen gewinnt stets der Ehrliche und nicht – wie so oft angenommen – der »Clevere«. Sobald nämlich ein ehrlicher Mensch von einem »cleveren« ausgenutzt wird, merkt dies nicht nur der Ausgenutzte selbst irgendwann, sondern andere Menschen sehen dies auch. Und von einem Menschen, der andere ausnutzt, distanziert man sich gewöhnlich und vermeidet es, in irgendeine Beziehung mit diesem Menschen zu kommen.
3. Solange Sie noch kein Selbstvertrauen besitzen, können Sie von keinem Menschen erwarten, daß *er* Ihnen vertrauen soll. Setzen Sie also die bereits behandelten Übungen in die Praxis um, damit Sie ein sicheres, überzeugendes Auftreten entwickeln, das Ihnen Selbstvertrauen und Selbstsicherheit geben wird.
4. Gestalten Sie auch Ihr Äußeres so, daß es Ihren Mitmenschen leichter fällt, vom ersten Eindruck an Vertrauen zu Ihnen zu entwickeln.
   Ein »Langhaariger« wird stets mehr Vertrauen zu Langhaarigen haben und »Kurzgeschorene« als Spie-

ßer bezeichnen. Und ein »Kurzhaariger« wird eher zu einem ebenfalls Kurzhaarigen Vertrauen haben können. Kleiden Sie sich also so, daß *die Menschen* zu Ihnen »passen«, mit denen Sie Geschäfte tätigen oder Kontakte knüpfen wollen. Wenn Sie sich das Leben allerdings gern schwer machen, dann verkaufen Sie ruhig Landwirtschafts-Maschinen im Smoking oder Parfum im blauen Overall.

5. Verlassen Sie Ihren Blickpunkt und versetzen Sie sich einmal in die Situation des anderen, um Verständnis für seine Probleme aufbringen zu können.
   Wenn Sie stets nur an Ihren Vorteil und an Ihre Probleme denken, wird sich der Partner vernachlässigt und ausgenutzt vorkommen. Wenn Sie allerdings seine Probleme und vielleicht sogar seine Bedürfnisse kennen, finden Sie auch den Weg, wie Sie ihm sowie auch sich selbst gerecht werden können.
6. Sprechen Sie nicht nur mit Überzeugung und Begeisterung, sondern beherrschen Sie auch Ihr Metier! Wenn es um fachliche Qualifikationen geht – die Ihnen noch fehlen – so können Sie diese heutzutage für wenig Geld auf dem 2. Bildungsweg erlangen.
   Wichtiger ist jedoch – von Dingen, die Sie nicht verstehen – auch nicht zu sprechen.
   Wer fragt, ist ein Narr für ein paar Minuten,
   wer nicht fragt, bleibt es ein Leben lang.
7. Lassen Sie sich niemals dazu hinreißen, Versprechungen abzugeben, die sich nicht realisieren lassen; denn Sie erwecken von vornherein Mißtrauen.
   Jeder Mensch weiß, daß man nicht alles erhalten

kann und findet sich damit ab. Sich jedoch damit abfinden zu müssen, Dinge nicht zu erhalten – die einem vorher versprochen wurden – lassen jede Vertrauensbasis zerbrechen.

8. Lassen Sie sich nicht zu negativen oder abfälligen Bemerkungen über Abwesende oder Konkurrenten hinreißen.
   Jeder gesunde Menschenverstand ist in der Lage – aus einer solchen Verhaltensweise zu schließen, daß er bei Ihnen der nächste sein kann, in dessen Abwesenheit Sie solche oder ähnliche Äußerungen anderen gegenüber fallen lassen.
9. Sollte Ihnen ein Geheimnis anvertraut werden, seien Sie stolz auf sich, und behalten Sie diesen Umstand und auch den Inhalt nur für sich.
   Erstens ist es eine große Aufgabe für Sie, wenn Sie in der Lage sind zu schweigen, und außerdem könnte es sein, daß man Sie nur testen will. Selbst wenn Sie merken, daß derjenige – der Ihnen dieses Geheimnis anvertraut hat – es auch anderen Menschen erzählte, sollte dies noch lange kein Grund für *Sie* sein, darüber zu sprechen. Beobachten Sie das Verhalten anderer Menschen und lernen Sie daraus. Dies ist die »preiswerteste« Möglichkeit, sich selbst zu entwickeln!

Nun wäre es natürlich völlig falsch und unmöglich, alle diese Punkte ab heute zu beachten und sofort in die Tat umzusetzen. Das würde ein ähnliches Resultat bringen, als wenn Sie jonglieren lernen wollen und gleich mit neun Bällen beginnen.

Nehmen Sie sich nur den Punkt heraus, der Ihnen am wichtigsten erscheint, und übertragen Sie den entsprechenden Text auf eine Zielkarte. Diese tragen Sie nun eine Woche lang bei sich und ergänzen den Text mit Ihren eigenen Erfahrungen und Gedanken. Nach dieser Woche können Sie die Karte in das Buch legen und den nächsten Punkt abschreiben.
Denken Sie aber stets daran, daß Sie, indem Sie überhaupt nichts tun, genausoviel Resultate erzielen, als wenn Sie alles auf einmal erreichen wollen.
Und nun noch ein Hinweis, wie ich chronische Angeber auf den Boden der Wirklichkeit zurückgebracht habe: Es gibt zweifellos Menschen, die ständig übertreiben und um ein bißchen Anerkennung willen das »Blaue vom Himmel« lügen. Wir können diese Menschen natürlich ärgern und aus der Fassung bringen, indem wir auch übertreiben und ihre tollen Sachen in eine schlechtere Relation zu den unseren bringen. Aber damit geben wir ihnen nicht die von ihnen gewünschten Streichel-Einheiten. Ich habe die Erfahrung gemacht, daß man diesen Menschen helfen kann – und damit ihre Verhaltensweise beeinflußt – indem man ganz offen zugibt, das man lange nicht so großartige Dinge hat und eher ein bißchen »tief stapelt«. Wenn sie dann nämlich plötzlich merken, daß wir sie auch so akzeptieren und ihre wahre Persönlichkeit mehr schätzen als Ihre Übertreibungen, kehren sie sehr schnell zur Wirklichkeit zurück.

Lassen Sie uns noch einmal die Grundgedanken dieses Kapitels in Kurzform zusammenfassen:
Authentisch sein heißt:
Ich selbst zu sein.
Sobald aber unsere Vorstellung »so, wie wir sein möchten« von der Realität »so wie wir sind« zu sehr abweicht, kostet es uns Energie, beide einander anzugleichen. Anstatt aber aus der »Erfahrung« zu lernen und festzustellen, »es geht nicht« sollten wir uns nur *einen* Punkt heraussuchen, den wir an unser Ideal-Ich angleichen wollen. Diese eine Verbesserung unseres Real-Ichs wird uns Mut und Zuversicht geben, einen Schritt nach dem anderen *zu tun*. Und unsere vielfältigen Vorstellungen werden wir für die Zeit der Verbesserung einer unserer Eigenschaften auf die Nachbarinsel der Wunschkarten-Warte-Insel verbannen.
Authentisch sein heißt also:
uns nicht selbst zu belügen und damit unsere Energie zu vergeuden, sondern uns so zu akzeptieren, wie wir sind, und in kleinen Schritten etwas noch Besseres daraus zu machen.
»Du sollst nicht lügen« heißt auch: keine Versprechungen abzugeben, die wir nicht einhalten können.
Im praktischen Leben sollten wir diese Erkenntnis für Verabredungen anwenden, um unseren Ruf eines Menschen – auf den man sich verlassen kann – nicht zu schaden.
Anstatt mit Übertreibungen und Angeberei unsere Ausführungen zu unterstreichen, wollen wir lernen, *echte* Begeisterung in uns zu entwickeln, um diese dann auf

andere übertragen zu können. Begeisterung ist alles! *Gib einem Menschen alle Gaben dieser Erde und nimm ihm die Fähigkeit der Begeisterung, und Du verdammst ihn zum ewigen Tod.*

A.V. Wilbrandt

Ein erfolgreiches Leben ist immer auch von anderen abhängig. Und wenn wir das Vertrauen anderer Menschen nicht genießen, indem wir es durch Unwahrheiten und Unzuverlässigkeit zerstörten, können wir unseren Erfolg vergessen.
Albert Schweitzer drückte dies so aus:
Vertrauen ist für alle Unternehmungen das große Kapital, ohne welches kein nützliches Werk auskommen kann. Es schafft auf allen Gebieten die Bedingungen gedeihlichen Geschehens.

Entscheiden Sie selbst, wie Ihre Zukunft aussehen soll!

DU SOLLST NICHT BEGEHREN DEINES NÄCHSTEN HAUS!

Wissen Sie, wenn wir heute etwas Besonderes erreichen wollen, müssen wir uns auch etwas Besonderes einfallen lassen. Gerade im 20. Jahrhundert ist nicht nur vieles bereits dagewesen, sondern es ist auch durch die modernen Kommunikationsmittel – wie Radio, Presse, Fernsehen – möglich, Millionen von Erdenbürgern innerhalb kürzester Zeit alles Neue bekanntzumachen. Wenn wir also etwas Besonderes erreichen wollen, können wir es uns überhaupt nicht erlauben, nur etwas zu begehren, was schon existiert. Damit degenerieren und erniedrigen wir uns nur selbst! Wenn wir also etwas begehren, dann – allein schon der Kreativitätsentfaltung wegen – etwas Neues, noch nicht Dagewesenes oder zumindest noch nicht Bekanntes.

Bleiben wir noch ein wenig bei der Betrachtungsweise von diesem Blickpunkt aus. Kreativität, eine der bestbezahlten Eigenschaften – weil, wie echte Begeisterungsfähigkeit, ebenfalls selten – zu entwickeln ist nur möglich, wenn wir gelernt haben, uns frei zu machen von dem Denken »Das möchte ich auch haben.«

Nun, unserer Wirtschaft ist es über den Weg der Werbung vorzüglich gelungen, uns alles fertig vorzukauen. Wir haben heute den Fertig-Tee, der uns davor bewahrt, in Ruhe und Beschaulichkeit den Tee zu genießen, das Teestündchen zu erleben – jawohl, zu einem richtigen Erlebnis werden zu lassen. Es als einen willkommenen Anlaß zu nutzen, einen Augenblick zu entspannen, sich zu sammeln und neue Kräfte zu speichern. Wir haben heute den Fertig-Kaffee, den Fertig-Brei für unsere Säuglinge, das Fertig-Menü – noch mehr Kalorien in noch kürzerer Zeit zu verdrücken – . . . Es ist uns gelungen, uns alles fertig vorzusetzen – bis zur Fertig-Erziehung und Fertig-Kommunikation durch den Fernseher. Schön! Alles fertig. Wir brauchen nicht mehr kreativ zu sein, nicht mehr selbst zu denken. – Schon in der Schule versuchte man uns einzureden, »das Denken den Pferden zu überlassen, die haben größere Köpfe als wir« – gut!

Wo lassen Sie denken?

Wäre das nicht eine herrliche Idee für den Werbespot einer Denkfabrik? Was das mit dem Haus unseres Nachbarn zu tun hat? Nun, wenn wir begehren, was fertig ist, nehmen wir uns selbst die Möglichkeit, uns kreativ zu entwickeln. Begehren wir dagegen etwas, was nicht fertig ist, haben wir eine echte Chance, erfolgreich zu werden, so wie einst Otto Lilienthal. Er hatte damals das Begehren zu fliegen, so wie Tausende andere auch. Er war bereit, etwas dafür zu tun. Er war bereit, sich auslachen zu lassen, wie es auch heute noch üblich ist, will man zu den Ersten gehören. Und er war bereit, den Lohn, den Ruhm zu ernten, den er sich verdient hatte. Danach flogen viele andere Menschen auch. –

Verwerflich? –

auf keinen Fall, schließlich ist man bis heute damit beschäftigt, diese Maschine weiter zu verbessern, aber – zu spät, um in die Geschichte einzugehen.
Wie aber wird man ein kreativer Mensch?
Nun, erinnern Sie sich an unser Kapitel »Du sollst den Feiertag heiligen«? Wir haben versucht, unsere Alltagsprobleme zu vergessen und neue, völlig andere Wege in unserem Gehirn aufzusuchen und zu begehen. Dies war der erste Schritt zur Kreativität. Den zweiten Schritt haben Sie gemacht, ohne bewußt von mir darauf aufmerksam gemacht zu werden. Dies war im Kapitel »Du sollst nicht töten«, als wir mit einer Übung versuchten, unsere Angst zu besiegen. Wir wollten uns an dieser Stelle zehn Fragen beantworten. Die 6. Frage hieß: Gibt es noch einen anderen Weg? Und die 7. Frage war: Gibt es noch eine weitere Möglichkeit?
Wenn Sie es sich allerdings zu leicht gemacht haben und jede der Fragen mit »nein« beantworteten, dann wird es Zeit, daß Sie etwas mehr für Ihre Kreativität tun und es mit der »Petersilien-Methode« — die Ihnen vielleicht etwas zu banal erschien — ausprobieren.
Aber inzwischen haben wir uns über die Möglichkeit der Nutzung unserer geistigen Kräfte nicht nur Gedanken gemacht, sondern auch schon praktische Resultate erzielt. Und so wollen wir auch bei der Kreativität diese Kräfte nutzen.
Wichtig sind hierfür wieder einmal ein Blatt Papier und ein Schreibstift. Diesmal brauchen Sie allerdings nicht sofort mit Schreiben zu beginnen, sondern Sie legen bitte Ihre Schreibutensilien direkt neben Ihr Bett, und zwar

so, daß Sie diese ohne Mühe – wenn Sie im Bett liegen – greifen können. Und nun gilt es aufzupassen und jede Kleinigkeit zu beachten!

Wenn Sie sich mit dieser Übung beschäftigen, sollten Sie allerdings die vorhergehenden Übungen dieses Buches bereits gut beherrschen und mindestens schon dreimal in voller Länge durchgeführt haben. Wenn Sie es aber vorgezogen haben, dieses Buch erst einmal nur zu lesen, dann beginnen Sie bitte jetzt mit den ersten Übungen und nicht mit der nun folgenden.

Bei dieser Möglichkeit – Ihre Kreativität zu fördern und zu nutzen – ist es notwendig, daß Sie die Aufgabe – für die Sie eine Lösung suchen – als erstes genau konkretisieren. Versuchen Sie also nun, die Aufgabe in zwei oder drei Sätzen festzuhalten. Warum es wichtig ist, daß Sie die vorangegangenen Übungen bereits mit Erfolg angewandt haben, wird Ihnen in diesem Moment klar, in dem ich Ihnen sage, daß Sie jetzt davon *überzeugt* sein müssen, eine Antwort zu erhalten.

Beauftragen Sie nun beim Zubettgehen Ihre geistigen Kräfte damit, Ihnen die Lösung der Aufgabe intuitiv zu vermitteln, und seien Sie überzeugt davon, daß dies auch geschieht.

Sobald Sie im Laufe der nächsten Nächte in irgendeiner Form einen Hinweis bekommen, schreiben Sie diesen sofort auf. Bevor Sie morgens aufstehen, sollten Sie versuchen, sich an die Träume der letzten Nacht zu erinnern.

Wir haben in unserem unendlich großen Geist die Lösungsmöglichkeiten aller Aufgaben, die sich uns stellen,

zur Verfügung. Es liegt nur an unserer Fähigkeit, diese Lösungsmöglichkeiten bis in unser Bewußtsein vordringen zu lassen.
Alexander Graham Bell schrieb: »Bleiben Sie nicht immer auf der großen Straße, auf der schon andere gegangen sind. Verlassen Sie die bequemen Wege von Zeit zu Zeit, und fahren Sie in die Wälder. Sie werden ganz sicher etwas finden, das Sie noch nie gesehen haben. Untersuchen Sie es. Eine Entdeckung führt zur nächsten, und ehe Sie sich versehen, haben Sie etwas gefunden, das zum Nachdenken reizt. Alle wirklich großen Erfolge sind das Ergebnis des Nachdenkens.« –
ganz deutlich: des Nach*denkens* und nicht des Nachahmens!
Nachahmen ist nämlich von Abgucken abhängig, und das verleitet uns oft dazu, etwas zu begehren, was uns nicht gehört. Es leitet unser Denken nicht nur in falsche und unproduktive Bahnen, sondern es schränkt unseren Blickpunkt ein und verhindert eine Entfaltung unserer Persönlichkeit.
An dieser Stelle möchte ich Sie nur noch darauf aufmerksam machen, daß es Bücher gibt, die sich speziell mit dem Kreativitäts-Training beschäftigen.
Wir wollen diesen Blickpunkt verlassen und uns etwas genauer mit »dem Haus unseres Nachbarn« beschäftigen. Ich kenne viele Hausbesitzer, die nach Fertigstellung sagen: »Das nächste Mal würde ich ganz anders bauen.«
Was ist der Grund hierfür? –
hat man sich zuwenig *eigene* Gedanken gemacht? Wur-

den die eigenen Bedürfnisse zu wenig berücksichtigt? Nun, ich meine – bevor wir uns das Haus unseres Nachbarn von weitem neidisch anschauen, sollten wir uns darüber klar sein, ob wir es wirklich besitzen wollen. Wäre dieses Haus wirklich genau das, was uns gefallen könnte? Würden wir uns wirklich darin wohlfühlen? Und wären wir auch von der Arbeit begeistert, die ein solches Haus nun einmal mitbringt?

Bevor Sie bauen oder sich anderweitig über ein eigenes Haus Gedanken machen, sollten Sie diese und noch mehr Fragen eindeutig geklärt haben:

Wieviel Platz möchten Sie haben, wieviel Licht in welchen Zimmern, welche Lüftungsmöglichkeiten, Grünanlage, Zugang zur Grünanlage durch welches Zimmer, welche elektrischen Anschlüsse wo, welche Installationen wo? Lautsprecherkabel liegen wo? Welche Möbel passen auf welche Wandbreite? Welche Räume sollen von welchen lärmisoliert sein? Wo soll die Toilettentür nicht in der Nähe sein? Und so weiter...

Meinen Sie nun immer noch, daß das Haus des Nachbarn auch Ihr Traumhaus sein könnte? Oder verstehen Sie dieses Gebot so, daß man nur nicht neidisch auf ein Haus sein sollte, das man sich mit den eigenen Mitteln nicht leisten kann?

Nun, ich bin der Meinung, daß wir uns auch hier nur die »Berechtigung« – von der ich im letzten Kapitel ausführlich berichtet habe – zu erwerben brauchen für ein solches Traumhaus. Denken Sie nur an die vielen Lotto-Millionäre, die zwar das Geld hatten, aber nicht die »Berechtigung«. Viele mußten es nach kurzer Zeit wieder

abgeben, weil sie aufgrund von Unkenntnis ihr Geld verschleudert hatten.
Wir haben erfahren, daß – bevor mir etwas gehören kann – ich mir erst einmal vorstellen können muß, daß es mir gehört! Ich möchte Ihnen erzählen, wie wir dazu gekommen sind, ausgerechnet das Haus zu bewohnen, das wir heute bewohnen.
Im Februar 1975 hatte ich nach sieben Monaten Einkommenslosigkeit (ich bekam keinerlei Arbeitslosenunterstützung) die Nase voll vom Selbständigsein und war bereits wieder fünf Monate als Angestellter tätig. Mein Bankkonto – das wegen des Betruges meines Ladenpächters immer noch mit ca. DM 20000,– im Minus stand – »ermutigte« mich, mir konkrete Vorstellungen über mein Traumhaus zu machen. Es fiel mir nicht leicht, meiner Frau klarzumachen, eine Auto-Suggestion würde ausreichen, uns ein solches Haus zu ermöglichen. Zu diesem Zeitpunkt bewohnten wir bei Kassel ein möbliertes Appartement mit 36 qm Größe.
Ich hatte es, meiner Meinung nach, einzig und allein meiner eigenen Philosophie zu verdanken, daß ich kurz zuvor überhaupt wieder einigermaßen auf die Beine gekommen war und war gerade dabei, die ersten Erfolgserlebnisse aus der Macht des positiven Denkens zu sammeln. Den Satz: »Glaube kann Berge versetzen« wollte ich von nun an zum Mittelpunkt meines Denkens machen. Mein Giselchen konnte sich zu dieser Zeit, in der wir gerade so über die Runden kamen, mit dieser Idee noch nicht so recht vertraut machen, ein eigenes Haus zu planen. Und wäre es nicht die Lieblingsbeschäftigung

meines Frauchens gewesen, neben mir zu sitzen und mir bei meiner Tätigkeit – es ist ihr dann gleich, was ich tue – zuzusehen, hätte ich nie das »Okay« bekommen, mich mit der Herstellung eines ca. 250000,– DM Traumhauses gedanklich zu beschäftigen.

Ich begann also, mir vorzustellen, wie unser Traumhaus aussehen könnte und machte mir zuerst Skizzen auf Papier. Als meine Vorstellungen klarer wurden, begann ich, mit Pappe und Klebstoff, das ganze Haus im Maßstab 1:50 zu basteln. Sämtliche Einzelheiten wurden im Modell auf diese Art festgehalten. Nicht nur Türen und Fenster, Treppen und Kamin, sondern auch die Einrichtungsgegenstände – vom Wohnzimmerschrank bis zur Wohnlandschaft und vom Schminktischchen bis zur Dusche – fertigte ich aus Pappe an. So manchen Abend haben wir daran gesessen und verbessert, geändert und erweitert – bis alles so nach unserer Vorstellung war, daß wir uns darin wohlfühlen konnten. Das Resultat war dann ein Winkel-Bungalow mit 120 qm Wohnfläche, einem großen Wohnzimmer, Büro, Kinderzimmer, Schlafzimmer, Küche, Bad, Toilette, Vorratsraum. In den voll unterkellerten Räumen brachte ich mein Foto-Studio sowie Foto-Labor unter.

Von nun an – meine Frau hatte inzwischen auch Vertrauen zur positiven Erfolgs-Programmierung – verbrachten wir Tag für Tag damit, uns 15 Minuten in »unserem Haus aufzuhalten« und uns heimisch zu fühlen. Es brachte uns große Freude, bereits im Haus zu wohnen, und nur ungern öffneten wir die Augen, um diese geistige Vorstellung wieder abzubrechen.

Im Juni bekamen wir einen Brief von dem Ihnen bereits bekannten österreichischen Institut, das mich gern als Seminarleiter einsetzen wollte. Diese neue Tätigkeit machte einen Umzug in die Salzburger Gegend notwendig. Wir schrieben deshalb auf viele Anzeigen, um eine Wohnung zu bekommen, ohne jedoch jemals ein »O. K.« zu erhalten. Wegen des längeren Postweges von Kassel kam unsere Nachricht immer später an als die der einheimischen Wohnungssuchenden. So setzten wir selbst eine Anzeige auf, die wir in der dortigen Regional-Zeitung aufgaben und bekamen auch einige Angebote von Wohnungen (meist über Makler), die uns aber entweder zu teuer waren oder nicht zusagten. Zu diesem Zeitpunkt hatten wir schon das tiefe Vertrauen in unser Unterbewußtsein, daß dies alles seinen guten Grund haben würde. Am 1.10.1976 sollte meine neue Arbeit bereits beginnen, doch bis zum 15.8.76 hatten wir noch keinerlei Wohnungsmöglichkeiten in Aussicht. Unser Appartement war jedoch bereits von uns gekündigt, und so gab es nur einen Weg, der *keine Angst und Sorge zuließ*! Am 20.8.1976 erhielten wir einen Anruf, ob wir noch eine Wohnung suchen würden. Allerdings handele es sich dabei nicht um eine Wohnung, sondern um einen Winkel-Bungalow mit 125 qm Wohnfläche, voll unterkellert und mit Atriumhof, der am 1.10.1976 fertiggestellt würde. Der Mietpreis sollte DM 648,– betragen. Wir sagten sofort zu, ohne das Haus jemals gesehen zu haben. Vom angebotenen Vorkaufsrecht wollen wir allerdings keinen Gebrauch machen; denn wir bilden uns ein, klug genug zu sein, für DM 228000,– etwas anderes

zu kaufen als dieses Haus. Zumal DM 648,– Miete einer Verzinsung von 3,4 % entsprechen, sehe ich solange keinen Vorteil, solange die Inflationsrate nicht unter diesen Wert absinkt.
Wir wohnen nun bereits über ein Jahr in diesem Haus, und – wie Sie inzwischen auch wissen – in unseren Zimmern stehen genau die Möbel, die wir uns vorher vorgestellt haben.
Wären wir in derselben Zeit neidisch auf »das Haus unseres Nachbarn« gewesen – ich zweifle an, ob wir zu einem ähnlichen Resultat gekommen wären. Vielleicht sind Sie immer noch der Meinung, daß dies alles bloßer Zufall ist. Darauf sage ich Ihnen: es wird höchste Zeit, daß dieses Buch bald zu Ende geht und Sie endlich Zeit haben, sich den Übungen intensiv zu widmen und eigene Erfolgs-Erlebnisse zu sammeln, die Ihnen gleiche oder ähnliche Resultate bringen. Oder haben Sie bereits Ergebnisse vorliegen?
Allerdings gibt es auch Menschen, die – egal, was sie im Leben erreichen – scheinbar nie glücklich und zufrieden sind und sich selbst dazu verdammt haben, ständig zu suchen und nach Besserem Ausschau zu halten.
Lassen Sie mich nun berichten, was geschieht, wenn man das Gebot nicht hält:
Schauen Sie sich am besten einmal bei uns um. Also dieser Bungalow ist von insgesamt sechs Stück – die in einer Einheit gebaut wurden – der einzige mit einem abgeschlossenen Atrium-Innenhof. Vier Häuser waren schon seit einiger Zeit fertiggestellt und bewohnt und die letzten beiden, von der Straße entfernteren, noch im

Rohbau. Es hatte sich bis jetzt noch kein Mieter gefunden.

Wir wohnten noch in Kassel und hatten von all dem keine Ahnung, zumal auf dem Prospekt, der uns nach dem besagten Telefonanruf zugesandt worden war, alle Häuser scheinbar fertig waren. Jedoch nur 4 km entfernt von diesen Bungalows wohnte ein Ehepaar, beide in den 50er Jahren. Sie stand vor der schwierigsten Sache der Welt, die nur von 5 % aller Menschen bewältigt wird, nämlich — eine Entscheidung zu treffen.

Hier gab es nun zwei Häuser genau gleichen Grundrisses, gleicher Ausführung und Verarbeitung — so jedenfalls schien es. Das einzige, was diese beiden Häuser unterscheidet, ist das Grundstück — genauer noch — der Hof. Das eine Haus hat einen ca. 6 x 9 m großen Innenhof und damit die Möglichkeit, völlig ruhig, allein und ungestört zu sein. Das andere, mit ebenso großem Innenhof, hat jedoch eine ca. 3 m breite Aussichtsmöglichkeit nach Westen und damit — was zwar als störend von eben jener Frau deklariert, aber im Innersten vielleicht sogar als reizvoll empfunden wurde — einen Ausblick auf die Eingangstür des anderen Nachbarn.

Nun fallen Entscheidungen in den seltensten Fällen aufgrund von Fakten, dafür in fast allen Situationen gelenkt von Emotionen. So wurde also entschieden, und das Schlimmste bei Entscheidungen kommt immer erst dann, wenn sie bereits gefallen sind — die in Fachkreisen sog. Käuferreue. Die Angst, falsch entschieden zu haben, der Ärger des Sichtbarwerdens der Vorteile — die man gehabt

hätte, wenn .... Die eigenen Vorteile werden, zumindest empfindet und sieht man das so, immer kleiner und die Nachteile immer größer.
In solchen Situationen kommt es, Sie erinnern sich, auf die eigene Einstellung zur Sache an. Wir wußten im voraus, daß wir uns richtig entschieden haben und sahen die *Vorteile*, die uns in diesem Haus glücklich werden ließen. Nicht, daß etwa alles zum Besten bei uns war. Auch wir hatten noch einige Zeit die Handwerker regelmäßig zu Gast, weil einige mehr oder weniger kleinere Dinge noch in Ordnung gebracht werden mußten. Und ich mußte auch Briefe schreiben, um endlich das Haus in Ordnung und damit Ruhe für uns zu bekommen.
Inzwischen ist das Ehepaar, was sich für den Bungalow mit dem offenen Hof entschieden hat, zu unseren Nachbarn geworden. Sie schien von Anfang an unsicher gewesen zu sein, ob sie wohl in diesem Haus das gefunden hatte, was ihr tatsächlich für längere Zeit zusagen würde. Obwohl dort gravierende Fehler im Haus vorlagen – viele Wände waren feucht – unternahm sie nichts mit so entscheidender Wirkung, daß sie die Dinge in Ordnung gebracht bekam. Das hatte natürlich zur Folge, daß sie in keinster Weise zufrieden sein konnte. Noch heute, nach über einem Jahr, sind die Wände in der Küche hinter den Einbauschränken naß, nachdem es geregnet hat. Natürlich ist die gute Frau wieder im Konflikt; denn inzwischen ist der zweite Trakt mit diesmal sieben Bungalows fertiggestellt. Diese sind – das ist allerdings auch Geschmackssache – noch besser eingerichtet bzw. ausgestattet als die ersten, in denen wir wohnen.

Nachdem die gute Nachbarin im Sommer zwei Zimmer als Gästezimmer herrichten ließ bzw. selbst einrichtete und den Keller zur Bar ausbaute, ist sie nun dabei, Ihren Mann dazu zu bringen, sein »Ja-Wort« zu geben, um einen der neuen Bungalows zu beziehen. Aber auch hier, so berichten die ersten Bewohner derselben, gibt es – wenn auch andere – Mängel, die nur langsam behoben werden.

Und trotzdem – so meine ich – begehrt sie, ihr eigenes Haus ausgenommen, inzwischen nicht nur die restlichen fünf der ersten Serie – die sicher alle besser sind als das selbst bewohnte – sondern nun auch noch die restlichen sieben neuen Häuser und befindet sich damit in einem Konflikt, der nie kleiner wird.

Trägt nun ein solcher Konflikt dazu bei, daß ich mich in meinem Haus wohlfühle? Kann ich es genießen, in meinem Haus zu wohnen? Welche Gefühle erzeugt das Begehren des anderen Hauses in mir?

Und mit diesen Fragen möchte ich wieder direkt zum Gebot zurückkehren und das Problem unserer Nachbarin verlassen, sicher das Gefühl des Neides, der Mißgunst und – in gesteigerter Ausführung – des Hasses. Ist mir ein an sich liebenswerter Mensch sympathisch oder kann er mir überhaupt noch sympathisch sein, wenn ich neidisch auf sein Haus bin? Nein, er kann es nicht! Er braucht mir nichts getan zu haben – ja, ich brauche ihn nicht einmal persönlich zu kennen – aber wenn ich auf sein Haus scharf bin, gönne ich es ihm nicht. Und es ist damit in meinen Augen eine verdammte Schweinerei, daß er es besitzt und nicht ich. Und »so einem Men-

schen« auch noch gute, freundliche Gefühle entgegenzubringen, das wäre ja wohl zu viel verlangt.
Wir müssen auf uns, unsere Gedanken und damit erzeugten Gefühle schon recht gut aufpassen, um nicht Gefahr zu laufen, von unserem eigenen »Computer« betrogen zu werden.
Wir wissen inzwischen, daß sämtliche neuen Gedanken – bevor wir sie einordnen – erst mit den bereits gespeicherten verglichen werden und in uns Gefühle (Emotionen) erzeugen. Diese Emotionen erinnern uns aber wieder an andere erlebte Gefühle und rufen neue Gedanken in uns wach. Wenn wir nicht lernen, uns dieser Denkvorgänge in unserem Gehirn bewußt zu werden, geschieht es leicht, daß wir zum Spielball unserer eigenen Emotionen werden. Das ist der Grund für die 1-minütige Beobachtungsübung unseres Denkens im 1. Kapitel. Dehnen Sie nun bitte diese Übung auf 3–5 Minuten pro Tag aus, und werden Sie sich in einer Zeit, wenn Sie schlechte Laune haben, dessen bewußt, daß diese meist auf negativen *Gedanken* beruht.
Wir haben nun gesehen, welche Art zu denken produktiver dazu beiträgt, uns zu einem Haus kommen zu lassen. Vielleicht möchten Sie aber noch ein größeres Haus und dies auch nicht nur mieten, sondern besitzen und werden einwenden, daß Ihnen denken allein nichts helfen werde. Nun, im letzten Kapitel haben wir ausführlich die »Berechtigung«, gewisse Dinge zu erhalten, durchgearbeitet. Diese dafür notwendigen fünf Punkte sind natürlich unerläßliche Voraussetzung für den Erfolg. Wie versprochen, wollen wir nun in diesem Kapitel

noch den 6. Punkt kennenlernen, der für das Erreichen von Zielen mit Hilfe unserer geistigen Gesetze notwendig ist.
Unser »Computer« kann – wenn wir ihn auf unser Ziel programmieren – nur Klartext verstehen und unterscheidet bei unserer Vorstellung nicht, ob wir das – was wir uns vorstellen – für andere oder für uns selbst wünschen. Wenn wir uns also stets die geistige Vorstellung »programmieren«, daß wir ein Haus besitzen wollen, aber auf der anderen Seite neidisch auf das Haus eines anderen Menschen sind – es ihm also nicht gönnen, nicht wünschen – so weiß unser »Computer« nicht, was wir nun wirklich wollen.
Einerseits sollen uns unsere geistigen Kräfte behilflich sein, ein Haus zu erhalten und uns damit Mittel und Wege bewußt werden lassen – die uns für das Erreichen dieses Zieles behilflich sind – und andererseits setzen wir uns das Vorstellungsbild, daß wir (in der geistigen Vorstellung gibt es kein »Ich ja«, »er nein«) *kein* Haus haben wollen.
Welche Gedanken – verbunden mit welchen Gefühlen – muß ich also speichern, wenn ich mein Traumhaus im Besitz eines anderen sehe?
Sie meinen, dies sei zu kompliziert, um noch durchzusteigen?
Nun, wir sollten:
a) auf keinen Fall neidisch sein,
b) nicht denken: »*Dieses* Haus möchte ich haben«, wenn wir es nicht mehr haben können, weil es nicht zu erwerben ist,

c) denken: »So etwa würde mir mein Haus auch gefallen« und
d) davon begeistert sein und denken: »Ich freue mich, daß er (der Besitzer) ein so tolles Haus hat, das ihm sicher viel Freude bringt!«

Indem wir anderen Menschen aus vollem Herzen etwas gönnen und wünschen, »programmieren« wir uns selbst darauf, es ebenfalls erhalten zu können. Jede negative Äußerung über Hausbesitzer, jede abfällige Bemerkung, alles dies sind Denkweisen und Gefühle, die uns nur von unserem eigenen Ziel abbringen.

Das, was wir anderen Menschen nicht aus vollem Herzen gönnen, werden wir selbst kaum erhalten können. Alles, was wir nicht mit der »Berechtigung« dazu erhalten haben, wird uns keine Freude bereiten oder nicht von Dauer sein.

Lassen Sie mich noch einmal die sechs Punkte aufführen, die für die »Berechtigung« notwendig sind:

1. Um zu erhalten, müssen wir in irgendeiner Form geben, z. B. arbeiten.
2. Sollten wir zum Geben unbedingt eine positive Einstellung haben.
3. Erst müssen wir daran glauben und es uns vorstellen können, das Erwünschte auch zu besitzen.
4. Unser Gewissen muß es uns »erlauben«.
5. Wir müssen es wirklich und uneingeschränkt wollen.
6. Wir müssen es jedem anderen Menschen ebenfalls gönnen.

Und wenn wir uns aus dieser Erkenntnis heraus nun fragen, warum manche Gebete von uns nicht »erhört«

wurden, brauchen wir uns nicht mehr zu wundern.
Interessanterweise bekam ich kürzlich von den Kahunas zu hören und zu lesen, von denen ich Ihnen noch ein wenig berichten möchte; denn ihre Jahrtausende alte »Geheimwissenschaft« scheint mir genau das zu enthalten, was wir gerade in unseren letzten Kapiteln erarbeitet haben. Ich betone ausdrücklich, daß ich erst von der Huna-Psychologie erfuhr, als mein Buch im prinzipiellen bereits geschrieben war.
Um die Begriffe zu erläutern: Bei den Kahunas handelt es sich um die Bewohner des alten Hawaii. Huna bedeutet soviel wie Geheimnis und Kahuna bedeutet Hüter des Geheimnisses. Hier gibt es zwei Gebote als grundlegende Voraussetzung für ein erfolgreiches Leben, und zwar:

1. keine Verletzung – keine Sünde und
2. diene, um zu verdienen.

Die einzige Sünde – die es gibt – ist die, einen anderen – gleich, in welcher Form und auf welcher Ebene – zu verletzen, also physisch noch psychisch weh zu tun. Mit dieser Formulierung ist eigentlich schon fast alles gesagt, was in unserer gesamten Heiligen Schrift über das Zusammenleben mit anderen ausgedrückt wird.
Und der 2. Punkt umfaßt, wenn der 1. beachtet wurde, unsere sechs Grundsätze für die »Berechtigung«.
Dies wird deutlicher, wenn wir uns die »Gebets-Regeln« der alten Kahunas (Hüter der Geheimnisse) einmal genauer betrachten. Ich hoffe, daß ich Ihnen mit diesem Buch die theoretischen Voraussetzungen geben konnte, damit Sie die Nutzung der geistigen Kräfte nicht als Ma-

gie oder »Geheimlehre« verstehen, sondern eben als Nutzung der uns vom Schöpfer gegebenen – und leider im Laufe der Zeit verkümmerten – *normalen* Anlagen. Die Bedingungen für ein erfolgreiches Huna-Gebet sind nun im wesentlichen folgende:

1. Entscheiden, was die Zukunft bringen soll,
2. mit keinem Nicht-Gläubigen darüber sprechen, um zu verhindern, daß man ausgelacht wird und dann selbst nicht mehr daran glauben kann,
3. den Zukunftsplan auf *ein* Ziel ausrichten und in allen Einzelheiten konkretisieren,
4. das Ziel nun auf einen Satz beschränken und im wesentlichen zusammenfassen, z.B.: »Ich wünsche, daß sich mein Augenlicht bessert«, oder »Ich wünsche, daß ich die richtige Frau für mich finde, mit der ich ein glückliches Leben führen werde.«
5. Die Gedanken klar fassen und nicht von Ängsten, Zweifeln und anderen Gedankenfetzen »verunreinigen« lassen.
6. Ein geistiges Bild setzen, wie man das Ziel bereits erreicht hat. (Mit dem Gebet soll erreicht werden, daß sich die Zukunft entsprechend unserer geistigen Vorstellung formt.)
7. In Gesprächen mit anderen die feste Überzeugung aussprechen, daß die Zukunft Besserung und Erfolg bringt. Auf keinen Fall über die evtl. unangenehme Gegenwart oder, wie man sich die Zukunft nicht wünscht, sprechen.
8. Dankbarkeit empfinden für die sicher zuteil werdende Hilfe.

9. Im Bittgebet allen Menschen Glück und Frieden wünschen.
10. Durch liebevolles Dienen den Grund des Verdienens erwerben.
11. Großzügigkeit und Freundlichkeit gegenüber anderen üben.
12. Während der Gebetshandlung selbst absolute Ruhe vor äußeren Einflüssen und Hingabe an den Schöpfer.
13. Hat der Kahuna gesündigt, so muß er vor dem Gebet sein Gewissen befreien, indem er anderen Gutes tut.

Können Sie sich nun vorstellen, daß ich mehr als nur überrascht war, als ich kürzlich von den Kahunas erfuhr?

Schade ist – und ich kann mir nicht verkneifen, dies hier zu erwähnen – daß die christlichen Missionare, als sie diese Menschen »bekehren« wollten, die alten Huna-Schriften verbrannten und die Kahunas zum »richtigen« Beten zwangen.

Ich gebe zu, daß die mit dem Gebet verbundenen Handlungen und Vorstellungen nicht uneingeschränkt vom Christen akzeptiert werden können, aber deren Gebete hatten Erfolg. Außerdem ist auch in ihrem Glauben vom Drei-Einigen-Gott die Rede.

Unterstützt durch dieses Beispiel einer völlig anderen Glaubenswelt konnte ich Ihnen vielleicht noch klarer machen, wie schädlich und destruktiv Neid, Lüge, Diebstahl und die anderen – in den zehn Geboten erwähnten – negativen Verhaltensweisen in Wahrheit sind und uns vom eigentlichen, echten Erfolg abbringen.

Ein Mensch, der meint »clever« zu sein, will mit eigenen Gesetzen und Ideen die universalen Gesetze umgehen, weil er zu dumm (zu blind) ist, sie zu erkennen.

Ohne Fleiß von früh bis spät
wird Dir nichts geraten,
Neid sieht nur das Blumenbeet,
aber nicht den Spaten.

An diesem Vierzeiler – ich habe ihn in Wolfenbüttel an einem Hausbalken gelesen – können wir erkennen, daß der neidische Mensch zu unreif ist, die gesamte Situation zu überschauen. Er versucht, eine schnelle, einfache Lösung zu finden und übersieht die damit verbundene Arbeit, nur weil es sich um eine andere Form von »Arbeit« handelt als die, die er zur Zeit verrichten muß.

Die schnellste Möglichkeit, Resultate zu erzielen, ist auch die einzigste Art, die Ergebnisse auf Dauer zu sichern:

Auf der Grundlage der universalen Gesetze denken und handeln!

Unser letztes Kapitel ist von manchen Bibel-Übersetzern unterteilt worden, und wir wollen uns auch über den restlichen Teil noch ein paar Gedanken machen.

DU SOLLST NICHT BEGEHREN DEINES NÄCHSTEN WEIB, KNECHT, MAGD, RIND, ESEL, NOCH ALLES, WAS DEIN NÄCHSTER HAT!

Was geschieht, wenn wir uns nicht damit zufrieden geben, uns ein vielleicht ebenso schönes Haus wie unser »Nächster« erarbeitet zu haben, sondern nun auch noch damit beginnen, alle anderen Dinge – die uns andere Menschen voraus haben – zu begehren?
Kann es einen Menschen auf dieser Welt geben, der *alles* besitzt? Selbst wenn ein Rockefeller oder Onassis in der finanziellen Situation war, sich alle materiellen Dinge – die er begehrte – zu ermöglichen, so heißt das noch lange nicht, daß auch Liebe, Anerkennung und Selbstvertrauen in ihrem Besitz waren.
Was geschieht also mit einem Menschen, der auf alles neidisch ist und nie Zufriedenheit über das bereits Erreichte empfinden kann? Nun, er nimmt sich mit diesem Neid genau das, was er eigentlich im Tiefsten seines Wesens wünscht und nun auf Umwegen versucht zu bekommen – nämlich: Zufriedenheit!
Ein Mensch, der sich von seinen eigenen neidischen Gedanken tyrannisieren läßt, kann in den Augen seiner Mitmenschen ein überaus »erfolgreicher« Mensch sein und alles mögliche erreichen. Er kann bis ins hohe Alter

arbeiten und schaffen, ohne jemals das Gefühl der Zufriedenheit und der inneren Ruhe kennengelernt zu haben.

Seien Sie sich dessen stets bewußt!

Sie kennen mich inzwischen sicher gut genug, um zu wissen, daß ich nicht der Meinung bin, die richtigste Lebenseinstellung sei die, uns schon als 20-Jährige(r) in den Sessel zu setzen und bereits zufrieden zu sein. Aber ich möchte Sie noch einmal daran erinnern, daß der einzige Mensch, mit dem wir im Wettbewerb stehen, an dem wir uns messen sollten, *wir selbst* sind. Lassen Sie uns *heute etwas dafür tun*, damit wir morgen etwas mehr Grund als gestern dafür haben, mit uns selbst zufrieden zu sein.

Ich habe als 6-Jähriger eine wichtige Lektion erhalten, welche Gefühle man sich einhandelt, wenn man einem etwas nicht gönnt. Mein ganzer Stolz zu dieser Zeit war ein uraltes Fahrrad mit Vollgummi-Reifen, ohne Bremse und ohne Rücktritt, also mit direkter Übersetzung. Als wir nach Braunschweig umziehen wollten, durfte ich das Fahrrad aus Verkehrssicherheits-Gründen nicht mitnehmen und mußte nun entscheiden, was damit geschehen sollte. Einem Freund mein geliebtes Rad zu überlassen, schien mir ein unerträglicher Gedanke. Das Fahrrad war mein Ein und Alles, und das wollte ich keinem anderen geben. Als der Eisenwarenhändler kam, entschloß ich mich, mein Rad an ihn zu verkaufen. Ich erhielt dafür ganze 20 Pfennige. Mich über diese 20 Pfennige zu freuen, war mir unmöglich. Die Süßigkeiten – die ich mir dafür kaufen konnte – schienen mir im Hals stecken zu bleiben; denn es war mir, als ob ich mein eigenes Fahrrad hinunterschlingen und damit für immer vernichten müßte. Und die Vorstellung, daß mein Fahrrad nun eingeschmolzen würde und weiter nichts davon übrigbliebe als ein Klumpen Eisen, trug ebenfalls dazu bei, mich sehr traurig zu stimmen.

Hätte ich mich damals schon durchringen können, das Fahrrad einem anderen zu gönnen, so – ich bin sicher – hätte ich nicht nur den mindestens 10fachen Preis erzielen können, sondern bei einem späteren Besuch in meinem Heimatstädtchen Freude darüber empfinden können, das Fahrrad vielleicht noch einmal wiederzusehen.

Solange wir nicht in der Lage sind, einem anderen Menschen all das zu gönnen, was wir uns selbst wünschen, werden wir es nie für uns selbst erhalten können, um damit Freude zu haben. Viele Menschen – unterstützt durch die heutige Werbung – machen sich selbst verrückt und meinen, erst dann zufrieden zu sein, wenn sie genausoviel besitzen wie ihre Nachbarn, Bekannten und Verwandten. Diese Menschen sind sich dessen nicht bewußt, daß man sich

1. nicht alles kaufen kann und
2. sie mit nichts zufrieden sein werden – völlig gleich, was sie bereits alles besitzen – wenn die richtige Einstellung zu den Dingen fehlt.

Wir haben diese Welt im Laufe der Zeit zu kompliziert gemacht!

Vor ein paar hundert Jahren war es noch die Behauptung: »Die Erde steht still und ist der Mittelpunkt der Welt«, die die Gelehrten dazu herausforderte, unendlich

komplizierte Berechnungen anzustellen, um diese These als wahr zu beweisen. Heute lachen wir darüber. Klüger sind wir allerdings nicht geworden; denn heute sind es andere Thesen, die es als richtig zu vertreten gilt. Und es werden wieder unendlich komplizierte Thesen aufgestellt, um die Richtigkeit zu beweisen.
Solange aber die Kernbegriffe einer Religion nicht so einfach sind, daß sie jeder Mensch im Land sofort und ohne große Erklärungen begreifen kann, meine ich, kann es nicht die richtige Religion sein. Denn Gott schuf uns nicht, damit wir erst studieren müssen, um seine Worte verstehen zu können. Ich bin der Meinung, daß er eher von uns erwartet, die Zeit mit hilfreicheren Taten zu verbringen als unbedingt komplizierte Worte zu enträtseln.

Gott will Sie erfolgreich sehen!

Wann ist ein Tier oder eine Pflanze »erfolgreich«? – doch sicher dann, wenn es dem Tier oder der Pflanze gelungen ist, sich der Umwelt so anzupassen, daß ein möglichst langes Leben möglich ist. Und wenn es dem Tier oder der Pflanze in der Natur gelungen ist, sich den Lebensbedingungen entsprechend anzupassen, so wird dies immer auf dem *tatsächlich* einfachsten Weg geschehen. Denn weder Tier noch Pflanze besitzen ein »logisch«-denkendes System, um einen komplizierten Weg herauszufinden. Und genauso können auch wir uns nur dann unserer wirklichen Aufgabe widmen, wenn wir uns den *tatsächlich einfachsten* – und damit besten – Weg für unser Leben suchen.
Anstatt erst alles mögliche und unmögliche besitzen

und erwerben zu wollen, um dann zufriedener sein zu können, sollten wir von Kindheit an lernen, überhaupt zufrieden sein zu können.
Wieviel kostbarste Zeit unseres Lebens vergeuden wir mit »Pseudo«-Befriedigungen, nur weil wir unsere echten Bedürfnisse nicht kennen und uns unwissentlich selbst versklaven?
Sobald wir damit beginnen – Dinge oder auch Personen (oder Arbeitskräfte) zu begehren, nur weil sie ein anderer besitzt – machen wir zu dem Ziel »Zufriedenheit« keinen Schritt nach vorn, sondern sogar einen entscheidenden Schritt zurück.
Was will ich? –
erfolgreich leben, oder will ich den »Kampf mit dem Leben« aufnehmen, den schon viele Menschen versucht haben, den aber noch niemand gewonnen hat: alles besitzen und alles schaffen zu wollen.
Einerseits wollen wir Menschen unbedingt Individualisten sein, und auf der anderen Seite begehren wir ausgerechnet das, was andere besitzen!
Wer in der heutigen Zeit in seinem Beruf erfolgreich sein will, muß stets kreativ und aufgeschlossen bleiben, anstatt sich nur an anderen zu orientieren.
Wer in der heutigen Zeit auf allen anderen Ebenen erfolgreich werden will, muß auch endlich begreifen, daß er etwas Neues und noch nie Dagewesenes *ist* und es sich nicht leisten kann, etwas zu begehren, was zu einem anderen Menschen gehört.
Die meisten großen Künstler, völlig gleich auf welchem Gebiet, mußten diese Erfahrungen machen.

Sobald ein Mensch beginnt, seine Fähigkeiten zu erkennen und zu schulen, nimmt er sich »große« Menschen zum Vorbild, die auf seinem Gebiet bereits großartige Dinge geleistet haben. In den meisten Fällen, und zwar gerade im Anfangsstadium, wird nun der Lehrer, Meister oder auch Guru vergöttert. Man versucht, auf die gleiche Art den gleichen Erfolg zu erzielen und »fällt damit auf die Nase« oder bleibt nach wie vor mehr oder weniger unbeachtet in der großen Masse. Ein Nachbildnis ist eben nur ein Abklatsch. Selbst wenn das Abbild oder die Kopie vielleicht sogar künstlerisch schwieriger war, so ist ein Original durch keine Kopie zu erreichen. Erst wenn der Künstler beginnt, seinen eigenen Stil zu finden und zu entwickeln, hat er eine echte Chance, großartig (weil einzigartig) zu werden; denn erst ab jetzt produziert er Originale. Dies gilt für die Schlager-Branche genauso wie für das Klassische, die Malerei, die Architektur, die Fotografie, die Grafik usw.
Aber auch, und das wollen wir in diesem Buch besonders betonen, für den persönlichen Bereich gilt dieser Grundsatz.
Ein Mensch, der die Verhaltensweise eines anderen nachahmt, weil dieser damit gut ankommt, wird mit dieser Kopie eher das Gegenteil erreichen. Erst der Mensch, der seine ureigenste Persönlichkeit *entwickelt*, ohne dabei zu kopieren, wird sich zu einem angenehmen Zeitgenossen entfalten können.

> Das steht jedem am besten,
> was ihm am natürlichsten ist.
>
> Cicero

Die Rindviecher auf der Weide verdeutlichen es uns am besten. Sie fressen das Gras auf der anderen Seite des Zaunes am liebsten. Obwohl sie Gefahr laufen, sich am Stacheldraht zu verletzen oder am elektrischen Weidezaun einen Stromschlag zu holen, stecken sie doch immer wieder ihren Kopf so weit auf die andere Seite. Man könnte annehmen, es sei wirklich ein anderes Gras, was jenseits des Zaunes wächst. Kaum aber hat der Bauer am nächsten Tag den Weidezaun anders gesteckt, schon sind die ersten Kühe wieder dabei, ihren Kopf unter den Zaun hindurchzuschieben, um das Gras zu fressen, auf dem sie gestern ohne Beachtung herumgetreten sind. Wir sehen also deutlich, daß es nicht in erster Linie darauf ankommt, was wir besitzen oder nicht, um zufrieden zu sein, sondern daß es zuerst wichtig ist, daß wir gelernt haben, überhaupt zufrieden sein zu können. Erst dann wird es uns Spaß machen, etwas zu erreichen, um damit letzten Endes auch Erfolgs-Erlebnisse zu haben, die uns auch in trüben Zeiten aufbauen und motivieren. Neid, Angst und Entschlußlosigkeit scheinen mir die drei wichtigsten Faktoren zum Mißerfolg zu sein. Wie wir entscheidungsfreudiger werden, haben wir bereits besprochen, und wie wir die Angst besiegen können ebenfalls.

Neidische Gefühle können Sie abbauen, indem Sie sich stets dessen bewußt sind, was Sie bereits aus Ihrem Leben gemacht haben und wieviel Sie bereits in Ihrem Leben gelernt haben. Seien Sie sich weiterhin dessen bewußt, daß es keinen Menschen auf dieser Welt gibt, der mit sich selbst hundertprozentig zufrieden ist. Und letz-

ten Endes sind Sie einmalig und einzigartig. Diese Tatsachen sollten Sie sich zunutze machen; denn allein damit heben Sie sich von der Masse ab.
Denken Sie nicht an gestern, geschweige denn an das, was morgen alles geschehen könnte. Die einzige Möglichkeit – die uns Menschen gegeben ist – glücklich und zufrieden zu sein ist die, *heute* alles dafür zu tun, um es für *heute* zu erreichen.
Gott will Sie erfolgreich sehen!

Lassen Sie uns nun auch das letzte Kapitel noch einmal »Revue passieren«.
Wenn wir immer nur das begehren, was bereits existiert, schränken wir uns selbst ein und verlernen das Denken, die Kreativität, uns selbst etwas Neues einfallen zu lassen. Sobald wir etwas besitzen wollen, was einem anderen gehört oder was wir uns nicht leisten können, sollten wir uns Gedanken darüber machen, welchen Nachteil dieser Besitz mit sich bringen würde; denn: jedes Licht wirft Schatten und kein Berg ohne Tal! Möchten Sie wirklich einen großen Garten oder halten Sie nichts von 2–3 Stunden täglicher Gartenarbeit? Werden Sie – wenn Sie das besitzen, was Sie scheinbar begehren – wirklich glücklicher und zufriedener sein als jetzt oder könnte genau das Gegenteil eintreten?
Unser geistiger »Computer« versteht nur Klartext und verarbeitet all das, was wir anderen Menschen nicht gönnen, so, als würden wir es uns selbst nicht gönnen und wünschen. Wir können also nicht auf die Unterstützung unserer geistigen Kräfte hoffen, wenn wir ih-

nen keine klare, unmißverständliche Anweisung geben. Unser »Computer« versteht es nicht, daß wir uns etwas wünschen, aber anderen nicht. Mit einer solchen Denkweise setzen wir uns selbst außer Gefecht, weil wir damit im eigenen Konflikt steckenbleiben.

Um etwas Wünschenswertes dauerhaft zu behalten und Freude daran gewinnen zu können, gibt es nur eine Möglichkeit, die »Berechtigung« dafür zu erwerben. (Lesen Sie bitte ggf. die dafür notwendigen sechs Punkte nach.)

Anstatt uns durch den Besitz anderer »verrückt« machen zu lassen, sollten wir uns erst einmal darüber klar werden, was wir wirklich wollen und was wir brauchen, um unser Leben sinnvoll und erfolgreich zu gestalten. Und, anstatt plötzlich Dinge zu begehren – die wir eigentlich nie begehren würden, wenn wir sie nicht zu Gesicht bekommen hätten – sollten wir uns fragen:

Was will ich?

Alles kann kein Mensch besitzen!

Für was lohnt es sich also wirklich zu arbeiten?

Wenn *ich* diese Entscheidung *für mich* getroffen habe, beginne ich, die »Berechtigung« dafür zu erhalten.

Lassen Sie uns die Welt – und damit unser Leben – nicht so kompliziert machen und widmen wir uns unserer eigentlichen Aufgabe:

unsere geistige Reife zu entfalten und unseren wahren Ursprung, unser wahres Wesen zu erkennen!

SCHLUSS

Nachdem Sie nun die Möglichkeiten erfahren haben – wie Sie Ihr Leben ab heute selbst in die Hand nehmen können – haben Sie natürlich auch noch die andere Möglichkeit, die Sie auch vorher schon hatten:
nichts Entscheidendes an Ihrem Dasein zu ändern!
Falls Sie bereits zu den Menschen gehören sollten, die sich jeden Abend in's Bett legen können, um sich zu sagen: »Ja, es hat sich gelohnt für mich, heute zu leben«, dann wird Ihnen dieses Buch sicher vieles Ihrer jetzigen Lebenseinstellung bestätigt haben.
Sollten Sie jedoch noch nicht jeden Tag so leben – wie Sie es sich eigentlich wünschen – so werden Sie in diesem Buch genug praktische Anleitungen gefunden haben, sich dies selbst ermöglichen zu können. Legen Sie also dieses Buch nun nicht in den Schrank, und lassen Sie es auch an keinem anderen Platz verstauben, sondern halten Sie es in Ihrer ständigen Reichweite und *arbeiten* Sie damit. Wenn Sie *alles* für Sie zufriedenstellend in die Praxis umsetzen wollen, haben Sie eine echte Lebensaufgabe gefunden – so wie auch ich.
Trotzdem sind die behandelten Themen dieses Buches nur der Anfang von einer unendlich großen Materie – die Ihnen hier und da nur Anregung gewesen sein sollen, sich nun intensiver damit zu beschäftigen.

Ich bin sicher, daß dieses Buch für Sie einen wichtigen Beitrag geleistet hat, daß Sie Ihre Zeit nun noch nutzbringender und erfolgreicher gestalten werden.
Und ich bin sicher, daß Sie die »zehn Gebote« jetzt im Klartext des 20. Jahrhunderts so verstehen, wie sie für uns zu verstehen sind: als Angebot, Ihren Lebensweg zu finden, um ihn solange wie möglich in der richtigen Richtung zu gehen!
Wir haben als Menschen viele Gesetze vorgefunden, ohne etwas dafür getan zu haben – sei es, daß wir als mikroskopisch kleines Etwas beginnen und bis zu unserem (ca.) 20. Lebensjahr wachsen – sei es, daß uns die Erddrehung den Tag und die Nacht bringt – sei es, daß die Sonne, Pflanzen, Tiere und auch uns leben läßt – seien es die vielen Gesetze der Chemie, Physik, Mechanik und der anderen Wissenschaften.
Nicht wir haben also etwas geschaffen, sondern wir haben die Schöpfung vorgefunden – als materielle, sichtbare Dinge und als Gesetze.
Und wenn wir uns bemühen, geistig zu reifen, uns also im *Einklang* mit diesen Gesetzen befinden, dann entwickeln wir uns nur insoweit aus eigener Kraft weiter, wie es uns die gegebenen Gesetze erlauben.
Mehr können wir als Menschen nicht tun, aber weniger wäre nicht genug!
Alle Gesetze sind uns von Gott, oder wie Sie den Schöpfer aller Dinge auch nennen mögen, gegeben. In vielen tausend Jahren hat der Mensch gelernt, sich diese Gesetze zunutze zu machen. Zehn Gesetze sind dabei im Laufe der Zeit eher weniger als mehr beachtet worden.

Das ist der Grund, weshalb wir als Menschen immer noch nicht viel weiter sind als unsere Ahnen in grauer Vorzeit. Lassen Sie uns nun beginnen, Mensch zu werden und unsere eigentliche Bestimmung und Aufgabe erkennen! Lassen Sie uns nun beginnen, auch diese geistigen Gesetze zu nutzen! –

nicht nur zum Wohle der Menschheit, sondern auch zu Ihrem eigenen.

Wir haben unseren Verstand bekommen, mit dem wir nach wie vor Unvorstellbares erreichen können – wenn wir bereit sind, ein paar von unseren guten Vorsätzen in die Tat umzusetzen!

Beginnen Sie jetzt;

denn sonst beginnen Sie nie!

Ach, noch etwas: Seit 1986 lebe ich mit meiner Frau und meinem Sohn in Neuseeland, komme einmal im Jahr nach Deutschland zu Vorträgen und Seminaren und habe mit dieser Thematik alles in meinem Leben erreicht, was ich mir vorstellte: Ein traumhaftes Leben in märchenhafter Freiheit und Unabhängigkeit. Mehr davon sehen Sie in meinem Video »Lieber reich und gesund«.

Hinweis:

Vor zweitausend Jahren – also lange Zeit, nachdem der Menschheit die zehn Gebote überbracht wurden – schienen wir reif zu sein, ein uraltes Gesetz kennenzulernen.
Nur wenige Menschen haben es in seinem vollen Umfang erkannt und bewußt genutzt.
Wenn Sie es kennenlernen und nutzen möchten, dann interessiert Sie sicher mein zweites Buch:
»Ab heute erfolgreich«.

Ich feilschte mit dem Leben um den Pfennig,
und das Leben zahlte nicht mehr.
Wieviel ich am Abend auch bettelte,
als ich zählte meinen kargen Vorrat so sehr.

Denn das Leben ist ein gerechter Arbeitgeber,
es zahlt Dir, was Du forderst.
Doch wenn Du hast bestimmt den Lohn,
dann mußt Du auch die Arbeit tun.

Ich arbeitete für eines Knechtes Sold,
um nachher enttäuscht zu erfahren,
daß jeder Lohn, gefordert vom Leben,
das Leben mir hätte willig gegeben.

Jesse D. Rittenhouse

Folgende Werke dienten mir
auszugsweise als Arbeitsunterlagen:

F. Bettger »Lebe begeistert und gewinne«
Emil Oesch Verlag

Vera F. Birkenbihl »Die persönliche Erfolgsschule«
Moderne Verlagsgesellschaft

General Trainings Center »Der Schlüssel zum Erfolg«

K. E. Graebner »Sinnesorgane des Menschen«
Umschau Verlag

Hellwig »Zitate«
Bertelsmann Lexikon-Verlag

Napoleon Hill »Denke nach und werde reich«
Ramon F. Keller Verlag

Dr. J. Murphy »Die Macht des Unterbewußtseins«
Ariston Verlag

H. Schreiber »Vom Experiment zum Erfolg«
Arena Verlag

F. Vester »Denken, Lernen, Vergessen«
Deutsche Verlags-Anstalt

Arthur E. und Beate Wilder-Smith »Kunst und Wissenschaft der Ehe«
Hänssler-Verlag

sowie das Alte Testament.

Auf diesem Wege möchte ich meinen herzlichen Dank an alle o.g. Autoren aussprechen.

Alfred R. Stielau-Pallas
Pauanui Beach, Neuseeland, Telefax 0064-843/47060

Nachweise der verwendeten Bibeltexte

Evangelische Ausgabe Württembergische Bibelanstalt, Stuttgart
nach der deutschen Übersetzung Martin Luthers, Ausgabe 1967

2. Mose Kap. 20:

Vers 2 »Ich bin der Herr, dein Gott, der ich dich aus Ägyptenland, aus der Knechtschaft, geführt habe.

Vers 3 Du sollst keine anderen Götter haben neben mir.

Vers 4 Du sollst dir kein Bildnis noch irgendein Gleichnis machen, weder von dem, was oben im Himmel, noch von dem, was im Wasser unter der Erde ist:

Vers 5 Bete sie nicht an und diene ihnen nicht! Denn ich, der Herr, dein Gott, bin ein eifernder Gott, der die Missetat der Väter heimsucht bis ins dritte und vierte Glied an den Kindern derer, die mich hassen,

Vers 6 aber Barmherzigkeit erweist an vielen Tausenden, die mich lieben und meine Gebote halten.

Vers 7 Du sollst den Namen des Herrn, deines Gottes, nicht mißbrauchen; denn der Herr wird den nicht ungestraft lassen, der seinen Namen mißbraucht.

Vers 8 Gedenke des Sabbattages, daß du ihn heiligst.

Vers 9 Sechs Tage sollst du arbeiten und alle deine Werke tun.

Vers 10 Aber am siebenten Tage ist der Sabbat des Herrn, deines Gottes. Da sollst du keine Arbeit tun, auch nicht dein Sohn, deine Tochter, dein Knecht, deine Magd, dein Vieh, auch nicht dein Fremdling, der in deiner Stadt lebt.

Vers 11 Denn in sechs Tagen hat der Herr Himmel und Erde gemacht und das Meer und alles, was darinnen ist, und ruhte am siebenten Tage. Darum segnete der Herr den Sabbattag und heiligte ihn.

Vers 12 Du sollst deinen Vater und deine Mutter ehren, auf daß du lange lebest in dem Lande, das dir der Herr, dein Gott, geben wird.

Vers 13 Du sollst nicht töten.

Vers 14 Du sollst nicht ehebrechen.

Vers 15 Du sollst nicht stehlen.

Vers 16 Du sollst nicht falsch Zeugnis reden wider deinen Nächsten.
Vers 17 Du sollst nicht begehren deines Nächsten Haus.
Vers 17 Du sollst nicht begehren deines Nächsten Weib, Knecht, Magd, Rind, Esel noch alles, was dein Nächster hat.«

Die Gebote sind in dieser Bibelausgabe durch Absätze deutlich gemacht. In derselben Ausgabe steht in 5. Mose Kap. 5 als 9. Gebot »Du sollst nicht begehren deines Nächsten *Weib* (anstatt *Haus*).«

Katholische Ausgabe im Paul Pettloch Verlag, Aschaffenburg
Prof. Dr. Vinzenz Hamm und Prof. Dr. Meinrad Stenzel, 1962

Exodus, 20. Kap.:

Vers 2 (1. Gebot) »Ich bin der Herr, dein Gott, der dich aus dem Lande Ägypten, dem Hause der Knechtschaft, geführt hat.
Vers 3 Du sollst keine anderen Götter neben mir haben!
Vers 4 Du sollst dir kein Schnitzbild machen, noch irgendein Abbild von dem, was droben im Himmel oder auf der Erde ist!
Vers 5 Du sollst dich vor ihnen nicht niederwerfen und sollst sie nicht verehren; denn ich, der Herr, dein Gott, bin ein eifersüchtiger Gott, der die Schuld der Väter an den Kindern, am dritten und vierten Geschlecht, nachprüft bei denen, die mich lieben und meine Gebote halten.
Vers 6 Ich erweise aber meine Gnade bis ins tausendste Geschlecht denen, die mich lieben und meine Gebote halten.
Vers 7 (2. Gebot) Du sollst den Namen des Herrn, deines Gottes, nicht unnütz aussprechen; denn der Herr läßt denjenigen nicht ungestraft, der seinen Namen unnütz ausspricht!
Vers 8 (3. Gebot) Gedenke des Sabbattages, um ihn heilig zu halten.
Vers 9 Sechs Tage lang sollst du arbeiten und alle deine Geschäfte verrichten.
Vers 10 Doch der siebte Tag ist ein Ruhetag für den Herrn,

deinen Gott. Du sollst an ihm keinerlei Arbeit tun, weder du selbst, noch dein Sohn, noch deine Tochter, noch dein Knecht, noch deine Magd, noch dein Vieh, noch dein Fremdling, der sich in deinen Toren befindet.

Vers 11 Denn in sechs Tagen hat der Herr den Himmel, die Erde, das Meer und alles, was in ihnen ist, erschaffen; doch am siebten Tage ruhte er. Darum segnete der Herr den Sabbat und erklärte ihn für heilig.

Vers 12 (4. Gebot) Ehre deinen Vater und deine Mutter, damit du lange lebst in dem Lande, das der Herr, dein Gott, dir gibt!

Vers 13 (5. Gebot) Du sollst nicht töten!

Vers 14 (6. Gebot) Du sollst nicht ehebrechen!

Vers 15 (7. Gebot) Du sollst nicht stehlen!

Vers 16 (8. Gebot) Du sollst gegen deinen Nächsten kein falsches Zeugnis abgeben!

Vers 17 (9. Gebot) Du sollst nicht das Haus deines Nächsten begehren!

(10. Gebot) Du sollst nicht begehren die Frau deines Nächsten und auch nicht seinen Knecht, seine Magd, sein Rind, seinen Esel und nichts von dem, was deinem Nächsten gehört!«

In derselben Bibel-Ausgabe im Deuteronomium 5. Kap. Vers 6–21 beginnt das 1. Gebot erst mit »Du sollst keine fremden Götter neben mir haben ...« Nach weiteren Text-Abweichungen zum Exodus heißt das 9. Gebot »Du sollst nicht Begierde haben nach der *Frau* deines Nächsten!« Das *Haus* des Nächsten wird erst im 10. Gebot im Zusammenhang mit Acker, Knecht, Magd usw. genannt.

Katholische Ausgabe Matthias Grünewald Verlag, Mainz, Paul Rießler und Rupert Storr, 1934

Exodus 20. Kap.:

Vers 2 Ich bin der Herr, dein Gott, der dich aus dem Ägypterlande, aus dem Frönerhaus geführt.

Vers 3 Du sollst keinen anderen Gott gleich mir haben!

Vers 4 Du sollst kein Bild dir machen, noch eine Abform dessen, was im Himmel droben ist oder auf Erden unten oder in dem unterirdischen Gewässer!

Vers 5 Du sollst dich nicht vor solchen niederwerfen, und nimmer sie verehren! Ein eifervoller Gott bin ich, der Herr, dein Gott, der da die Schuld der Väter heimsucht an den Kindern, Enkeln und Urenkeln derer, die mich hassen,

Vers 6 doch Huld erweist den Tausenden von denen, die mich lieben und die meine Gebote halten.

Vers 7 Du sollst nicht des Herrn, deines Gottes eitel nennen! Der Herr läßt den nicht ungestraft, der seinen Namen eitel nennt.

Vers 8 Gedenke, den Sabbattag zu heiligen!

Vers 9 Sechs Tage sollst du arbeiten und all dein Werk verrichten!

Vers 10 Ein Ruhetag dem Herren, deinem Gott, zu Ehren, ist jedoch der siebte Tag. An ihm verrichte kein Geschäft, nicht du und nicht dein Sohn, noch deine Tochter, noch dein Knecht, noch deine Magd, und nicht dein Vieh und nicht dein Gast in deinen Toren!

Vers 11 Denn in sechs Tagen hat der Herr den Himmel und die Erde, das Meer und alles, was darin, gemacht. Am siebten Tage aber ruhte er. Deswegen hat der Herr den Ruhetag gesegnet und also heiligte er ihn.

Vers 12 Ehre deinen Vater und deine Mutter, damit du lange lebest auf dem Erdboden, den dir der Herr, dein Gott, verleiht.

Vers 13 Du sollst nicht morden!

Vers 14 Du sollst nicht ehebrechen!

Vers 15 Du sollst nicht stehlen!

Vers 16 Du sollst nicht gegen deinen Nächsten falsches Zeugnis ablegen!

Vers 17 Du sollst nicht deines Nächsten Haus begehren! Du sollst nicht deines nächsten Weib begehren, noch seinen Knecht, noch seine Magd, Esel, nichts, was deines Nächsten ist!

In derselben Bibel-Ausgabe im Deuteronomium 5. Kap. Vers 6–18 sind zum obigen Text deutliche Abweichungen festzustellen. Außerdem geht aus beiden Stellen nicht hervor, welcher Text zu welchem Gebot gehört.

„Das kann doch noch nicht alles gewesen sein?“ fragen sich selbst diejenigen, die scheinbar ‚alles‘ im Leben erreicht haben. Übersehen wir oft das Einfache, das Einleuchtende, das, was wir „gesunden Menschenverstand“ nennen?
Warum finden wir erst wieder auf den Weg zurück, wenn unser Leben unangenehm geworden ist?

„Warum habe ich mir mein Leben bisher nur so schwer gemacht?!“

6. Auflage
Die Macht der Dankbarkeit
ISBN: 3-936521-11-5
Buch, 355 Seiten, € 24,90

„60 Tage mit diesem Buch - eine unglaubliche Erfahrung!“
Für 12 Wochen täglich neue Texte als Inspiration für ein sinnerfüllteres Leben. Jeder, der in diesem Tagebuch seine Erfolgserlebnisse aufgeschrieben hat, wird eine enorme Steigerung seines Selbstvertrauens verspüren und wie mit einem Magneten Unglaubliches für sein Leben anziehen.

7 Minuten pro Tag - sinnvoller kann man seine Lebenszeit nicht verbringen!

Die Macht der Dankbarkeit - Tagebuch
ISBN: 3-936521-12-3
Buch, 149 Seiten, € 12,90

„Heute kann ich sagen, daß mich dieses Buch endlich dazu gekriegt hat, auch mal was zu tun!“
Dies erklärt auch, warum es schon von Zehntausenden gelesen wurde und seit 1982 ein heimlicher Bestseller für alle ist, die wirklich und ernsthaft mehr aus ihrem Leben machen wollen.

„Weiß ich schon, kenn‘ ich schon ...!“
Tun Sie es denn auch?

10. Auflage!

Ab heute erfolgreich
ISBN: 3-936521-03-4
Buch, 267 Seiten, € 24,90

„Der hat nur Glück gehabt!“
Und damit ist schon alles erklärt, wenn wir Menschen treffen, die alles zu haben scheinen:
- eine Ehe, die nicht Energie kostet, sondern Energie bringt,
- Kinder, die nicht Probleme bereiten, sondern Freude,
- kein Job, der nervt, sondern eine Aufgabe, die erfüllt,
- keine ständige Hektik, sondern innere Ruhe.

Der Abschied vom Durchschnitt
Wie Lebensdrehbücher geschrieben werden und wie wir endlich selbst Regie übernehmen können, anstatt unser Leben dem Zufall zu überlassen.

endlich Erfolg & Erfüllung
ISBN: 3-936521-18-2
Buch, 244 Seiten, € 24,90

„Wer acht Stunden am Tag nur arbeitet, hat keine Zeit mehr, Geld zu verdienen!“

Schön, aber wissen Sie auch, was die wichtigste Grundlage für „lieber reich und gesund“ ist?

Erleben Sie auf diesen hochaktuellen CDs, wie Sie sich auf „lieber reich und gesund“ einstellen können, so, wie Sie Ihr Radio auf Ihren Lieblings-Sender oder Ihren Fernseher auf Ihren Lieblings-Kanal einstellen können.

„Ich hatte die CD erst nur wegen des schönen Designs gekauft. Ich wurde vom Inhalt in keinster Weise enttäuscht - ich bin begeistert!“

lieber reich und gesund
ISBN: 3-936521-04-2
2 CDs, € 29,90

„Freiheit finden wir nur, wenn wir uns von unseren alten Meinungen befreien!“

Um zu märchenhafter Freiheit zu gelangen, müssen wir erst einmal die alten Märchen durchschauen und „über Bord werfen“. Das Märchen von der Schuld, das Märchen von der übertragbaren Verantwortung, das Märchen von der guten alten Zeit, das Märchen von der Macht des Wissens und weitere.

„Es ist mir wie Schuppen von den Augen gefallen!“

Märchenhafte Freiheit
ISBN: 3-936521-01-8
Buch, 118 Seiten, € 14,90

PALLAS-SEMINARE® bietet Ihnen:

Angefangen vom:

- **kostenlosen Telefon-Service** seit 1981 mit über 4 Mio. Anrufen,
- über wertvolle Bücher,
- **CDs**, (z.B. "Das Navigations-System fürs Leben"),
- das **8-teilige** DVD/CD-Seminar "Die Spielregeln des Verkaufs©"
- **individuelle** firmeninterne Seminare,
- bis hin zum **bekannten Langzeit-Seminar** "Die Spielregeln des Erfolgs©" mit systematischen Stabilisierungs- und Aufbau-Programmen,
- ein Spektrum von Trainings-Möglichkeiten für Ihren **persönlichen und beruflichen Erfolg**.

Das PALLAS-Seminarleiter-Team verfügt mit rund 10.000 durchgeführten Seminar-Veranstaltungen über einen unvergleichbaren Erfahrungsschatz.

Könnte es sein, daß Sie bereits Wesentliches im Leben versäumten, nur weil Sie immer noch nicht damit begonnen haben, Ihr Leben ganz gezielt sinn- und gehaltvoller zu gestalten?

www.Pallas-Seminare.de

Vom „weiß ich schon“ zum „tue ich endlich“!

Unsere Teilnehmer betonen auch noch nach vielen Jahren:
„Der Besuch des PALLAS-Seminares war eine der besten Investitionen, die ich in meinem Leben getätigt habe.“
Aber auch:
„Ich habe bereits Anfang der 80er Jahre in einem Vortrag von A.R. Stielau-Pallas gesessen und war erst jetzt im Seminar. Ich darf gar nicht daran denken, wieviel Geld, Zeit und Energie ich mir in meinem Leben hätte ersparen können ...“

Unsere Kunden sind erfolgsorientierte Persönlichkeiten, die sich mit dem Besuch eines PALLAS-Seminares noch besser auf eine lohnenswerte und erfüllende Zukunft einstellen und vorbereiten wollen.

Wir können auf kostspielige Werbung verzichten, weil uns unsere Teilnehmer weiterempfehlen. Warum?
Weil es eine einmalige persönliche Betreuung über einen Zeitraum von 8 - 12 Monaten umfaßt (manche nennen das lieber Coaching) und weil unsere Teilnehmer unsere Seminarleiter zu den qualifiziertesten auf dem Gebiet “Erfolg und Erfüllung” im deutschen Sprachraum nominiert haben.

PALLAS-Seminare können derzeit in 10 deutschen Städten und in Österreich (auch Einführungs-Seminare) besucht werden. Jedes PALLAS-Buch, jede PALLAS-CD, jedes PALLAS-Seminar ist ein Original mit Erfahrungswerten seit 1977!

Jeder, der sich über die heutige Zeit Gedanken macht, begreift, daß nur eine Investition in die eigene Persönlichkeit als wirkliche Investition fürs Leben angesehen werden kann.

Haben Sie sich auch schon mal gefragt:

„Das kann doch noch nicht alles im Leben gewesen sein?!"

Ob Erfolg im Beruf, innerer Frieden, eine stabile Gesundheit, eine liebevolle Beziehung, echte Freundschaft, Geborgenheit, Unabhängigkeit, Kreativität, sich glücklich zu fühlen, begeisterungsfähig zu sein oder auch das Gefühl, auf diesem Planeten gebraucht zu werden und willkommen zu sein - der Schlüssel dafür liegt in uns selbst.

Aber wer hat uns diesen Schlüssel mit auf den Lebensweg gegeben?

PALLAS-Seminare vermitteln das, was weder in der Schule noch in der Universität gelehrt wird, aber dennoch den größten Unterschied im Leben ausmacht.

Der erste Schritt ist der Besuch eines eintägigen Einführungs-Seminares.